Circuit de SPA FRANCORCHAMPS

E-T-A-I
20, rue de la Saussière
92641 Boulogne-Billancourt Cedex, France
Téléphone : 01 46 99 24 24
Télécopie : 01 48 25 56 92
www.etai.fr

Conception graphique : XKZ

Photographie de couverture : Bernard Cahier

Dépôt légal 1er semestre 2008
Imprimé et relié en Europe
ISBN : 978-2-7268-8779-0

Circuit de SPA FRANCORCHAMPS

Patrick Sinibaldi

E-T-A-I

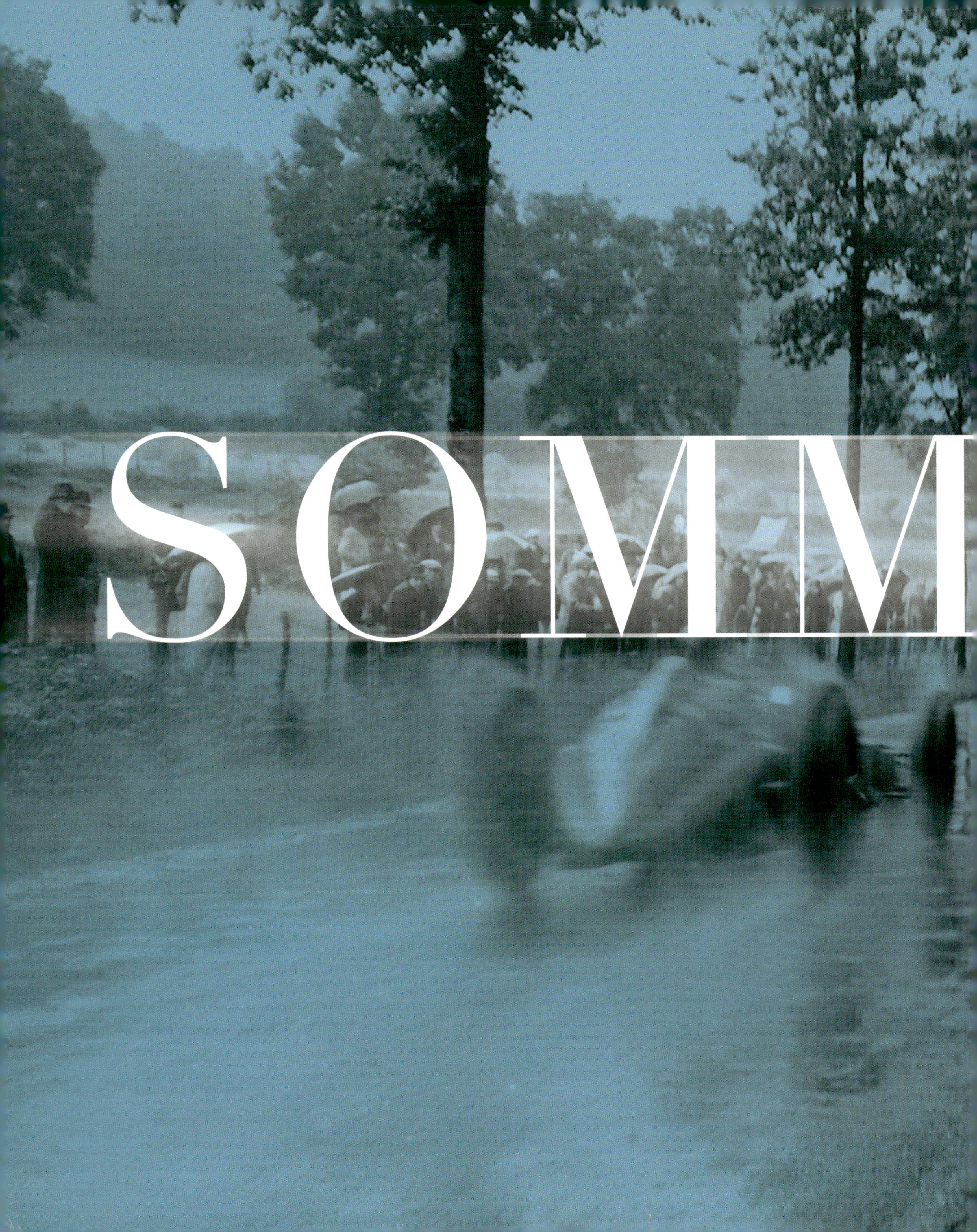
SOMM

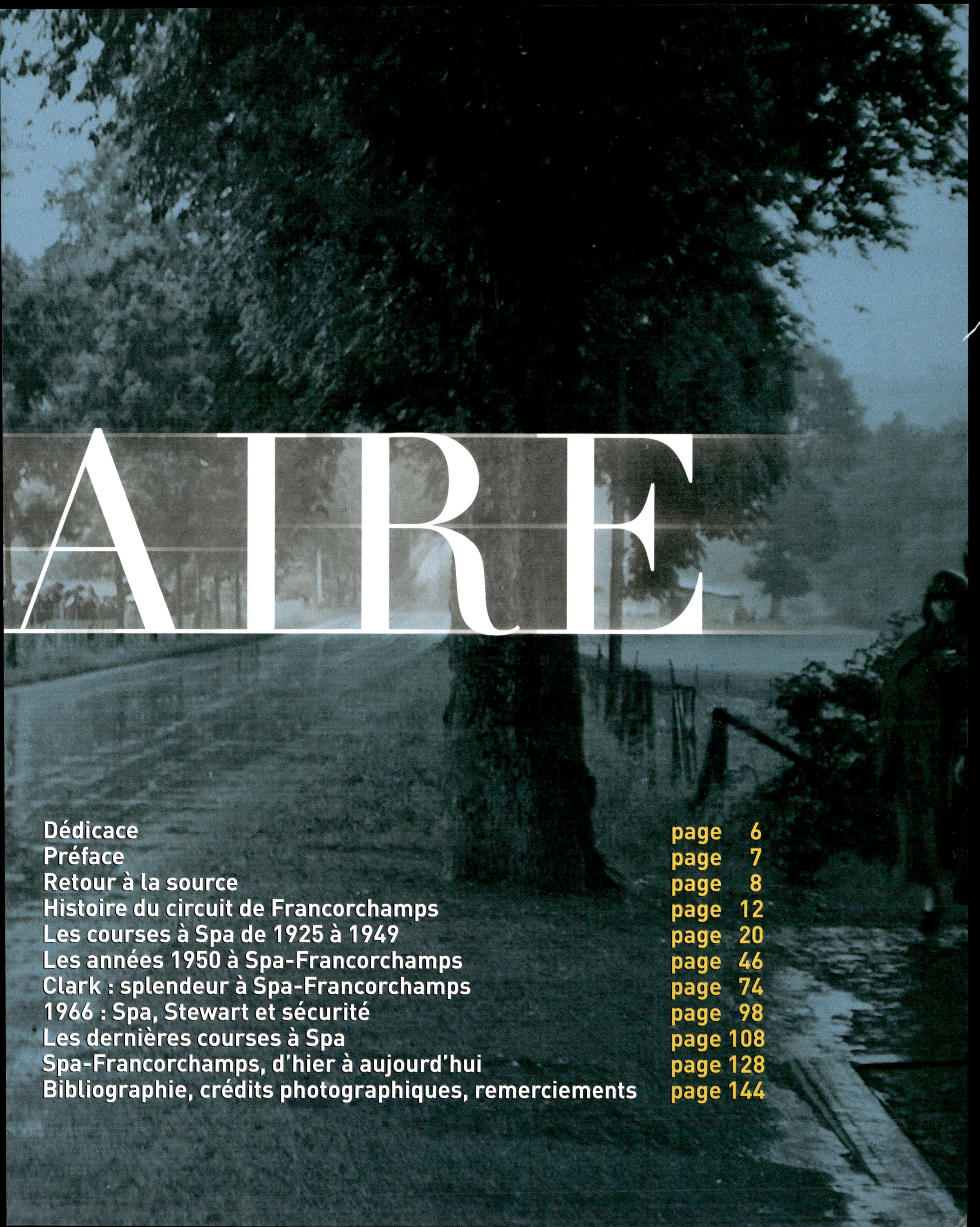

AIRE

DÉDICACE

Le circuit de Spa-Francorchamps : 14 120 km. (Dessin Patrick Sinibaldi)

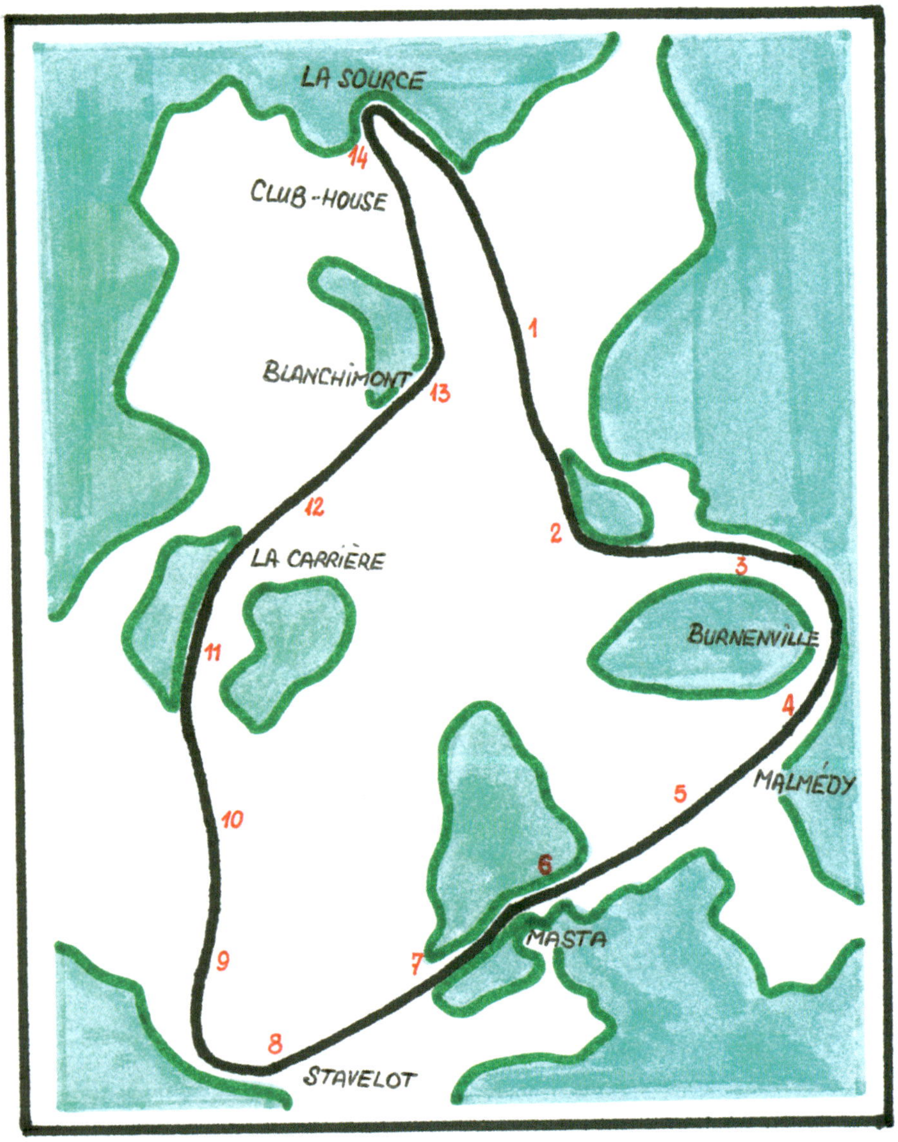

À Roger Bey. Ami proche de ma famille dans les années bruxelloises de mon adolescence, celui que j'appelais respectueusement à l'époque "monsieur Bey" était un très bon pilote amateur, l'exemple type du gentleman driver qui mettait presque aussi souvent la main au porte-monnaie que sur le levier de vitesses, courant en rallye, en course de côte et sur circuit. Le sport automobile belge était très actif dans les années 1960. J'aimais beaucoup son contact chaleureux, et, presque cinquante ans plus tard, l'écho de son rire magnifique est toujours présent à ma mémoire. Je l'ai toujours vu au volant de voitures qui me faisaient rêver : Porsche, Lotus… Une fois même, il me fit faire un tour dans une berlinette 250 GT Tour de France qu'il avait sans doute à l'essai ou en pension pour quelque temps. Je me souviens de l'extrême dénuement de l'habitacle tandis que revient à mes oreilles la plainte sourde, presque inquiétante, qui montait des entrailles de la bête. Au printemps 1964, il m'emmena à Spa-Francorchamps pour assister aux essais des 500 Kilomètres : "Allez, toi, tu ne connais pas Francorchamps ? Tu vas voir, ça, c'est quelque chose !" L'impression de majesté écrasante de la vallée sous le soleil, vue de la Source où nous avions accédé au circuit, avec tout en bas son fameux virage de l'Eau rouge et son raidillon, et puis, sur la droite, la trouée de la piste dans les grands pins, entre le Club-House et l'hôtel de la Source : ces images ne m'ont plus quitté. Ce livre est sans doute né ce jour-là, grâce à Roger, qui roule maintenant pleins gaz, entre Spa et la Grande Ourse.

PRÉFACE

Sortant en pleine dérive de la Source au volant de ma Matra 670, je passe devant les stands. Mon panneau signale que mon avance n'a pas varié depuis le tour précédent. Concentré au maximum, je suis prêt à ne plus céder à cette force impérieuse qui contraint mon pied droit à relâcher sa pression sur l'accélérateur, là où mon cerveau ne le voudrait pas ! Le problème à Spa est que toute faute a de fortes chances de mettre un terme à votre carrière. C'est alors que, comme dans un rêve, progressivement, mon esprit a repris les commandes. D'abord, le Raidillon de l'Eau Rouge, à fond de cinq. Je ne ralentis pas. La Matra ne bronche pas, elle est parfaite. Je viens de gagner 400 tr/min, je sais que je vais les conserver jusqu'à Malmédy. Ça ne va pas me faciliter la tâche, ce virage est tellement impressionnant, tellement bosselé ! Je n'ai jamais pu le passer sans ralentir. Il faut dire qu'on l'aborde à plus de 330 km/h. Je ne lève pas et, aussitôt, je me prépare pour le "S" de Masta. J'ai encore pris de la vitesse dans la descente. Tangenter le coin de la première maison avec la roue droite, flirter avec la deuxième maison à gauche en sortie... C'est passé comme dans un rêve. Puis, de la même manière, à la limite absolue, je termine mon tour, après Stavelot à travers la forêt, par la Carrière, puis Blanchimont jusqu'à la Source. Quand je repasse devant les stands, je ne sais pas que je viens de rentrer dans l'Histoire. Le record du tour toutes catégories confondues que je viens d'établir ne sera jamais battu. Il représente en outre la moyenne sur un tour la plus élevée, jamais égalée même de nos jours sur un circuit routier. Plus de 260 km/h de moyenne !

Évoquer le circuit de Spa, c'est se plonger avec nostalgie dans la légende du sport automobile. Circuit routier le plus rapide du monde, il a été le théâtre des exploits les plus grandioses. Les plus grands pilotes de l'Histoire, ceux qui avaient un grand cœur, y ont laissé une empreinte indélébile. Quand on voit ce que sont devenus les circuits modernes, sans âme, sans personnalité... Tous très lents, sécurité et retransmission télévisuelle obligent, on doit écrire leur nom en gros pour savoir dans quel pays ils se trouvent. Il n'y a guère que dans l'architecture de leurs installations que l'on peut, à la rigueur, observer quelques différences. Pour les pilotes actuels, passer de l'un à l'autre est totalement monotone ! Sauf quand ils arrivent sur le nouveau circuit de Spa ! Là, ils éprouvent – et c'est nouveau pour les plus jeunes – le vrai bonheur de piloter. Pourquoi ? Tout simplement parce que c'est le dernier circuit très rapide du championnat du monde de Formule 1. Évidemment, ce n'est plus le grand circuit de notre jeunesse, mais les Belges ont réussi l'exploit de réaliser un circuit moderne répondant aux normes de sécurité actuelles, tout en conservant le caractère et la spécificité de l'ancien. À Spa, comme au Mans ou à Monaco, la légende est toujours en marche !

Henri Pescarolo

RETOUR À LA SOURCE

Longtemps, j'ai rêvé à Spa… Spa-Francorchamps. Depuis ce jour de printemps où je fixais avec intensité l'affiche du Grand Prix de Belgique 1960, collée à la vitrine d'un marchand de journaux, à Luxembourg, où les hasards de la vie avaient conduit les pas de mes parents, ma mémoire vacillante me restitue une voiture rouge au premier plan, écrasée par le grandiose arrière-plan vert sombre d'une forêt de sapins. De ce maigre viatique, mon imagination tira un festin d'images et de sons. Je m'arrachais avec peine de ces quelques instants de conscience suspendue pendant lesquels je m'étais fondu dans le cœur de cette affiche, spectateur, acteur peut-être même, d'une course dont j'étais seul à connaître le scénario.

Je me représentais un vaste cirque végétal aux pentes abruptes, creusé dans les profondeurs de la forêt ardennaise, baigné par un tiède soleil de printemps qui dessinait sur la piste, comme au pochoir, un décor pointilliste d'ombre et de lumière, et déclinait autour d'elle toute la gamme des verts, du plus profond pour le British Racing Green au plus clair, pistache, pour le British Racing Partnership. J'apportais à ce tableau monochrome des touches de rouge, beaucoup de rouge, du rouge éclatant, le rouge sang artériel de Ferrari, au rouge sombre, le rouge sang veineux de Maserati.

Il faut dire qu'à l'époque, et malgré la disparition de Maserati et de sa merveilleuse 250F du monde des Grands Prix, l'Italie, grâce à Ferrari, et la Grande-Bretagne avec ses BRM, Vanwall, Cooper et Lotus, fournissaient la totalité du plateau. Le bleu de la France s'était éteint avec Gordini, les "Flèches d'argent" germaniques s'étaient retirées… Seule entorse à l'hégémonie anglo-italienne en cette année 1960, une équipe américaine venait élargir la palette d'une note de bleu et blanc appliquée avec soin sur ses magnifiques et exotiques Scarab.

En tendant l'oreille vers le nord-ouest, en ce beau dimanche de juin, j'aurais même pu entendre la musique de ce Grand Prix de Belgique, le silence de cathédrale écrasant l'ensemble du site pendant les instants magiques d'extrême tension qui précèdent la mise en route des moteurs et le baisser du drapeau noir-jaune-rouge qui allait libérer la meute hurlante vers le raidillon de l'Eau rouge. Cathédrale de verdure, la forêt des Ardennes dressait les hauts troncs rectilignes et dénudés de ses pins, alignés au bord de la piste, comme les tuyaux de monumentales orgues d'où s'élèveraient les premiers accords d'une somptueuse symphonie.

Plus tard, bien plus tard, le dictionnaire Larousse m'apprit que l'orgue comporte, outre des soupapes et leurs ressorts… des pilotes ! Troublante analogie.

À cette époque venait d'apparaître un héros de bandes dessinées qui allait devenir le compagnon préféré de mes longues heures de lecture. Il s'appelait Michel Vaillant, un pilote de Grand Prix dont je lisais et relisais sans cesse les aventures imaginées et superbement illustrées par Jean Graton, et qui rendaient si bien l'ambiance des courses de cette période : *Le Grand Défi, Le Pilote sans visage, Le Circuit de la peur, Le 13 est au départ. Le Grand Défi*, aventure inaugurale de mon héros, l'emmenait déjà à Spa, mais *Le Circuit de la peur* pouvait sans risque et tout aussi bien s'appliquer à la vieille piste de Francorchamps.

C'était bien elle, la "femme fatale" du monde des Grands Prix, attisant les convoitises, infusant dans les cerveaux subjugués de générations entières de pilotes, pendant l'ère romantique de la course automobile, un subtil mélange d'attirance et de répulsion, d'effroi et d'extase, de haine et d'amour… D'une façon ou d'une autre, comme nous le verrons plus tard à travers le discours de ces pilotes, elle les a tous fait vibrer.

Paul Frère y a couru plus que tout autre sans doute. Acteur, spectateur, il fut un observateur privilégié de l'histoire de cette vieille piste et des courses qui s'y déroulèrent, depuis 1926, où le jeune gamin qu'il était assista, émerveillé, au 2e Grand Prix de Belgique de l'histoire ! La course automobile lui inspira plusieurs ouvrages, dont un splendide bouquin qui resta longtemps solitaire sur l'étagère déserte de ma bibliothèque automobile.

La course continue[1] : le titre à lui seul donnait le ton. Dans ce récit de souvenirs, les pages que le pilote journaliste écrivain consacre au Grand Prix de Spa 1958 pour voitures de sport sont bien plus qu'un banal compte-rendu de course automobile. Elles dessinent un très beau tableau de l'ambiance générale qui régnait dans le milieu de la compétition à cette époque, en même temps qu'elles nous renvoient, par-delà les années, un reflet fidèle du site si exceptionnel de Spa-Francorchamps un jour de course : conditions climatiques particulières, avec alternance d'averses, souvent très localisées, et d'éclaircies, conscience aiguë du danger commune à presque tous les pilotes, grande foule, souvent électrisée par l'intensité dramatique de certains duels livrés à très haute vitesse, duels caractéristiques des courses à Spa-Francorchamps et aux épilogues parfois tragiques.

---

1. *La course continue*, Paul Frère, éditions de la Table ronde.
Dans ce superbe récit de souvenirs, le pilote journaliste belge, aussi brillant derrière un volant que face à sa machine à écrire, consacre un chapitre entier au Grand Prix de Spa 1958 qu'il termina deuxième sur Aston Martin, derrière la Lister-Jaguar de Masten Gregory et devant son coéquipier d'un jour, Carroll Shelby sur une autre Aston Martin.

On se souviendra que dans les années 1950 et 1960, les courses pour voitures de sport n'avaient rien à envier aux Grands Prix de Formule 1, aussi bien en termes d'intérêt médiatique que de prestige pour les pilotes. Tous les pilotes, à de très rares exceptions, participaient aux courses de voitures de sport, au volant de ces grosses cylindrées volontiers rétives, aux performances les plus souvent égales ou supérieures aux voitures de Grand Prix. Le public adorait leurs affrontements toujours spectaculaires.

Les quelques lignes qui suivent marquèrent très profondément le jeune garçon que j'étais[2]. Emblématique de son époque et du circuit de Spa-Francorchamps, le Grand Prix de Spa 1958, décrit par de nombreux auteurs, nous servira de fil rouge tout au long de cet ouvrage consacré à notre chère vieille piste et à ses 14 kilomètres.

"C'était un jour gris et maussade et la piste était encore humide de la pluie qui était tombée pendant les épreuves des voitures de grand tourisme, au début de l'après-midi. Quelques minutes avant que Sven donne le départ de la course, une fine pluie se remit à tomber. Shelby s'élança en tête dans le raidillon… que je talonnai dans la côte de Burnenville, me fit signe de passer juste après le virage du sommet. Les Lister revinrent cependant rapidement et prirent la tête avant le virage de Stavelot. Elles roulaient roue dans roue et me prirent plusieurs centaines de mètres dans la remontée vers Francorchamps. […]

La tâche des pilotes était rendue particulièrement difficile du fait que, comme c'est souvent le cas à Francorchamps, la pluie était purement locale. Certaines parties du circuit étaient mouillées et d'autres restaient sèches. D'un tour à l'autre, il était impossible de savoir si les conditions d'adhérence s'étaient modifiées ou non, et il convenait donc de garder une certaine marge de sécurité. Cette précaution, manifestement, les deux hommes de tête, qui s'étaient littéralement envolés, ne l'observaient pas. Ils luttaient roue dans roue, prenant le commandement à tour de rôle et électrisant un public qui pressentait la catastrophe.

Celle-ci ne tarda pas à se produire. Après six ou sept tours, la pluie s'était légèrement accentuée et le virage du Club-House (où Seaman trouva la mort en 1939), resté sec jusqu'alors, était légèrement mouillé. Lorsque j'y débouchais, en ayant eu la prudence de le prendre un peu moins vite que les tours précédents, je vis une énorme colonne de fumée s'élever des champs délimités par l'épingle de la Source : une voiture flambait là comme une énorme torche. […]

---

2. Il semble que cette course ait marqué bien d'autres personnes. Elle a inspiré plusieurs auteurs qui en font une relation, parfois longue et détaillée, dans les travaux suivants :
- *Jim Clark par Jim Clark*, éditions Marabout (titre original : *Jim Clark at the Wheel* publié par Arthur Baker Ltd). Le grand Clark n'était encore que le petit Jimmy, et Masten Gregory était son idole, lorsqu'il traversa la Manche pour la première fois afin de courir à Spa-Francorchamps. Les pages qu'il écrivit sur cette expérience sont particulièrement impressionnantes. Nous en citerons certains passages dans divers chapitres de cet ouvrage.
- *Archie and the Listers*, Robert Edwards, éditions PSL.
  Sans doute l'un des plus beaux livres écrits à ce jour sur la course automobile. Dans son somptueux ouvrage, Robert Edwards donne une description quasi clinique de cette course et de l'état d'esprit de ses acteurs.
- "Nigel Roebuck", Motorsport, october 1999.
  Le célèbre journaliste revient lui aussi sur le Grand Prix de Spa 1958 dans sa chronique mensuelle de Motorsport, "Legends".
- *Des Cobra aux Ford du Mans*, Carroll Shelby, éditions Marabout (titre original : *The Cobra Story* par Lyle Keyon Engel). Dans le style très coloré qui lui est propre, le grand Texan s'attarde lui aussi sur les péripéties de ce Grand Prix de Spa 1958.

Le monde des coureurs est un petit univers fermé et uni. Un coureur qui assiste à la détresse d'un de ses camarades tremble pour un ami. Pendant un tour entier, je conservais devant les yeux ce spectacle horrible d'une voiture en flammes. J'étais presque certain qu'il s'agissait d'un des deux hommes de tête."

Oui, c'était bien ça, la compétition automobile à cette époque, perçue maintenant comme l'âge d'or de la course. Le public était fasciné par le talent de ces jeunes garçons au volant de leur grosse machine, mais il était aussi, et peut-être même surtout, plein d'admiration pour leur bravoure, car le danger guettait partout, et c'était avec la mort que se battaient ceux vers qui se levait un regard d'adulation, tels des gladiateurs descendant dans l'arène.

Et s'il était un circuit qui donnait cette impression d'arène, c'était bien celui de Spa-Francorchamps, enfoui dans le site grandiose de la forêt ardennaise. Son tracé était ultrarapide, le plus rapide de la saison avec Reims et Monza. Il était essentiellement constitué de grandes courbes, seules capables de faire la différence entre les bons et les plus grands: l'enchaînement gauche-droite-gauche de l'Eau rouge, "le" passage le plus célèbre du monde, Burnenville l'horrifique, interminable courbe à droite, complétée par Malmédy, plus loin Stavelot, splendide virage à droite, légèrement relevé, en montée, ouvrant sur les grandes ondulations de la piste dans la forêt, vers la droite au virage de la Carrière, vers la gauche à Blanchimont et encore à gauche au Club-House, appelé aussi virage Seaman, avant de sauter sur la pédale de freins pour aborder la Source, en épingle à cheveux à 120 degrés, seul virage lent du circuit.

Autre particularité de Spa-Francorchamps, les variations d'altitude, et les portions déclives qui en découlaient, divisaient le tracé en deux zones: l'une en descente, par paliers, de la Source à Stavelot, interrompue par la remontée de l'Eau rouge jusqu'à Burnenville par les Combes, et suivie de la vertigineuse plongée de Masta, longue ligne droite de 4 kilomètres agrémentée par un "S" à grand rayon (le "Masta Kink" des Anglo-Saxons, sorte de chicane "naturelle" bien qu'issue des mains de l'homme puisque slalomant entre les fermes!) descendant jusqu'à Holowell et Stavelot; l'autre en montée du milieu du virage de Stavelot jusqu'à la Source, point culminant du site.

Détermination, inconscience, fatalisme, certes, mais courage surtout: il fallait un peu de tout cela pour affronter le monstre dans une violente étreinte de quatre longues minutes. Spa, mante religieuse, en auras-tu dévoré de jeunes amants impétueux que leurs amis, un moment désemparés, remplaçaient l'année suivante pour une nouvelle danse macabre! Le plus grand nombre t'a survécu pour disparaître parfois sur des pistes moins brutales, mais bien plus anonymes, ou sortir une bonne fois vivant de cette passion si souvent mortelle dans les années 1950, 1960 et 1970, et continuer encore et toujours à parler de toi avec émotion.

Comme toutes les fortes personnalités, tu ne laissais personne indifférent: tous les pilotes avaient sur toi une opinion bien établie. Ils s'exprimeront lorsque seront relatés leurs exploits, course après course. Nombreux étaient ceux qui t'adoraient, quelques-uns te détestaient, au point même de vouloir ta perte… et d'avoir finalement ta peau.

Mais, avant d'en arriver aux heures sombres des circonstances de ta disparition, voyons comment tu es née et as grandi.

HISTOIRE DU CIRCUIT DE FRANCORCHAMPS

Les premiers frémissements d'une quelconque activité automobile dans la région de Spa remontent à la fin du XIXe siècle. La première course de côte de Barisart est organisée le 11 juillet 1896 par le Royal Automobile Club de Belgique tout juste fondé. La même année, première exposition automobile à Spa ! En 1897 a lieu la grande semaine automobile d'été à Spa, suivie en 1898 par la course Bruxelles-Spa. Chaque année, le site de Spa-Malchamps-Francorchamps voit se dérouler une course de côte. Cela durera de 1896 à 1912. Il faut dire qu'au tournant du XXe siècle, la Belgique est la cinquième puissance industrielle du monde, et son industrie automobile se développe de façon spectaculaire. Camille Jenatzy, dit "le diable rouge" en raison de la couleur de sa barbe et de ses cheveux, est le premier homme à passer la barre des 100 kilomètres/heure sur terre, en 1899. D'autres Belges s'illustrent au volant : René de Kuyff remporte le 1er Tour de France auto en 1899, puis le 1er Grand Prix de Pau en 1900, ainsi que Nice-Marseille-Nice. Bien plus tard, il deviendra président de la Commission sportive internationale, de 1922 à 1946.

En 1900, à Ostende, est organisée une des toutes premières courses en circuit, sur l'hippodrome Wellington, sur terre battue, sur le modèle de ce qui s'est fait en Amérique sur l'hippodrome de Rhode Island en 1896, première mondiale de course en circuit. Le 31 juillet 1902 naît le premier circuit des Ardennes, six tours de 85 kilomètres autour de Bastogne. Les instances belges de l'automobile jouent un rôle de précurseur, imposant la course en circuit, en opposition aux Français, pionniers de la compétition et tenants de la course en ligne, la seule respectable à leurs yeux. Courte vue, l'histoire va vite le confirmer, puisqu'en 1906, l'Automobile Club de France organise son premier Grand Prix… couru sur circuit ! Sans vergogne, les Français…

Entre-temps, en 1903, Camille Jenatzy, barbe et cheveux au vent, a gagné sur Mercedes la quatrième Coupe Gordon Bennett. La Belgique, la France et l'Allemagne sont alors les maîtres incontestés du sport automobile mondial.

Le circuit des Ardennes se courut jusqu'en 1907. D'autres formes de compétition ont lieu dans cette région où l'automobile, nouvelle religion, compte de nombreux fanatiques. Ces derniers créèrent l'Automobile Club de Spa, le 3 juin 1906. Le club va rapidement recruter six cents membres et éditer un journal rédigé par l'un de ses fondateurs, le chevalier Jules de Thier.

Dès 1908 germe l'idée d'un autodrome à Malchamps, en surplomb de Francorchamps, mais le projet est trop coûteux et reste sans suite.

L'Automobile Club de Belgique est devenu le RACB, qui organise les 20 et 21 juillet, fête nationale, de l'année 1912, le 1er Grand prix du RACB, épreuve de régularité.

Les premières installations et la ligne droite. (Collection de Rham)

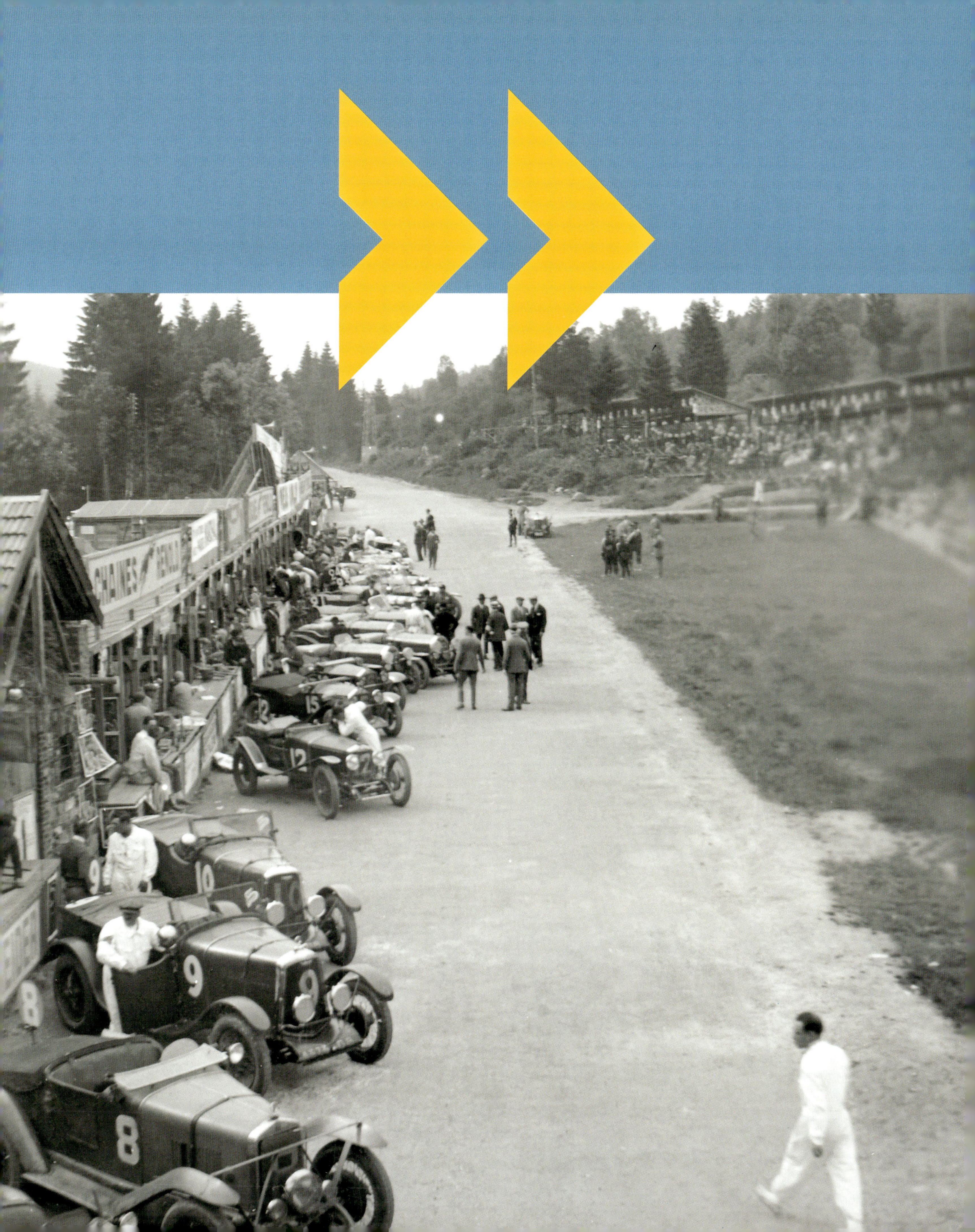

Le 2e Grand Prix du RACB a lieu en août 1913, sur un circuit de 21,200 kilomètres imaginé par le bourgmestre de Spa, le baron Joseph de Crawhez. Le site fait pour la première fois apparaître le nom de Francorchamps, village des Ardennes par lequel passe le tracé. La course est marquée par un accident mortel.

L'industrie automobile belge fait à l'époque preuve d'une grande ingéniosité en adoptant des solutions mécaniques novatrices, voire même d'extrême avant-garde. La Belgique compte alors plusieurs grandes marques, telles que l'Auto Métallurgique, Excelsior, Minerva, mais la Première Guerre mondiale va détruire la plupart de leurs usines. Excelsior et Minerva vont néanmoins réussir à sauver de l'anéantissement systématique du tissu industriel belge par les Allemands leur outillage, les motrices, les métaux spéciaux et le caoutchouc. Les derniers feux du conflit éteints, on recommence à fabriquer des voitures en Belgique.

Telles sont les circonstances sociales, économiques et politiques dans lesquelles va naître le circuit automobile de Francorchamps. Aux sortirs de la guerre, la suppression des postes de douane de part et d'autre de l'Eau rouge, qui contrôlaient la frontière belgo-allemande, permet aux promoteurs de réétudier la création d'un circuit entre Francorchamps, Malmédy et Stavelot. Situé à 80 % sur la

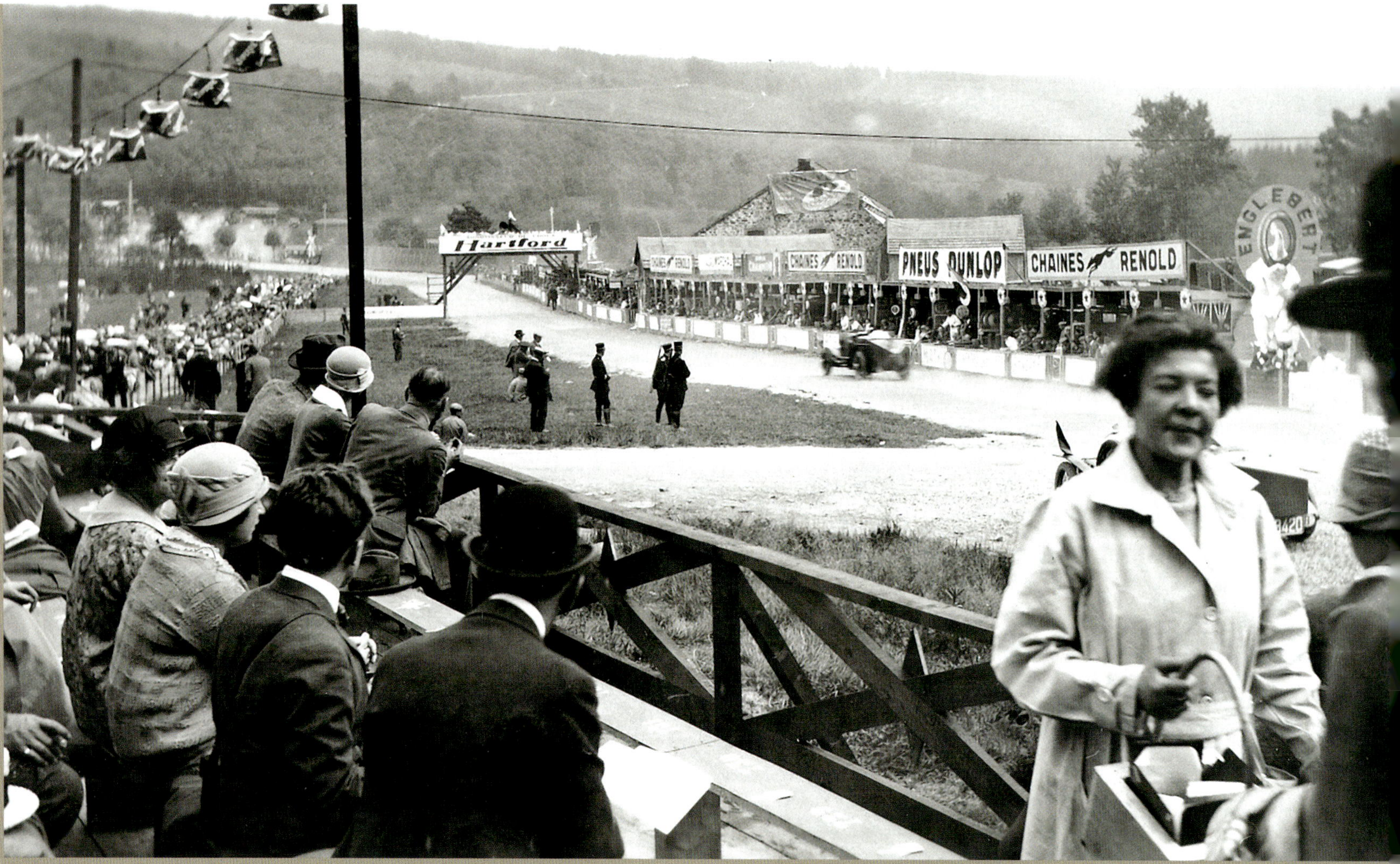

Les premières installations et la ligne droite. (Collection de Rham)

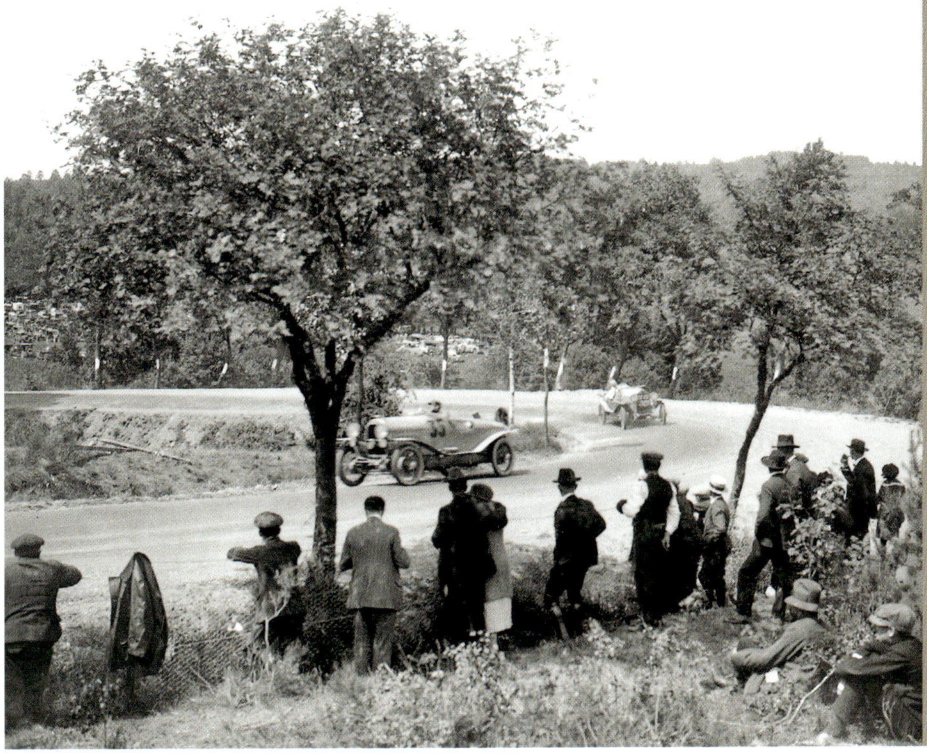

L'ancienne douane, première course. (Collection de Rham)

commune de Stavelot, le circuit est dessiné par un beau jour du début de l'année 1920, grâce à la volonté et l'imagination de quatre hommes, réunis à l'Hôtel des Bruyères à Francorchamps : le chevalier Jules de Thier, le bourgmestre de Spa Joseph de Crawhez, Henri Langlois Van Ophem et le baron de Tornaco.

Une fois de plus, les Belges prennent le contre-pied de la tendance générale des circuits ovales aux virages relevés tels que Brooklands, Indianapolis, Montlhéry. Ils créent un "autodrome naturel" de 15,820 kilomètres, se frayant un somptueux chemin dans les profondeurs de la forêt ardennaise. C'est une piste magnifique, alternant grandes courbes et lignes droites. Spa-Francorchamps, l'unique, le bientôt mythique, est né.

Le RACB y organise la première course le 12 août 1921, appelée Grand Prix de Belgique. Le succès n'est pas, comment dire, immédiat ! Un seul inscrit ! Le premier véritable Grand Prix aura donc lieu en 1922 sous la forme d'une course d'endurance pour voitures de sport. C'est la naissance d'une tradition à Spa, où ce type de courses jouira toujours d'un prestige aussi grand que celui des courses réservées aux monoplaces. Cette fois, ce sont douze bolides qui s'affrontent sur 600 kilomètres. Le baron de Tornaco l'emporte sur Imperia Abadal, à 88,900 kilomètres/heure de moyenne, alors qu'une Métallurgique a fixé le record du tour à 105 kilomètres/heure.

En 1923 commencent les travaux d'aménagement du circuit : on y construit une cabine de chronométrage, un tableau d'affichage et une tribune de presse possédant un matériel téléphonique. Il ne manque que la baraque à frites, une fois !

En 1924, le Café de l'Eau rouge devient l'Hôtel de la Source. Cette même année sont courues les premières 24 heures de Spa-Francorchamps qui s'appelleront Grand Prix de Belgique.

En 1925, la nouvelle route des tribunes est créée, ainsi que le parc des coureurs. Les promoteurs de cette superbe piste et de ses installations peuvent être fiers : l'association internationale des Automobile-

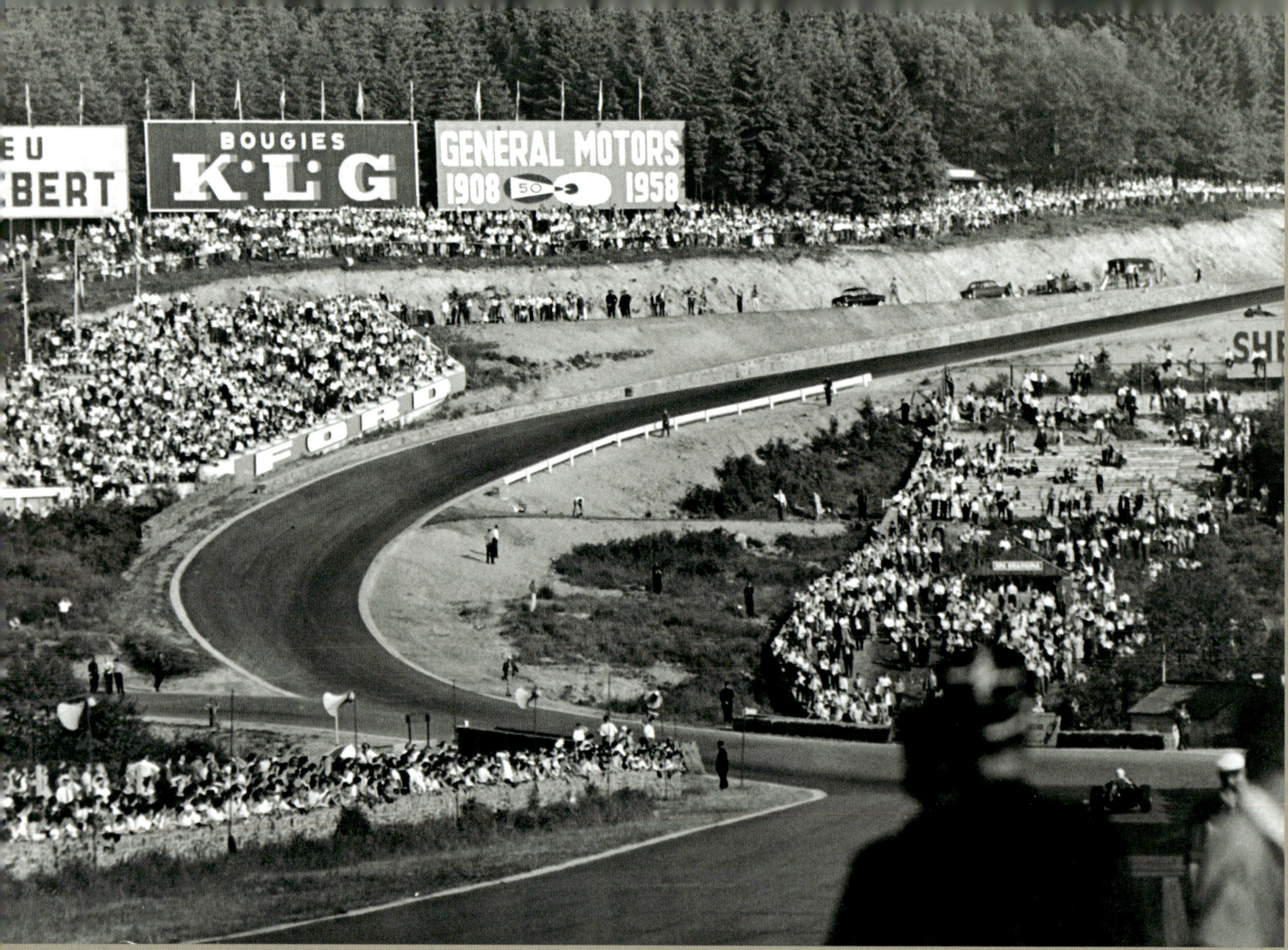

Le virage de l'Eau rouge en 1958. Les abords ont été dégagés, apparition d'un rail de sécurité. (Archives Rickartz-Völker)

Clubs reconnus demande au RACB d'organiser à Spa le 1er Grand Prix d'Europe catégorie course. L'épreuve a lieu le 28 juin. Deux semaines plus tard se déroulent les 24 heures, appelées Grand Prix de Belgique, mais c'est ce Grand Prix d'Europe que l'histoire retiendra plus tard comme le 1er Grand Prix automobile de Belgique. La piste est asphaltée en 1928, et en 1930, à l'occasion du Grand Prix d'Europe, est installée une tribune en bois démontable de cinq cents places. En 1932, la rectification des virages de Malmédy et de Masta ramène le circuit à un développement total de 14,900 kilomètres. Les endroits les plus dangereux – on déplore déjà plusieurs morts dans les courses auto et moto – sont protégés par des sacs de sable. En 1934, malgré certaines difficultés financières, les modifications de la piste continuent : amélioration du virage Holowell, suppression du "S" de Malmédy. Le raidillon de l'Eau rouge est construit en 1939. Le virage de l'ancienne douane est supprimé. Le circuit fait alors 14,120 kilomètres et présente sa forme et sa longueur quasi définitives. Il est terriblement rapide et la pluie fait partie intégrante du décor. Les courses à Spa ont désormais une réputation internationale. Pendant la guerre, la piste souffre énormément. Le 10 mai 1940, l'armée belge détruit le pont qui était miné depuis septembre 1939. Un corps de garde est construit à la sortie du pont de l'Eau rouge. Plus tard, à partir de 1950, il sera utilisé comme infirmerie pour les pilotes, puis transformé en toilettes

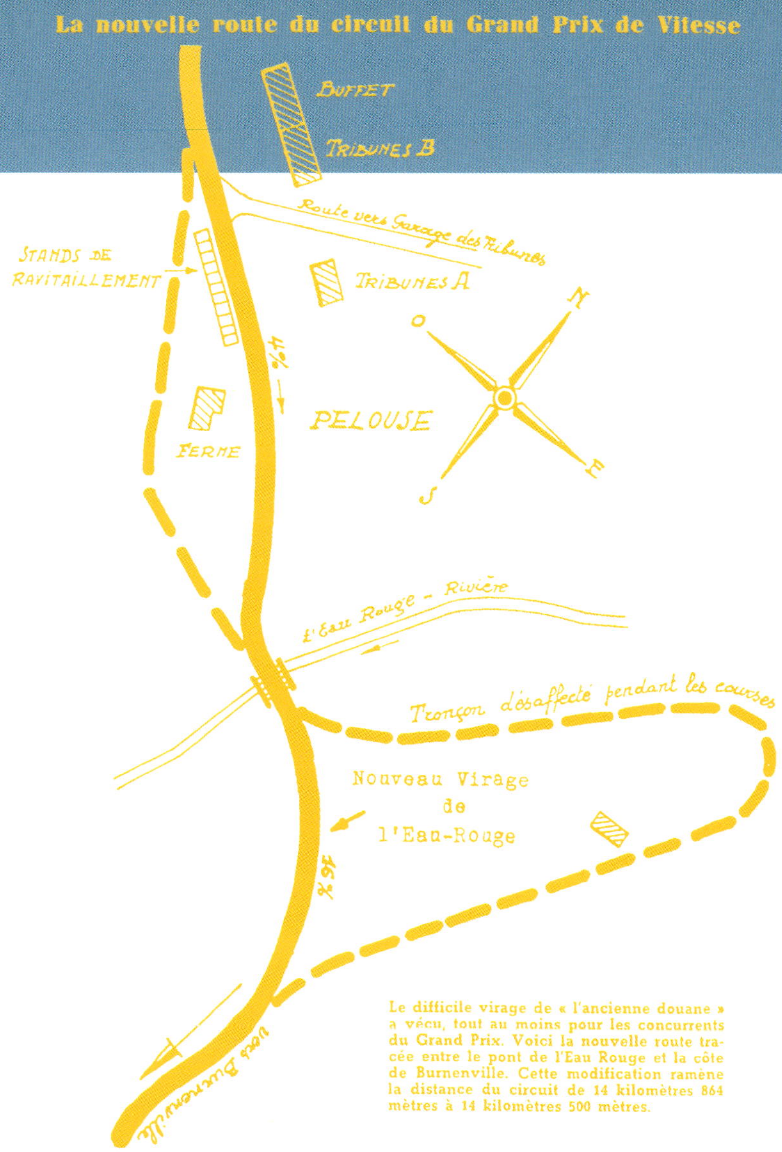

Plan du nouveau virage de l'Eau rouge, 1939. (Collection Patrick Sinibaldi)

publiques en 1952, date à laquelle l'État belge rachète la villa Baillot pour en faire l'antenne médicale du circuit. Le gouvernement décide la reconstruction du circuit et le baptise officiellement "Circuit national de Francorchamps". Un comité provisoire de gestion de cinq membres est constitué, précurseur de l'Intercommunale, bientôt rejoint, en 1947, par Léon Sven, futur administrateur-délégué. Les travaux continuent avec la construction d'une tribune de trois mille places. Le Grand Prix d'Europe va attirer "septante-cinq mille" spectateurs. Les derniers arbres qui bordent la piste sont abattus en 1950. Le nouveau dessin du virage de Stavelot est inauguré. La piste passe de 6 à 9 mètres de large. En 1955, la villa Lacroix est achetée par le président du Royal Automobile Club de Spa et devient le Club-House. Des murets de protection en béton sont construits dans les zones présumées dangereuses et plusieurs zones sont interdites au public. Les boxes sont reculés après le Grand Prix de Belgique 1956, avant l'érection des nouveaux stands de ravitaillement et de la tour carrée. Une nouvelle piste de décélération voit le jour. En 1958, on réaménage le tracé entre Stavelot et la Source : le nouveau dessin permet des vitesses de passage encore plus élevées aux Carrières et à Blanchimont ! Nous sommes en 1963 lorsque sortent de terre les premiers rails de sécurité (notons quand même la présence d'une première volée de rails dès 1958, lors du Grand Prix de Belgique, posée à la hâte entre le Club-House et la Source après l'accident mortel d'Archie Scott Brown survenu quinze jours plus tôt lors du Grand Prix de Spa). Par ailleurs, de très fortes gelées en février infligent d'importants dommages au revêtement et aux conduites d'eau de chauffage. Le circuit est réasphalté.

En 1965, les communes abandonnent 100 % de leurs taxes sur les spectacles afin de résorber le déficit de l'Intercommunale qui est confrontée à la nécessité de très lourds travaux d'entretien et de réfection, mais aussi de sécurité. Ce sont les premiers symptômes du syndrome sécuritaire qui va se développer dans le monde de la course automobile.

En ce milieu des années 1960, le circuit est fixé dans sa configuration définitive. Il est constitué de routes publiques dont certaines portions ont pu être aménagées dans l'optique de leur utilisation "course", en remodelant certaines courbes, en construisant des structures permanentes (stands, tour de contrôle), en posant des rails de sécurité. Sécurité, un mot tout nouveau dans le vocabulaire de la course automobile, mais qui va bientôt s'y imposer comme LE maître mot. Et, comme tous les nouveaux courants de pensée, la philosophie sécuritaire dont les préoccupations originelles sont légitimes et indiscutables, voudra imposer SA vérité, TOUTE sa vérité, et malheureusement RIEN que sa vérité. Elle en présentera aussi les habituels avatars : aveuglement, prosélytisme, en un mot, fanatisme. De croisades en diktats, elle imposera des contraintes mortelles à certains hauts lieux du sport automobile mondial. Aux yeux de quelques-uns de ses ayatollahs, le beau circuit de Spa-Francorchamps va constituer la bête immonde qu'il convient de terrasser.

Dans les Ardennes aussi, on parle de terrasser. Dès le début des années 1960, des projets de nouvelle piste voient le jour car on sent bien, du côté de Stavelot, Malmédy et Francorchamps, que l'ancienne offre bien peu de zones de dégagement possible, ce qui réduit la marge d'erreur en cas d'accident à presque rien et les moyens d'en réchapper à quelques prières ferventes mais brèves, forcément brèves, vu les très hautes vitesses atteintes !

À ce moment, les existences parallèles du circuit, de son évolution, des courses qui s'y déroulent et de leurs péripéties vont se confondre. En effet, pour les narines sensibles de certains, il plane sur Francorchamps et son cadre grandiose un parfum de drame que la subtile alliance des fragrances de résine, d'humus et d'huile de ricin brûlée ne parvient plus à masquer. Les Britanniques, qui représentent désormais la force dominante des Grands Prix, ont été cruellement privés de plusieurs de leurs pilotes au tournant des années 1950 et 1960. C'est d'abord Archie Scott Brown, à la popularité immense en Grande-Bretagne où il rivalisait d'égal à égal avec des pointures telles que Moss et Brooks, qui s'est tué au Club-House lors de son terrible duel avec Masten Gregory pendant le Grand Prix de Spa 1958 pour voitures de sport. Cette course dramatique est une somme absolue de tout ce qui faisait de Spa et de ses courses un exercice si particulier et si dangereux. Elle a fasciné de nombreux auteurs qui lui ont consacré de longues études, comme nous l'avons vu plus haut. Nous reviendrons sur cette course, véritable fil d'Ariane de cet ouvrage. Les circonstances de l'accident indiquent clairement que ses conséquences dramatiques auraient pu être atténuées, voire même effacées, sans la présence plus qu'inopportune, au bord de la route, à la sortie de la courbe hyperrapide du Club-House, "d'un poteau indicateur situé juste à l'endroit où une voiture qui prendrait le virage trop vite irait mordre l'herbe d'un accotement peu dangereux en soi. Or, les traces laissées par la Lister-Jaguar de Scott Brown indiquent que, lorsqu'elle quitta la route, elle fit d'abord quelques dizaines de mètres sur l'accotement en herbe qui sépare la route du fossé. Il est fort possible que le pilote eût pu rétablir la situation s'il n'était venu percuter ce poteau indicateur qui arracha la roue avant droite de la voiture. À partir de ce moment, celle-ci échappa complètement à son contrôle et l'accident devint inévitable." Ces lignes sont extraites du livre de Paul Frère *La Course continue*. Dans ce brillant récit de souvenirs, l'ancien vainqueur des 24 heures du Mans poursuit : "Le terrain de prédilection de Scott Brown (dont c'était la première apparition sur le continent. Ndl)

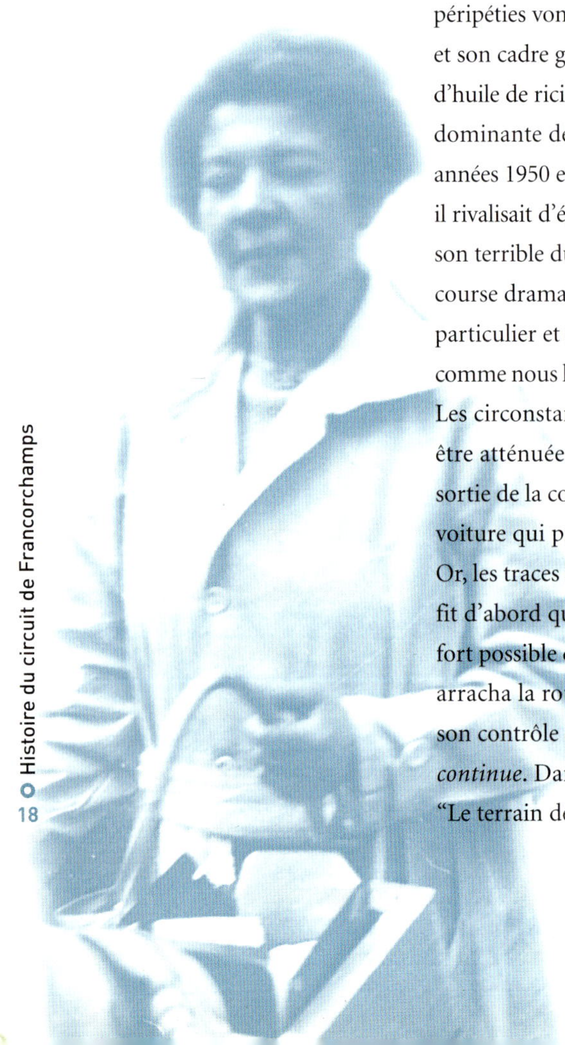

était cependant les circuits britanniques, pour la plupart assez sinueux et souvent tracés sur des aérodromes désaffectés, où un pilote qui commet une erreur peut quitter la route sans mal, puisque celle-ci est bordée de pelouse. Sur ces circuits peu dangereux, les pilotes britanniques se tirent une bourre effarante dans laquelle les voitures, à quelques dizaines de centimètres les unes des autres, circulent à l'extrême limite de leurs possibilités. Mais ils ont parfois tendance à oublier que de vrais circuits routiers ne permettent généralement pas de se tirer aussi impunément d'un mauvais pas, surtout si, comme à Francorchamps, on y atteint le 200 kilomètres/heure de moyenne générale. [...] Si les circuits routiers présentent inévitablement plus de dangers pour les pilotes que les circuits artificiels tracés sur aérodromes, ce n'est pas une raison pour ne pas essayer de supprimer toute source de danger dont l'élimination est possible. [...] Il est du devoir des organisateurs de faire tout ce qui est possible pour éliminer des risques qui peuvent être évités. Nul n'est mieux placé qu'un pilote pour juger de ce qui constitue un réel danger."

Deux ans plus tard, Spa va connaître le week-end le plus noir de l'histoire des Grands Prix. Les essais sont marqués par les accidents gravissimes de Stirling Moss et de Michael Taylor, et Chris Bristow et Alan Stacey perdent la vie le jour de la course.

Les années suivantes voient Cliff Allison, sortir physiquement amoindri d'un effroyable accident à Blanchimont (Grand Prix de Belgique 1961) qui l'éloignera à jamais de sa passion, puis Trevor Taylor et Willy Mairesse échappent miraculeusement à la mort lors de la conclusion dramatique de leur terrible mano a mano du Grand Prix de Belgique 1962. Le Belge souffrira de graves brûlures.

Comme nous l'avons évoqué plus haut, des travaux de très grande ampleur sont alors envisagés, mais la tâche est colossale, et puisque le vieux circuit est toujours là et bien là... Qui oserait toucher à ce monument du sport automobile mondial ? A-t-on jamais songé à modifier le parcours de Saint-Andrews, à détruire le Maracana, à remplacer le gazon de Wimbledon par une surface synthétique ? Allons, se rassure-t-on dans la région de Spa, nous faisons partie de l'histoire, et l'histoire avec un grand H, personne n'y touche... Un peu d'Histoire donc !

Eau rouge en 1960. (Archives Rickartz-Völker)

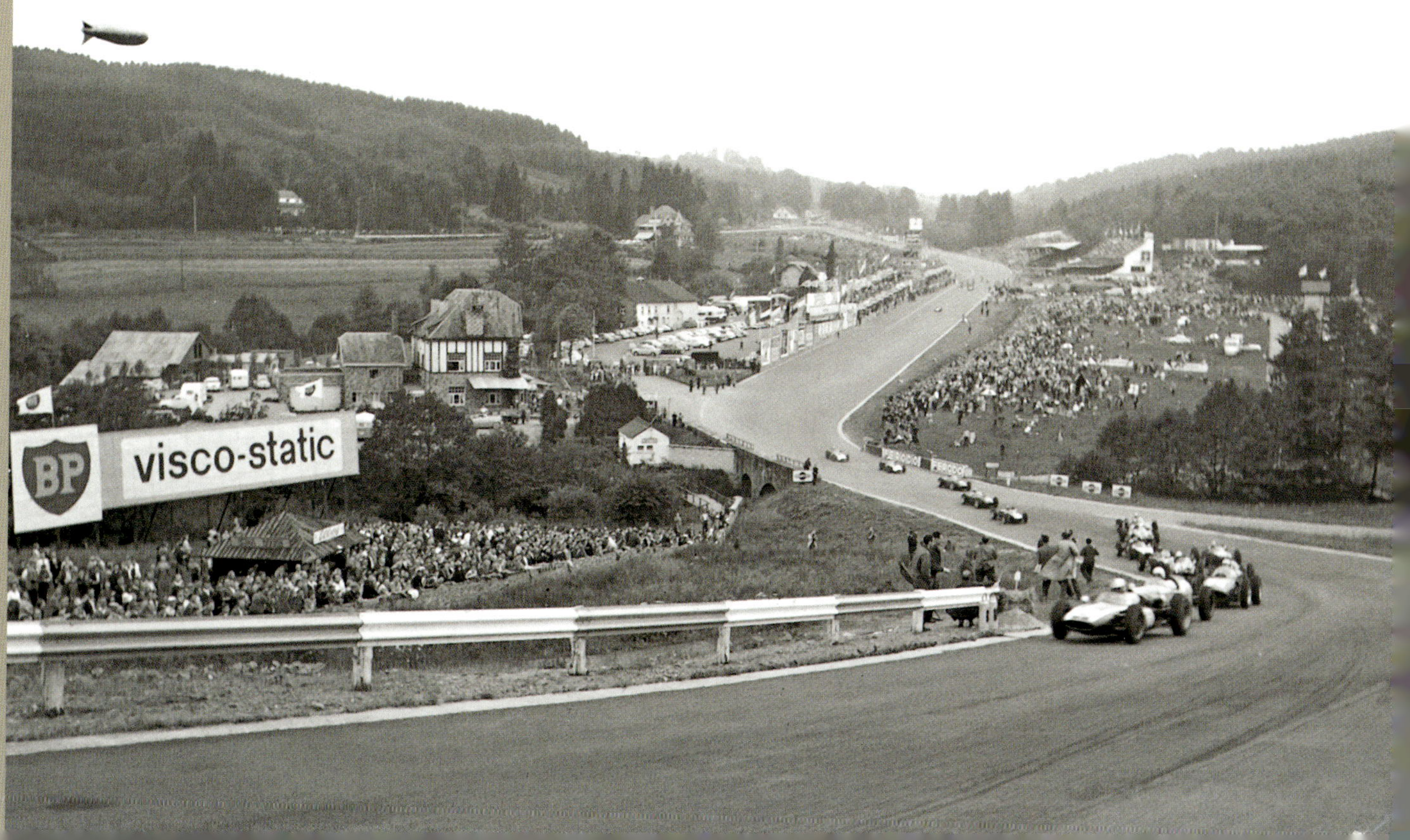

LES COURSES À SPA DE 1925 À 1949

Le 12 août 1922, le Royal Automobile Club de Belgique organise la première course sur le nouveau circuit. L'épreuve porte déjà le nom de Grand Prix de Belgique, mais n'attire pas les foules ! Un seul inscrit, pour une épreuve qui n'aura pas lieu.

Après une année consacrée à de nouveaux travaux, le RACB organise les premières 24 heures de Spa-Francorchamps. Dès lors, l'amour du tracé ardennais pour les courses d'endurance et les catégories Tourisme, Grand Tourisme et Sport ne faiblira jamais, survivant même à la Formule 1 devenue pourtant la catégorie reine, et ce de nombreuses années après le dernier Grand Prix de 1970. Mais, n'anticipons pas…

1925

Les 24 heures de Spa s'appellent Grand Prix de Belgique et sont un grand succès : quarante-huit voitures au départ, disposées en épi devant les stands ! La grande foule assiste, ravie, au triomphe des couleurs belges avec les usines Impéria, Nagant et F.N., sans oublier les pneumatiques Englebert qui équipent toutes les voitures victorieuses. Impéria s'impose en catégorie jusqu'à 1 100 cm³ de cylindrée, F.N. en 1 500 cm³ et Nagant en 3 litres, les plus de 3 litres voyant la victoire d'une Chenard-Walker (Lagache-Léonard). Les vainqueurs ont couvert cent quarante-sept tours du circuit de 14,900 kilomètres en 23 heures et 51 minutes.

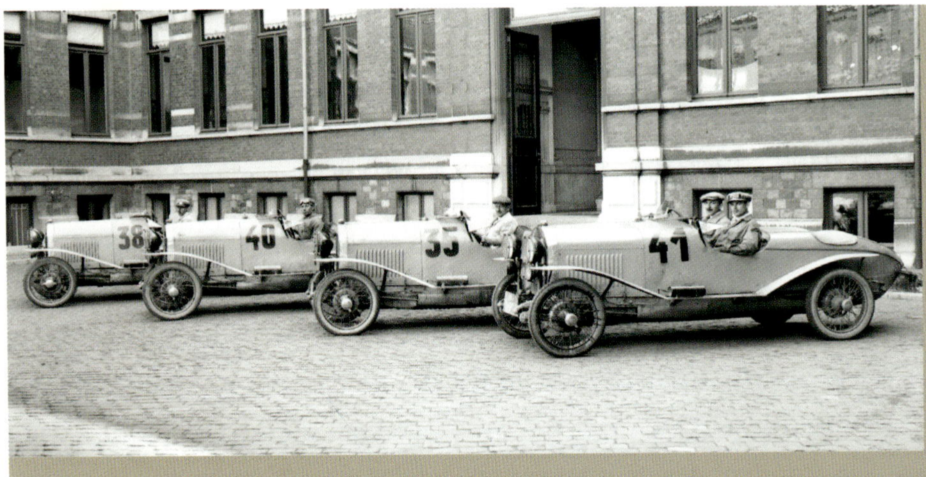

Les FN à l'usine. (Collection de Rham)

Page de droite
Nuvolari se désaltère pendant le GP de Belgique 1933. (Archives Jean-Paul Delsaux)

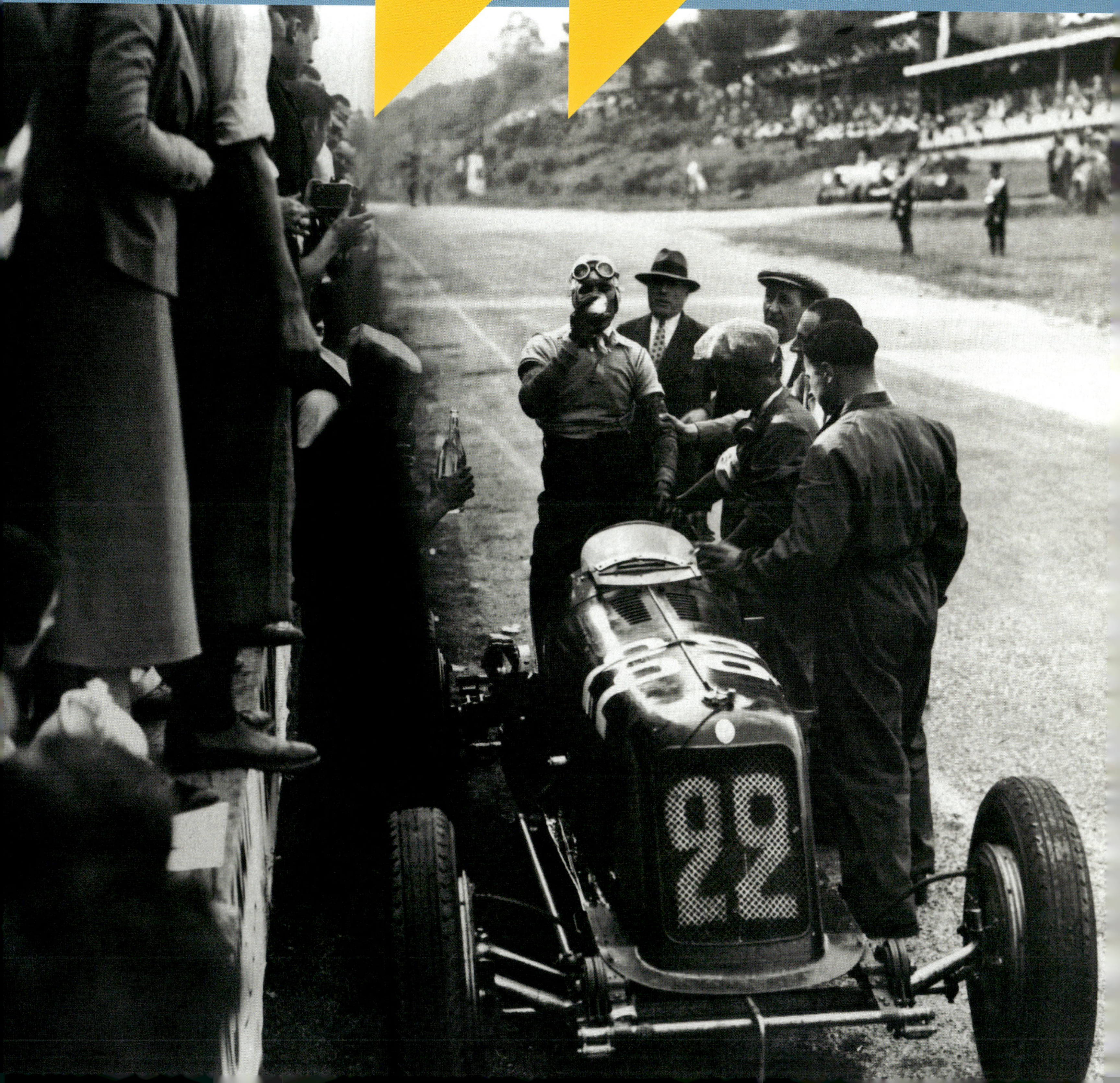
22

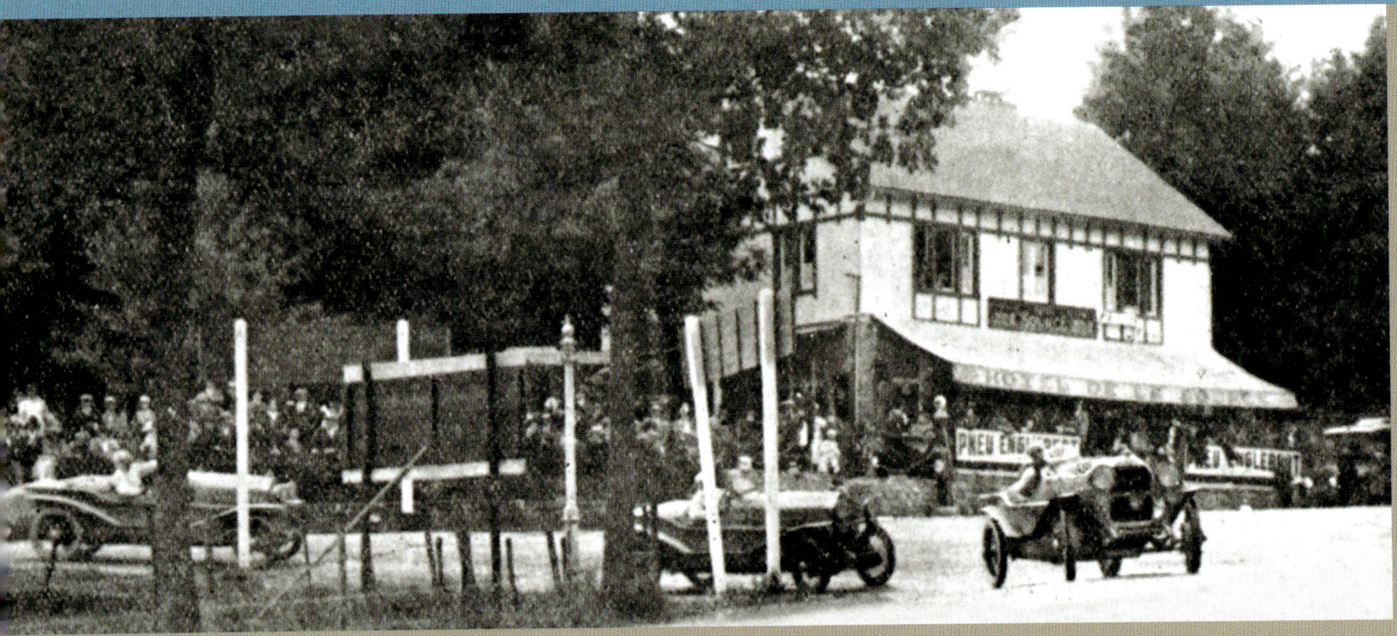

Les trois FN à la Source. (Collection de Rham)

Les instances internationales adoubent le circuit en lui confiant l'organisation du Grand Prix d'Europe dans un calendrier qui, cette année-là, comporte trois autres Grands Prix : France, Italie et Espagne. La route a été élargie en plusieurs endroits depuis les 24 heures 1924. Les entraînements sont prévus pendant quinze jours, de 4 heures à 7 heures du matin.

Certes, le plateau est encore maigre, mais heureusement plus étoffé que lors de la première tentative de 1922 : sept inscrits, représentant deux équipes, trois Alfa Romeo contre quatre Delage, toutes aux mains des pointures du moment. Côté italien : Antonio Ascari, Giuseppe Campari et Gastone Brilli-Peri, vainqueur du Grand Prix d'Italie à Monza. Côté français : René Thomas, Robert Benoist, Albert Divo, qui gagnera le Grand Prix d'Espagne à San Sebastian, et Paul Torchy. Ce duel donne évidemment lieu à l'élaboration de tactiques de course. La Delage de Divo est à compresseur. Les autres pensent compenser leur manque de puissance (118 chevaux contre 172) par une moindre consommation.

Dès le baisser du drapeau, Ascari s'envole. Son Alfa de 180 chevaux est chronométrée à 215 kilomètres/heure dans Masta. Au cinquième tour, Benoist (réservoir percé) et Torchy (salade de soupapes) ont déjà abandonné. Les moteurs des Delage semblent à court de préparation. Au dix-huitième tour, la Delage de Thomas prend feu. Brilli-Peri casse le moteur de son Alfa Romeo au vingt-septième tour et abandonne. Albert Divo, seul survivant français, est lâché par son compresseur deux tours plus tard.

Dès lors s'installe une pénible procession qui tourne presque à la farce lorsque, réalité ou légende, Vittorio Jano, le fameux ingénieur père de l'Alfa Romeo P2 et plus tard de la Lancia D50, leur directeur de course, rappelle les deux Alfa, seules en piste, pour un bon nettoyage pendant que les pilotes s'attablent et se restaurent au bord de la piste. Il ne manque plus que le petit Alberto sur les genoux de son papa Antonio, charmé par un air de *bel canto* que lui chanterait Campari, aussi brillant ténor que pilote de course ! Ascari l'emporte, à 122 kilomètres/heure de moyenne, devant Campari à 22 minutes.

Page de droite, en bas
Les mêmes, après l'arrivée, gagnantes de la prestigieuse Coupe du Roi. (Collection de Rham)

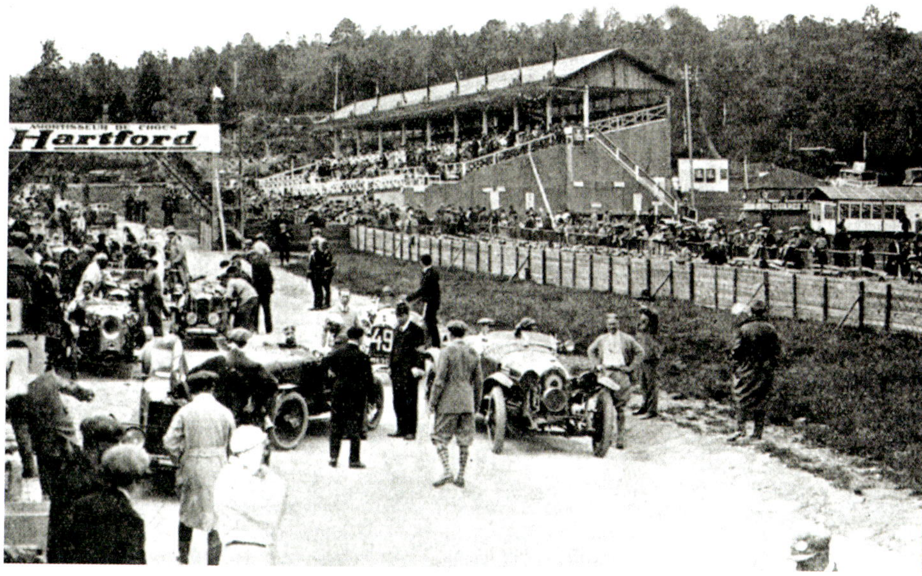

Préparatifs de départ. (Collection de Rham)

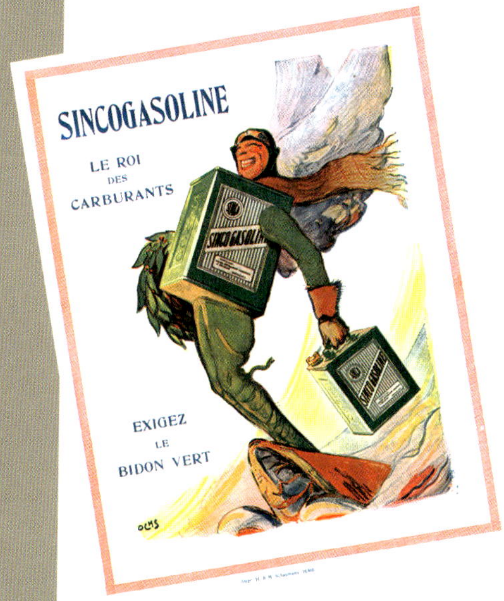

La publicité, à l'époque, déjà présente. (Collection de Rham)

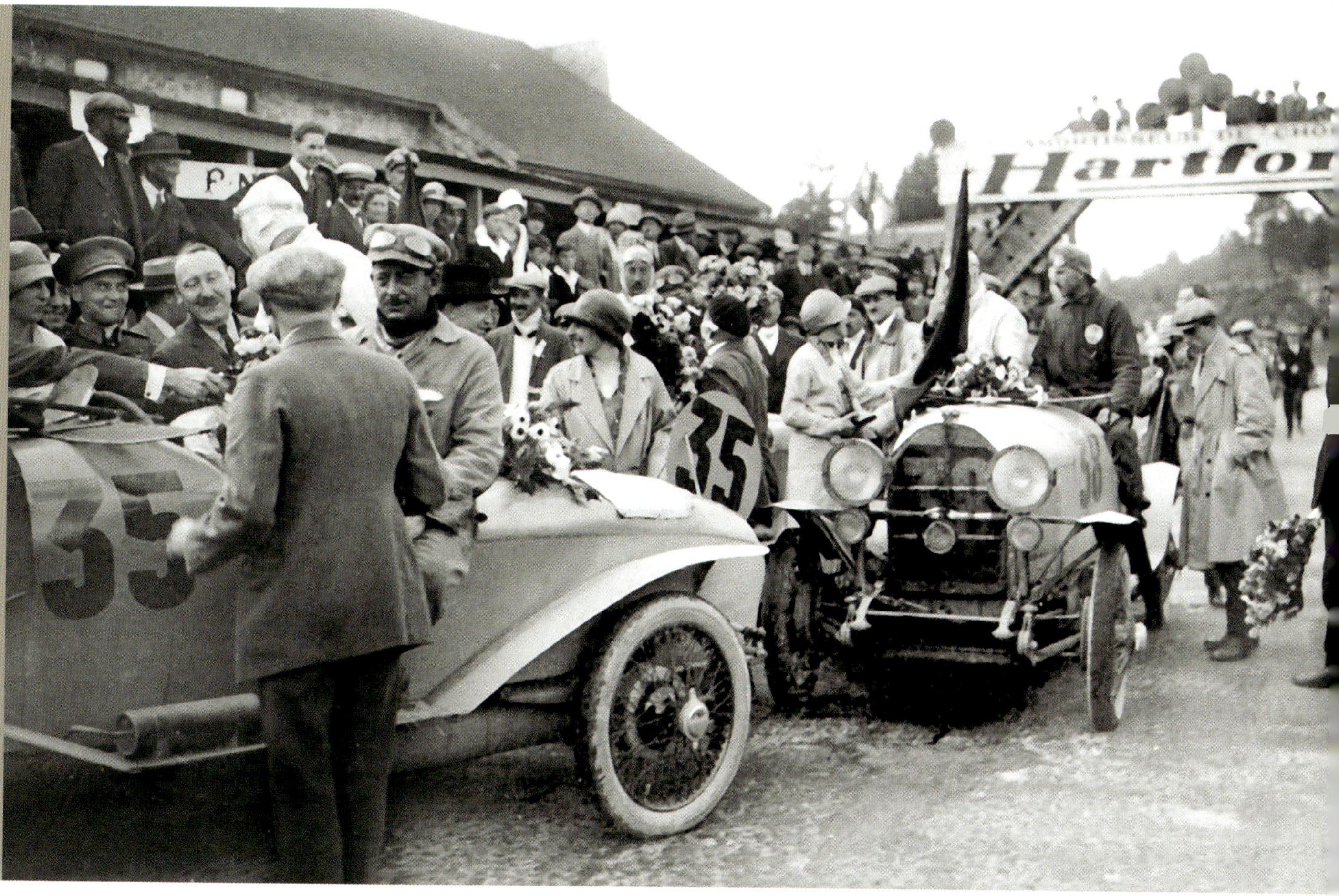

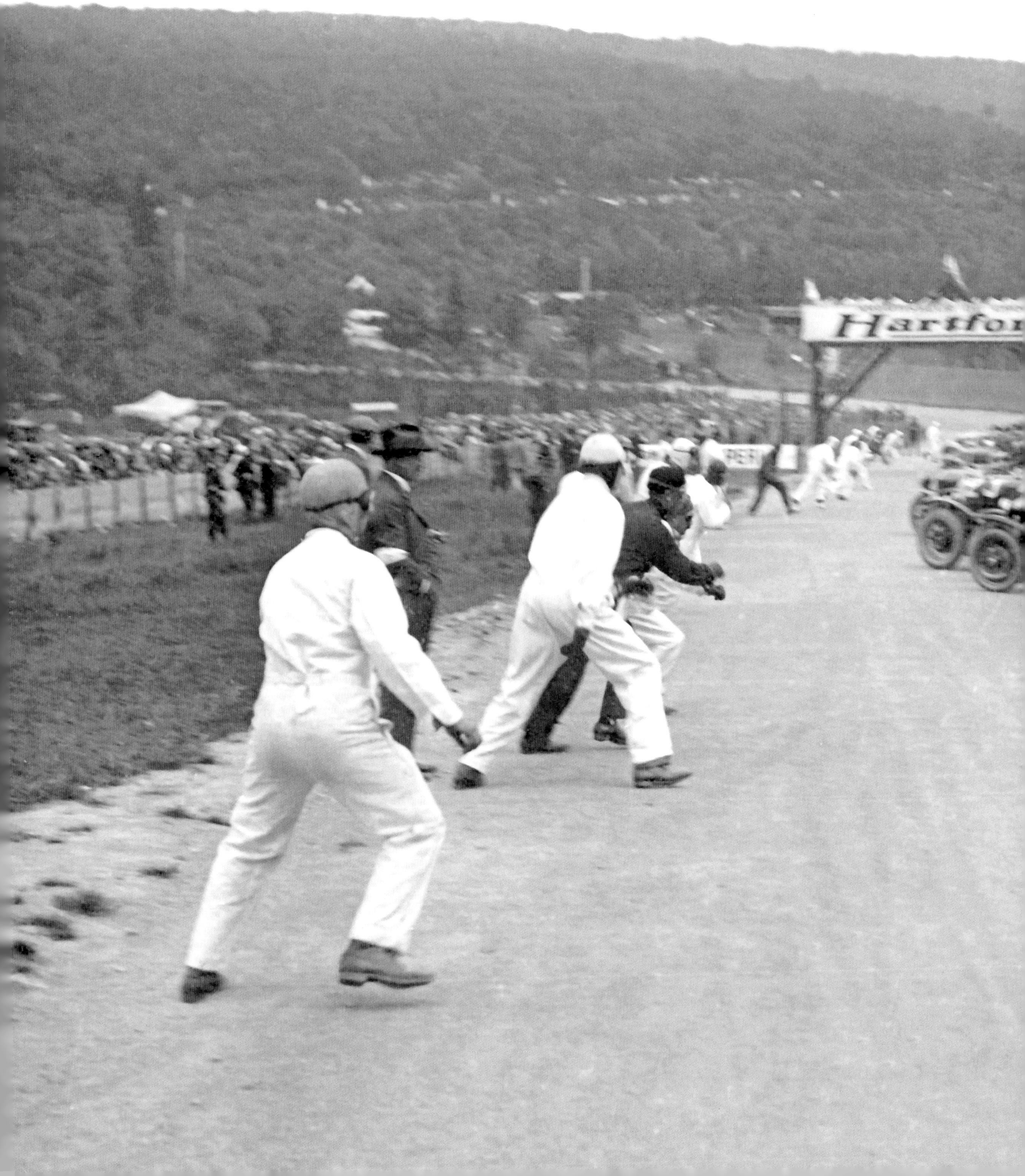
Hartfor

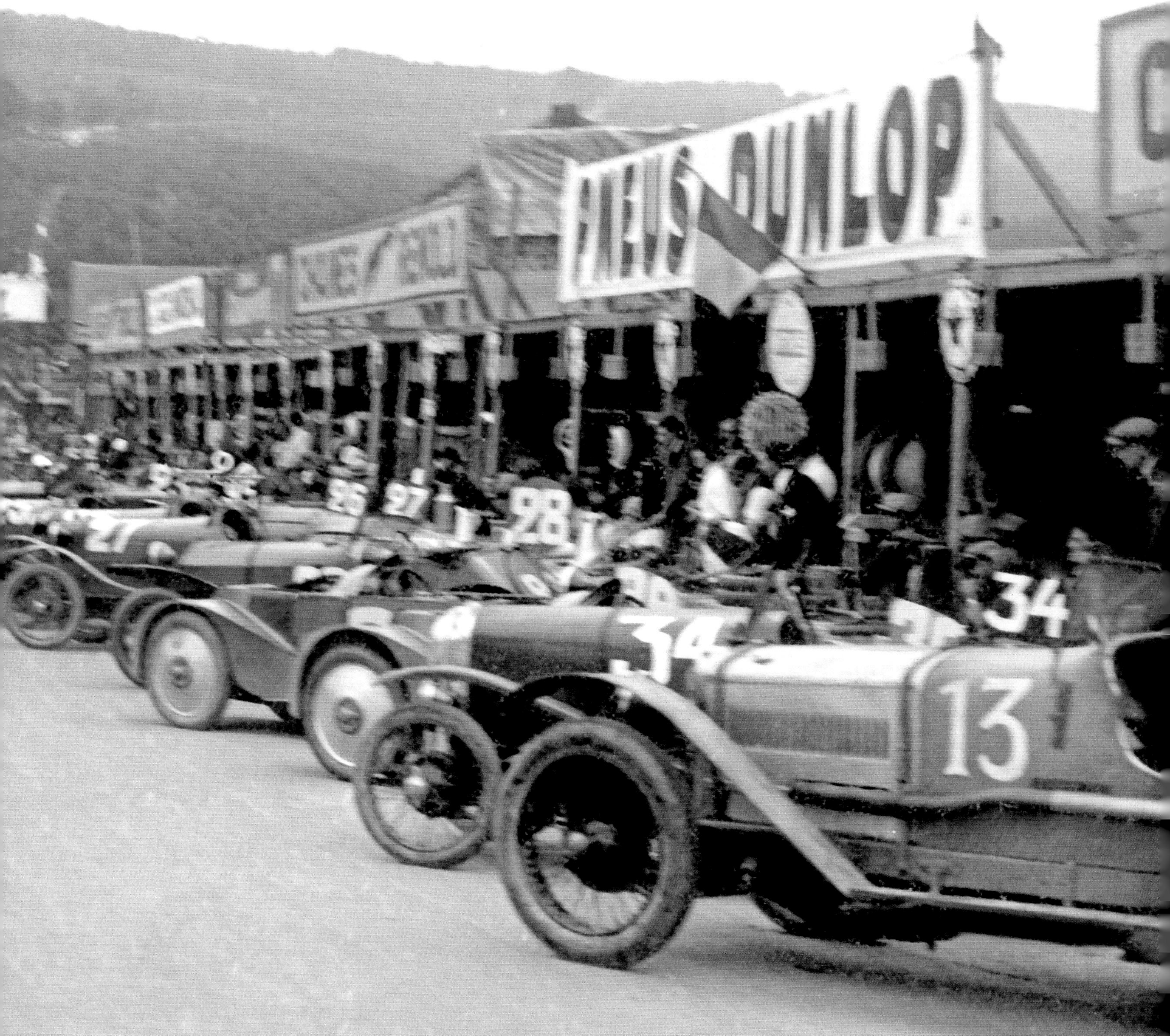
PNEUS DUNLOP
34
34
13

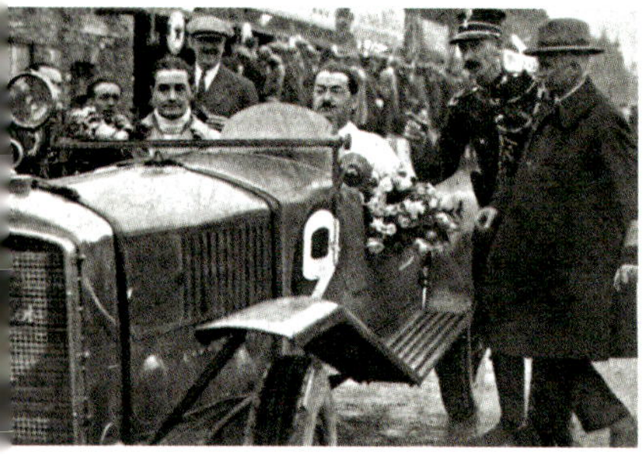

Les vainqueurs, Boillot-Rigal, sur Peugeot, au terme d'une course magnifique de 2 294 kilomètres. (Collection de Rham)

Double page précédente
Le départ. (Collection de Rham)

Les quatre FN au départ du Grand Prix 1926. (Collection de Rham)

1926

À 16 heures précises, vingt-neuf bolides s'élancent dans un nuage de poussière. Le temps est splendide pour ces 24 heures de Spa, nouveau Grand Prix de Belgique. L'attraction qu'exerce déjà la course automobile est rendue par ces commentaires, extraits de *L'Automobile belge* du 10 juillet 1926: "Le spectacle de la course dans la nuit était de toute beauté. La vue d'ensemble des tribunes et des stands de ravitaillement complètement illuminés était féerique. Mais la vue, du côté de Burnenville, des deux virages situés à mi-côte et inondés de lumière ne le leur cédait pas en beauté. Dans le jour déjà, la vue des bolides gravissant cette côte sinueuse en vrombissant de toute la force de leurs chevaux constitue un beau spectacle, mais, dans la nuit, ce spectacle s'empreint d'une étrange majesté et l'on ne peut se lasser de regarder ces monstres qui viennent de jaillir du virage de Francorchamps et de passer en trombe devant les tribunes, se rapetissent dans le lointain et, gros frelons bourdonnants, gravissent la côte de Burnenville précédés d'un long pinceau lumineux qui caresse, en éclair, les arbres de la route pour disparaître à un dernier virage. À divers points du circuit, le spectacle est plus grandiose encore. Au virage de Francorchamps, le brusque jaillissement des monstres mécaniques a quelque chose d'effrayant."

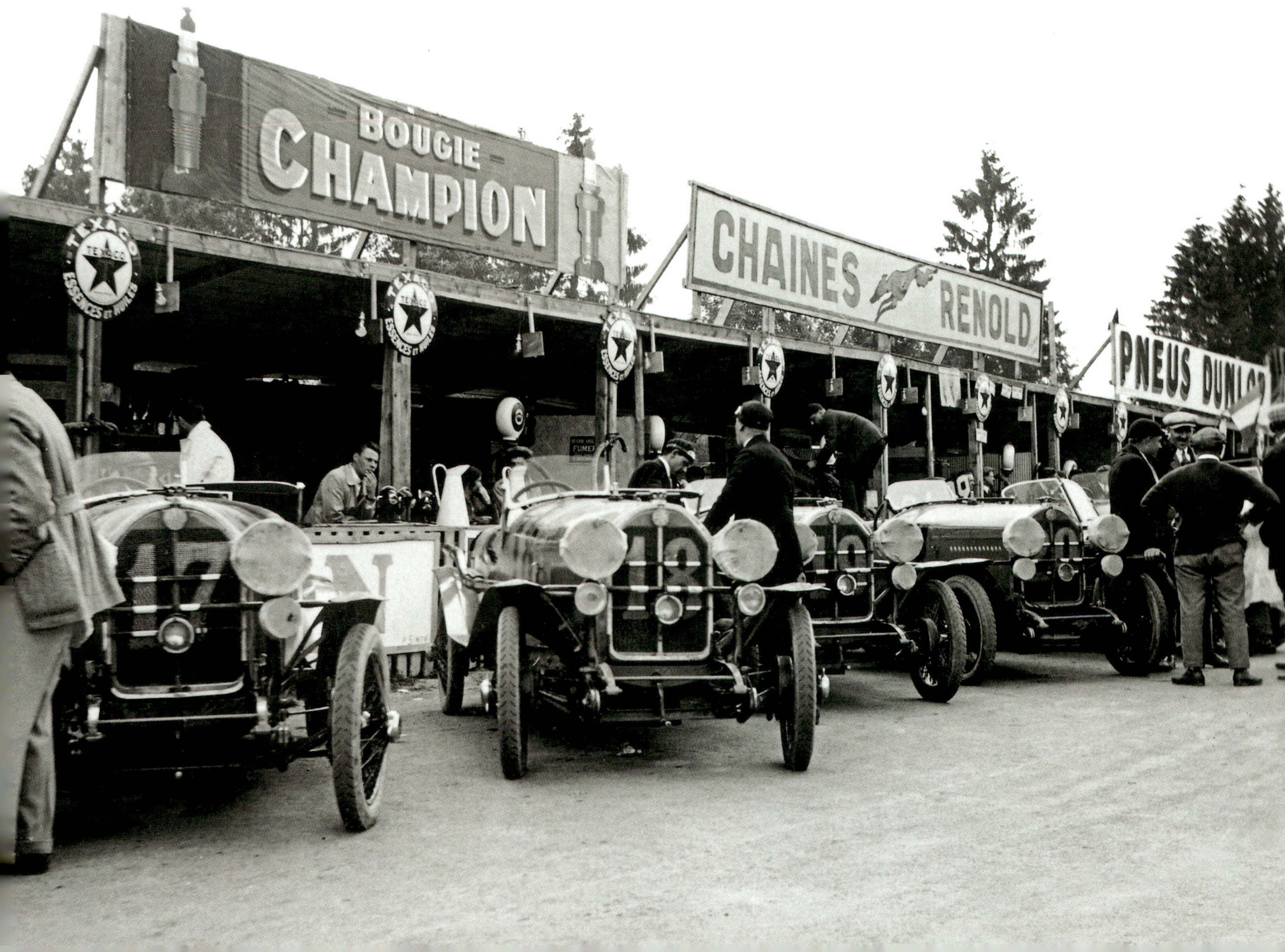

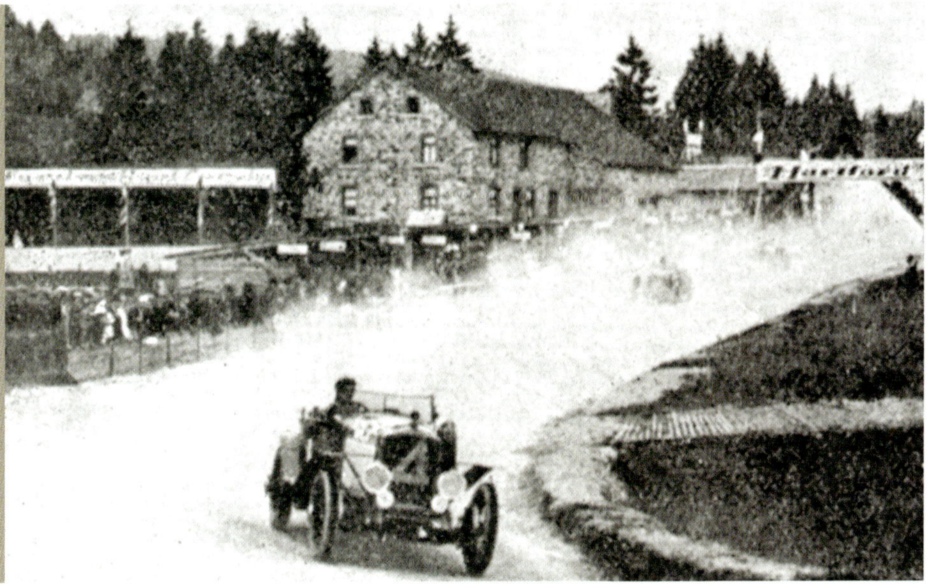

Elskamp, sur Excelsior, au virage de l'Eau rouge, pendant le Grand Prix 1925. (Collection de Rham)

Boillot-Rigal gagnent sur Peugeot 18 chevaux (4 litres), avec quatre tours d'avance sur Lagache-Léonard (Chenard-Walker "Tank"), suivis de la F.N. de George de Grady qui s'impose à des voitures beaucoup plus puissantes et gagne la troisième catégorie (maximum 1,5 litre), devant les trois autres voitures de cette marque belge qui remporte ainsi, comme en 1925, la Coupe du Roi, trophée par équipes, et apparaît comme la grande triomphatrice de cette épreuve.

La Buick strictement de série de Delcroix et Van Parys. (Collection de Rham)

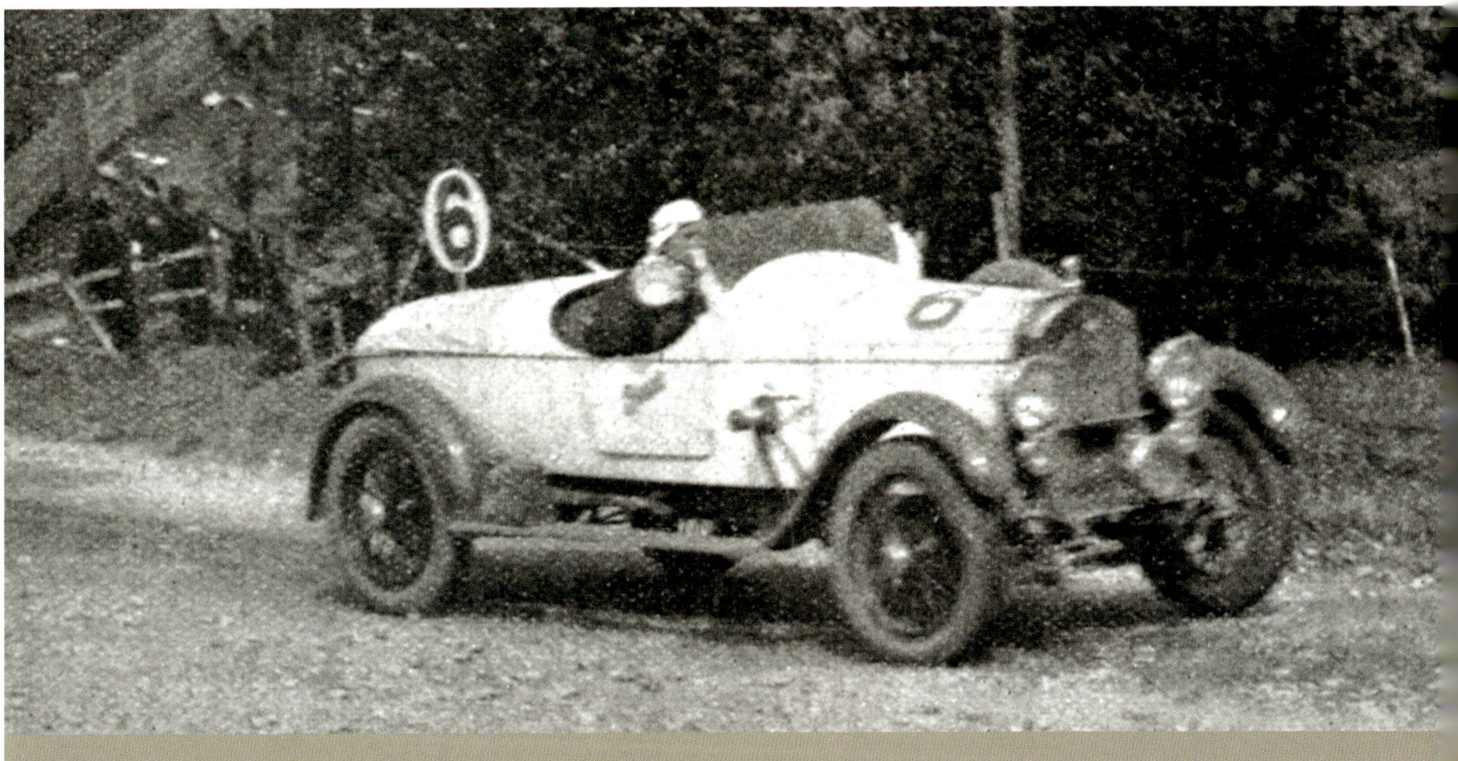

Encore une jolie note artistique dans cette publicité. (Collection de Rham)

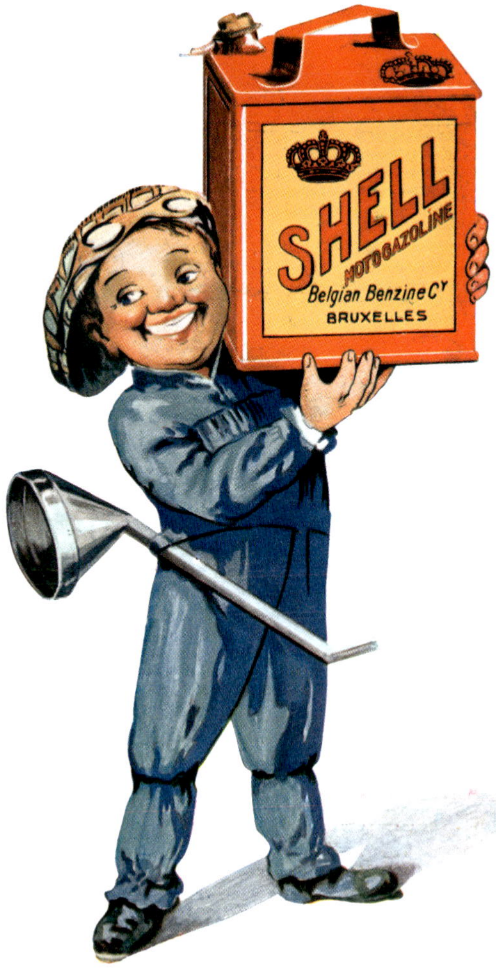

1927

24 heures noyées par des torrents d'eau, comme ce coin des Ardennes peut en recevoir, et la nature argileuse du sous-sol a transformé ce Grand Prix de Belgique en un épouvantable combat contre les éléments plus que contre les adversaires. C'est une autre firme belge qui va dominer la course, Excelsior, grâce à l'équipage Caerels-Sénéchal, premier des plus de 3 litres et premier au général ; l'équipe Georges Irat remportant la prestigieuse Coupe du Roi par équipes. Les conditions de course ont sans doute influencé la décision prise par une majorité de membres de la commission sportive d'abandonner le principe des 24 heures pour adopter le principe d'une course de six à huit heures.

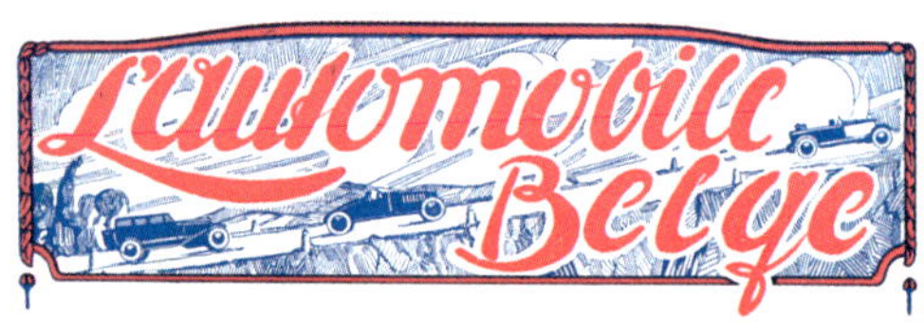

Résultat

1er : Chiron (Bugatti 35C)
2e : Bouriat (Bugatti 35C)
3e : Divo (Bugatti 35C)
4e : Duray (Ariès)
5e : Zehender (Impéria)
6e : Montier (Fons-Montier)
7e : Ledure (Impéria)
Record du tour par Louis Chiron à 126,400 km/h.

Abandons

- Burie au 8e tour
- Cornet au 13e tour
- Doré et Thirion, Gouvion au 28e tour
- Montier au 39e tour

1930

La fin des années 1920 est dominée par Robert Benoist, qui impose sa Delage dans tous les Grands Prix internationaux en 1927 : de l'Automobile Club de France à Montlhéry, d'Espagne, d'Europe à Monza et de Grande-Bretagne à Brooklands. Malheureusement, les grandes marques se retirent, car la course automobile coûte cher. Seul Bugatti insiste alors qu'apparaît Maserati. Les nouveaux règlements édictés en 1928 ne sont pas suivis par les constructeurs, alors que naissent de nombreux Grands Prix : Tripoli et Maroc en 1925, Allemagne en 1926, Tchécoslovaquie et Australie en 1928, Monaco et Irlande en 1929. Mais les seuls Grands Prix légaux de cette période sont le Grand Prix d'Europe à Monza en 1928, les Grands Prix de France et d'Espagne en 1929 et le Grand Prix d'Europe à Spa en 1930.

Ce 7e Grand Prix d'Europe sera le 2e Grand Prix de Belgique officiel, de stature internationale, sans doute pour stimuler les ardeurs d'ardents Ardennais, qui, douchés par les sept heures de course avec deux voitures en piste du Grand Prix 1925, n'avaient organisé que les 24 heures annuelles, officieux Grand Prix de Belgique !

La nouvelle formule de course en 1930 impose aux voitures un poids à vide de 900 kilos maximum, une consommation aux 100 kilomètres de 14 kilos de carburant (essence et huile), voitures biplaces. Deux équipes d'usine se présentent à Spa : Bugatti et Imperia. Jean Bugatti lui-même dirige la manœuvre. Huit Belges sont engagés. Chiron est favori. Le play-boy monégasque fait partie, avec Nuvolari, Carracciola et quelques autres, de cette nouvelle vague de pilotes qui va faire vibrer les foules dans les années 1930. La course est morne en son début, chacun économisant le carburant pour le sprint final. À mi-course, Chiron s'arrête un long moment et repart quatrième derrière Bouriat, Stoffel et Divo, qu'il passe au trente-huitième tour. La Peugeot de Stoffel abandonne à 10 kilomètres de l'arrivée. Bouriat stoppe à quelques mètres de la ligne d'arrivée et attend son coéquipier, Chiron, qui apparaît une minute plus tard et passe en vainqueur sous les damiers, préservant ainsi ses chances au championnat d'Europe des conducteurs. Tactique de course d'une élégance discutable, mais terriblement efficace ! D'autres suivront l'exemple au fil des décennies suivantes, en y mettant plus ou moins les formes, mais pour un résultat identique.

Louis Chiron, sur Bugatti, à la Source. (Archives Jean-Paul Delsaux)

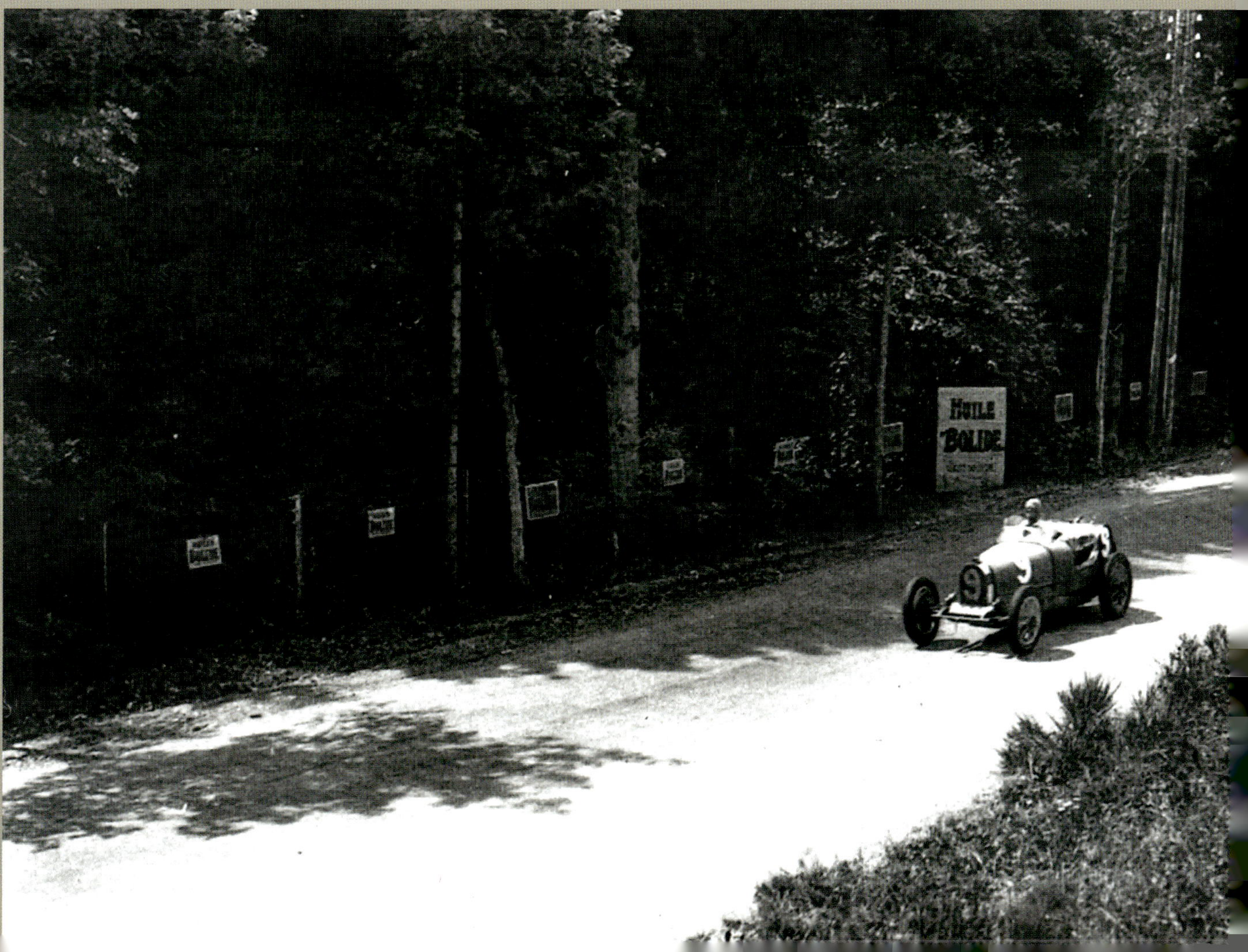

1931

Le 12 juillet se dispute le 3e Grand Prix de Belgique, par équipages de deux pilotes, et sur dix heures de course, seule réglementation imposée. Douze voitures sont inscrites. Dans la liste des engagés figurent quelques-uns des plus grands noms de l'histoire de la course automobile : l'immense Achille Varzi, l'incomparable Tazio Nuvolari, le flamboyant Louis Chiron, le grand Campari, le formidable talent naissant Jean-Pierre Wimille, auxquels s'ajoutent Williams, vainqueur à Monaco un an plus tôt, Borzacchini et d'autres.

Le premier quart de la course voit un duel entre Varzi et Nuvolari. Puis, Chiron remplace Varzi et tombe en panne de magnéto. Tazio, en tête, s'arrête deux fois pour changer les bougies. Williams en profite, repart après un relais éclair, passe Borzacchini grâce à ses freins neufs et gagne, malgré le rush final de Nuvolari, à 11 kilomètres.

Résultat

1er : Williams-Conelli (Bugatti), 88 tours
2e : Nuvolari-Borzacchini (Alfa Romeo), 88 tours
3e : Mitoia-Minozzi (Alfa Romeo), 85 tours
4e : Birkin-Lewis (Alfa Romeo), 83 tours
5e : Ivanowski-Stoffel (Mercedes), 81 tours
6e : Pesato-Felix (Alfa Romeo), 73 tours
7e : C. Montier-Ducolombier (Montier), 58 tours

Abandons

- Campari-Zehender au 40e tour, incendie
- Varzi-Chiron au 44e tour, magnéto
- Divo-Bouriat au 51e tour, différentiel
- F. Montier au 56e tour
- Wimille-Gaupillat au 65e tour, boîte de vitesses

1933

Le 4e Grand Prix de Belgique retrouve les splendeurs ardennaises le 9 juillet 1933 et se dispute selon la formule libre. Nuvolari court cette année pour la Scuderia Ferrari sur Alfa, dont les performances le déçoivent. Le "Mantouan volant" ne veut plus de la 8C. On lui achète donc une Maserati 8CM, celle de Campari, dont on rigidifie le châssis, jugé plutôt… souple ! La grille de départ est tirée au sort, bien peu favorable à la Maserati 22, placée en dernière ligne. Le départ est donné à 13 heures. Tazio montre alors toute l'implacable férocité de son génie : à 13 heures et des poussières, il est déjà troisième à Malmédy, puis deuxième à Stavelot, et en tête lors du premier passage devant les tribunes. Derrière aussi, le spectacle est grandiose. Chiron, Varzi et Borzacchini se battent pour la deuxième place, à 250 kilomètres/heure dans Masta. La foule est électrisée. La gloire immortelle de Spa est peut-être née dans ces instants magiques.

Les Alfa Romeo ont des ennuis de transmission. Nuvolari s'arrête pour ravitailler, Chiron passe, mais est vite repris par Tazio, qui gagne au terme des 500 kilomètres de ce magnifique Grand Prix, à 143,643 kilomètres/heure de moyenne. Satisfait, ce dernier finira sa saison sur sa Maserati personnelle. Chiron a cassé, permettant aux hommes de Bugatti de faire un tir groupé aux deuxième, troisième et quatrième places.

Résultat

1er : Nuvolari (Maserati) en 4 heures 9 minutes 11 secondes
2e : Varzi (Bugatti)
3e : Dreyfus (Bugatti)
4e : Lehoux (Bugatti)
5e : Siena (Alfa Romeo)
6e : Williams (Bugatti), 39 tours
7e : Sommer (Alfa Romeo), 35 tours
Record du tour par Nuvolari à 148,726 km/h

Abandons

- Zehender (Maserati) au 10e tour, transmission
- Marko (Bugatti) au 15e tour, accident
- Chiron (Bugatti), panne de différentiel, et Moll (Alfa Romeo), boîte de vitesses au 20e tour
- Borzacchini (Alfa Romeo) au 22e tour, soupapes

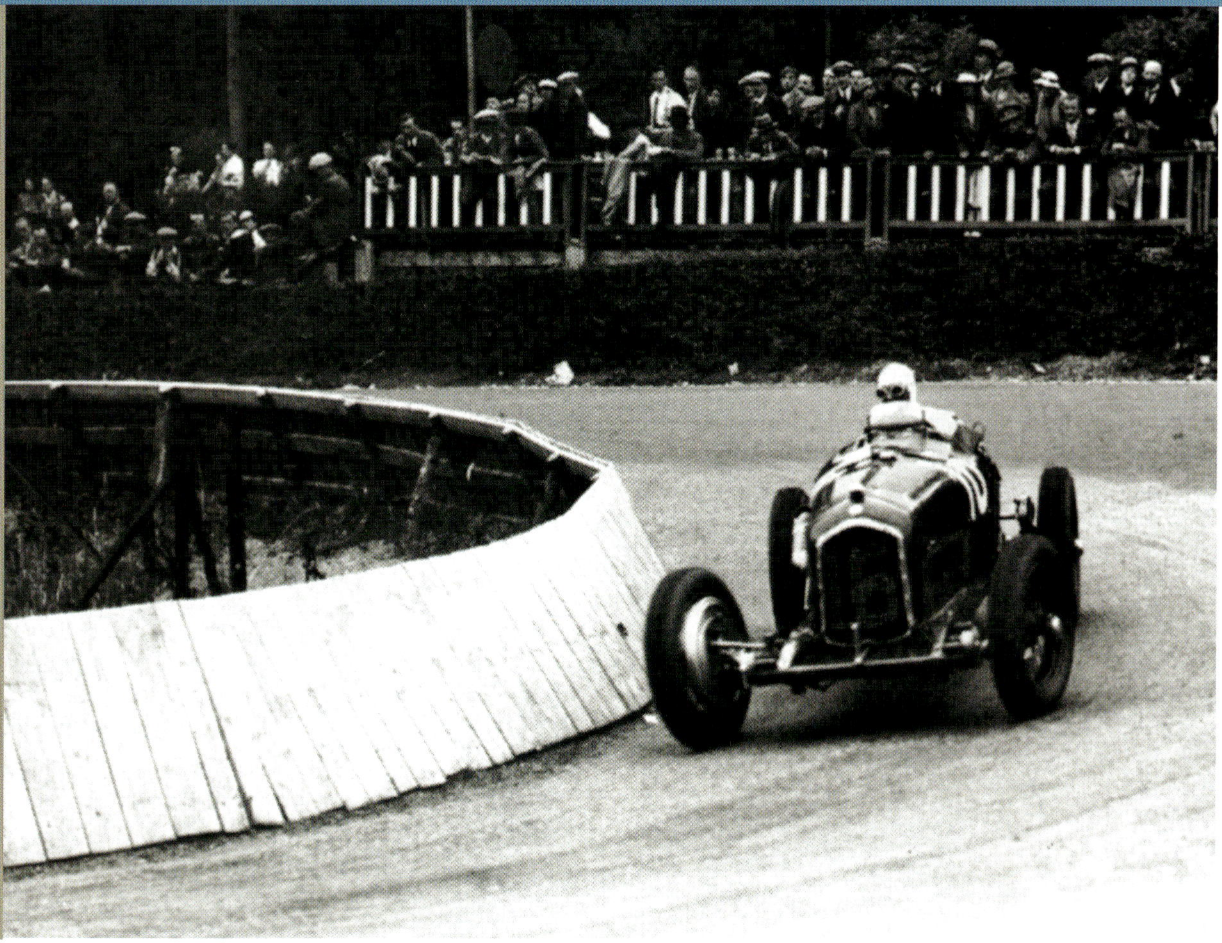

Étude de styles à la Source. Le Français René Dreyfus, qui va gagner, sur Bugatti, après 4 heures 15 minutes de lutte... (Archives Jean-Paul Delsaux)

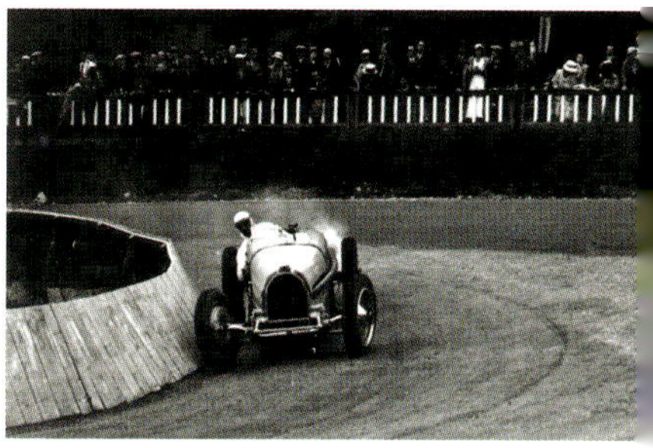

... et le grand Achille Varzi, avant l'abandon de son Alfa Romeo au vingt-neuvième tour. (Archives Jean-Paul Delsaux)

1934

En ce 29 juillet, des problèmes de droits de douane empêchent les Mercedes et les Auto-Union de s'aligner. Dommage, car elles ont une gueule qui fait vieillir d'un siècle leurs rivales italiennes et françaises, Alfa Romeo, Maserati et Bugatti. Sept voitures seulement sont au départ d'une course prévue en quarante tours. Chiron domine le début du Grand Prix sur son Alfa Romeo, devant son coéquipier Varzi. La Maserati de Sommer revient. Le "sanglier des Ardennes" se sent ici comme chez lui, et lorsque Chiron fait un double tonneau sous la pluie à Burnenville dont il sort sans bobo, Sommer est sur les talons de Varzi. L'Alfa Romeo de ce dernier rentre aux stands dans un nuage de fumée au terme du vingt-huitième tour, repart, puis abandonne sur rupture de piston. La pluie s'est arrêtée, Dreyfus a porté sa Bugatti en tête alors que celle de Benoist dérape dans Masta à plus de 230 kilomètres/heure, sous la pluie, qui a repris de plus belle. Dreyfus gagne devant une autre Bugatti, celle de Brivio. Sommer finit à un tour et Benoist à trois.

Résultat

1er : Dreyfus (Bugatti) en 4 heures 15 minutes 3 secondes à 140,332 km/h de moyenne
2e : Brivio (Bugatti)
3e : Sommer (Maserati), à 1 tour
4e : Benoist (Bugatti), à 3 tours
5e : Montier (Montier), à 10 tours
Record du tour par Brivio à 155,625 km/h au 35e tour

Abandons

- Chiron au 20e tour, accident
- Varzi au 29e tour, piston

Résultat

1er : Caracciola (Mercedes) en 3 heures 12 minutes 41 secondes à 157,369 km/h de moyenne
2e : Fagioli/von Brauchitsch (Mercedes)
3e : Chiron (Alfa Romeo)
4e : Dreyfus/Marinoni (Alfa Romeo)
5e : Benoist (Bugatti), à 3 tours
6e : Lehoux (Maserati), à 3 tours
7e : Taruffi (Bugatti), à 4 tours
Record du tour par von Brauchitsch à 166,698 km/h au 30e tour.

Abandons

- Wimille (Bugatti) (piston) ; Sommer (Maserati), moteur au 7e tour
- von Brauchitsch (Mecedes), moteur au 15e tour

1935

Ce 6e Grand Prix de Belgique constitue la première manche du tout nouveau championnat d'Europe des conducteurs, ancêtre du championnat du monde. À nouveau championnat, nouvelle formule : effrayée par les vitesses atteintes par les voitures, la Commission sportive internationale impose un poids de 750 kilos maximum, espérant ainsi obliger les constructeurs à fabriquer des voitures petites, légères et donc au châssis ne supportant pas la trop grande puissance des moteurs et de leurs transmissions. Les Allemands vont vite renvoyer les membres de la CSI à leur incompétence en présentant des machines infernales dépassant les 300 kilomètres/heure !

Les Mercedes de Caracciola et Fagioli dominent la course de ce 14 juillet. L'Italien se rapproche, mais Alfred Neubauer, son directeur de course, du haut de son imposante stature, lui fait signe de ralentir et de garder les positions. Fagioli s'arrête, descend et va s'asseoir dans la foule. Ambiance !

Von Brauchitsch prend sa place, repart en quatrième position et tente d'aller chercher les Alfa Romeo de Chiron et Dreyfus. À trois tours de la fin, ce dernier s'arrête, au bord de l'évanouissement à cause des gaz d'échappement des Mercedes. Rudolph Caracciola l'emporte, le tandem improvisé Fagioli/von Brauchitsch complète le triomphe germanique, premier d'une longue série, tant les écuries allemandes écraseront la concurrence au sommet entre 1935 et 1939.

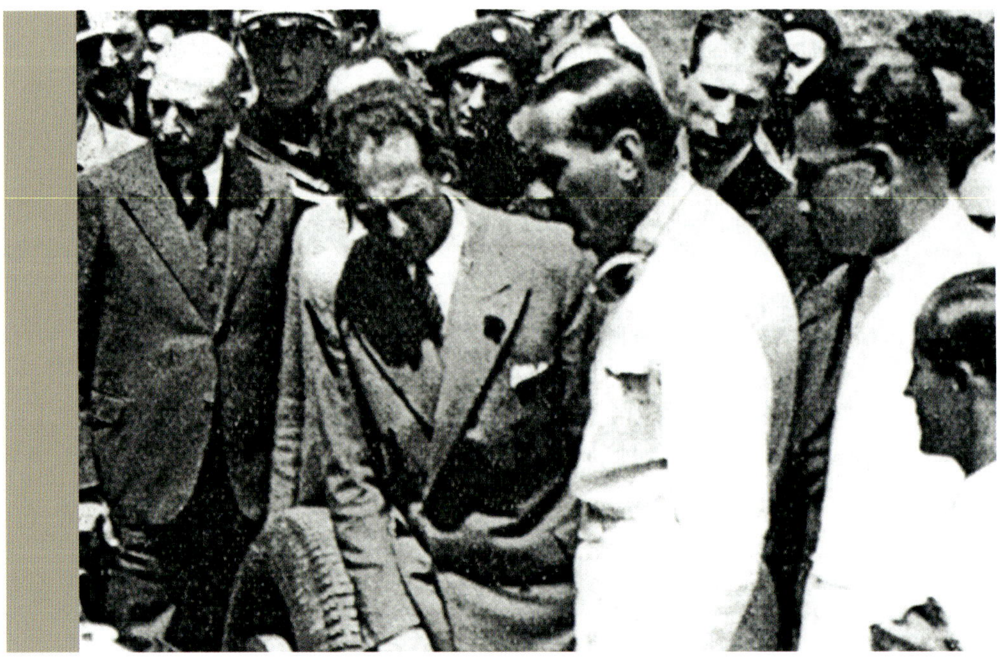

11 juillet 1937, avant la course, le roi, en discussion technique avec les membres de l'équipe Auto-Union, Hans Stück, Rudolph Hasse et Hermann Müller. (Collection Patrick Sinibaldi)

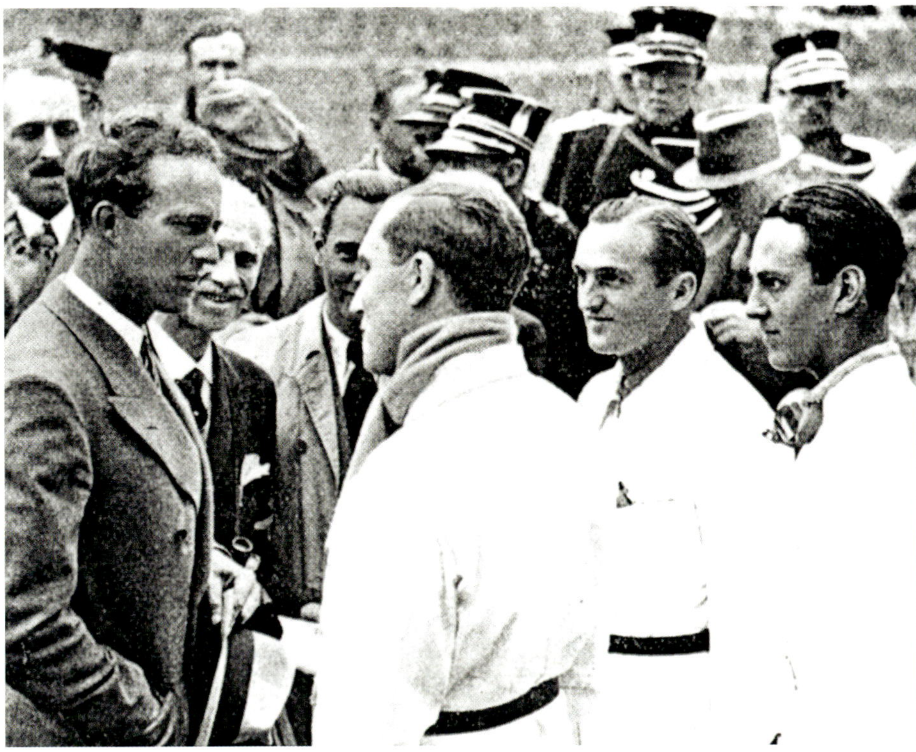

31 juillet 1937 : le roi, au stand Mercedes, se fait présenter von Brauchitsch, Lang et Kautz. (Collection Patrick Sinibaldi)

1937

11 juillet 1937 : le 7e Grand Prix de Belgique propose encore un maigre plateau à la foule ardennaise. En cause, la Coupe Vanderbilt disputée par de nombreux Européens de premier plan qui n'ont pu rentrer à temps d'outre-Atlantique. Huit voitures sont amenées sur la grille en présence du roi Léopold et du prince Charles alors que claquent les drapeaux à croix gammée au-dessus des tribunes. La course donne lieu à une valse d'arrêts aux stands pour changer les pneus car les enveloppes sont mises à la torture par les 500 chevaux affichés par les voitures argentées. Stück sur son Auto-Union et Lang sur sa Mercedes s'échangent souvent la première place. Herrmann Lang, le "mécano magnifique" descend Masta à 310 kilomètres/heure ! Hasse mène son Auto-Union d'un pied plus léger et gagne devant son coéquipier Hans Stück.

Résultat

1er : Hasse (Auto-Union) en 3 heures 1 minute 22 secondes
2e : Stück (Auto-Union)
3e : Lang (Mercedes)
4e : Kautz (Mercedes)
5e : Sommer (Alfa Romeo), à 1 tour
Record du tour par Lang à 175,106 km/h

Abandons

- Von Brauchitsch (Mercedes)
- Trossi (Alfa Romeo)
- Müller (Auto-Union)

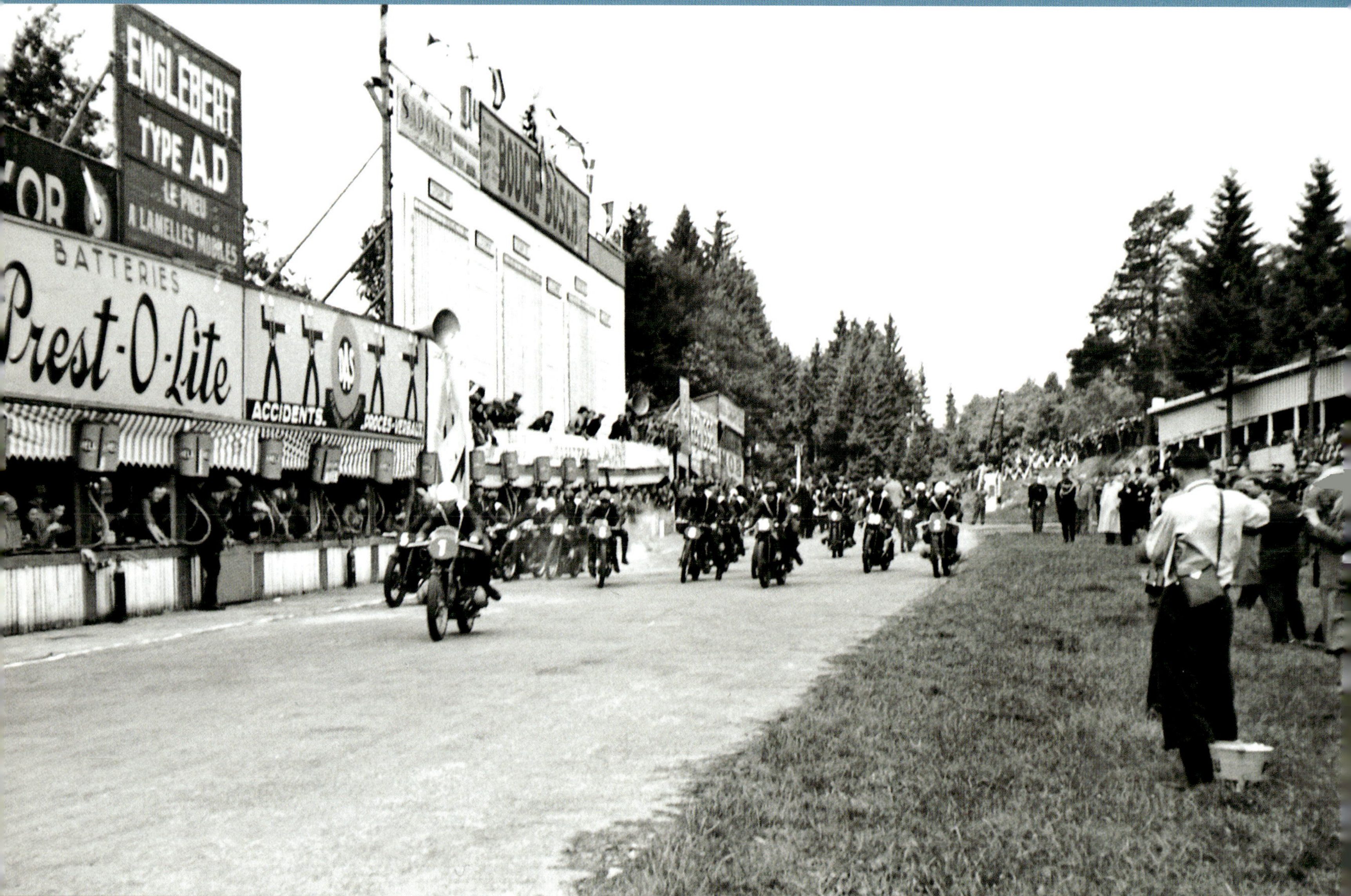

Les motos aussi avaient droit au grand frisson. Ici, départ du Grand Prix 1939. (Collection Bernhard Völker)

1939

En 1938, les instances sportives, une fois de plus, édictent une nouvelle réglementation dont le but avoué est de limiter les vitesses. Elle prévoit une cylindrée maximale de 3 litres avec compresseur ou de 4,5 litres sans compresseur, pour un poids minimum de 850 kg, roues et pneus compris.

Depuis 1935, le RACB n'organise plus qu'une grande épreuve par an, le Grand Prix alternant avec les 24 heures. C'est donc en cette année 1939, le 25 juin, que va se disputer le 8e Grand Prix de Belgique, sur une piste amputée du virage de l'ancienne douane, mais magnifiée à jamais par un site qui va devenir le plus célèbre du monde de la course automobile : l'Eau rouge et son raidillon, en bas de la ligne droite des tribunes.

Le ciel est sombre sur l'Europe, et sur Spa en particulier. Après un mois de sécheresse, le ciel s'ouvre sur cette partie des Ardennes, dressant un décor fantasmagorique, presque onirique, mais lugubre, comme prémonitoire même, avec ses drapeaux à croix gammée flottant sur les tribunes qui ressemblent à une marée de parapluies alors que les treize pilotes et leur voiture, trempés, sont en place sur la grille de départ. À 13 heures 30, heure du baisser de drapeau, la piste est terriblement traître et glissante pour ces machines affreusement rétives, prêtes à se dérober au moindre moment de déconcentration. Malgré ses seize cylindres, l'Alfa Romeo de Nino Farina n'aura que l'honneur d'inaugurer en tête le raidillon avant de s'incliner devant les Allemands. L'Auto-Union de Müller va contenir les assauts des Mercedes un peu moins de dix tours. Lang, gêné par le nuage de brouillard et de pluie qui entoure l'Auto-Union lève légèrement le pied et se laisse distancer à 200 mètres.

Derrière, Caracciola et Seaman ont sauté Nuvolari et recollent à Lang. Au huitième tour, le grand "Caratsch", toujours brillant sur le mouillé, commet une des rares erreurs de sa carrière. Il attaque Müller mais part à la faute au virage de la Source. Moteur calé, il abandonne. Nouveau rebondissement avec l'arrêt imprévu de Müller pour ravitailler.

Richard Seaman fond alors sur Lang, qui est suivi par Nuvolari, Hasse et von Brauchitsch, en pleine bagarre, jusqu'à l'arrivée de ce dernier au ralenti aux stands, pneu arrière droit crevé. Changement de roue et ravitaillement sont rapidement menés par l'équipe Mercedes qui suit fébrilement la course de Dick Seaman. Le Britannique a rejoint Lang en trois tours, le passe et se détache irrésistiblement.

G. Meier, sur sa BMW 500, courra aussi sur quatre roues. (Collection Bernhard Völker)

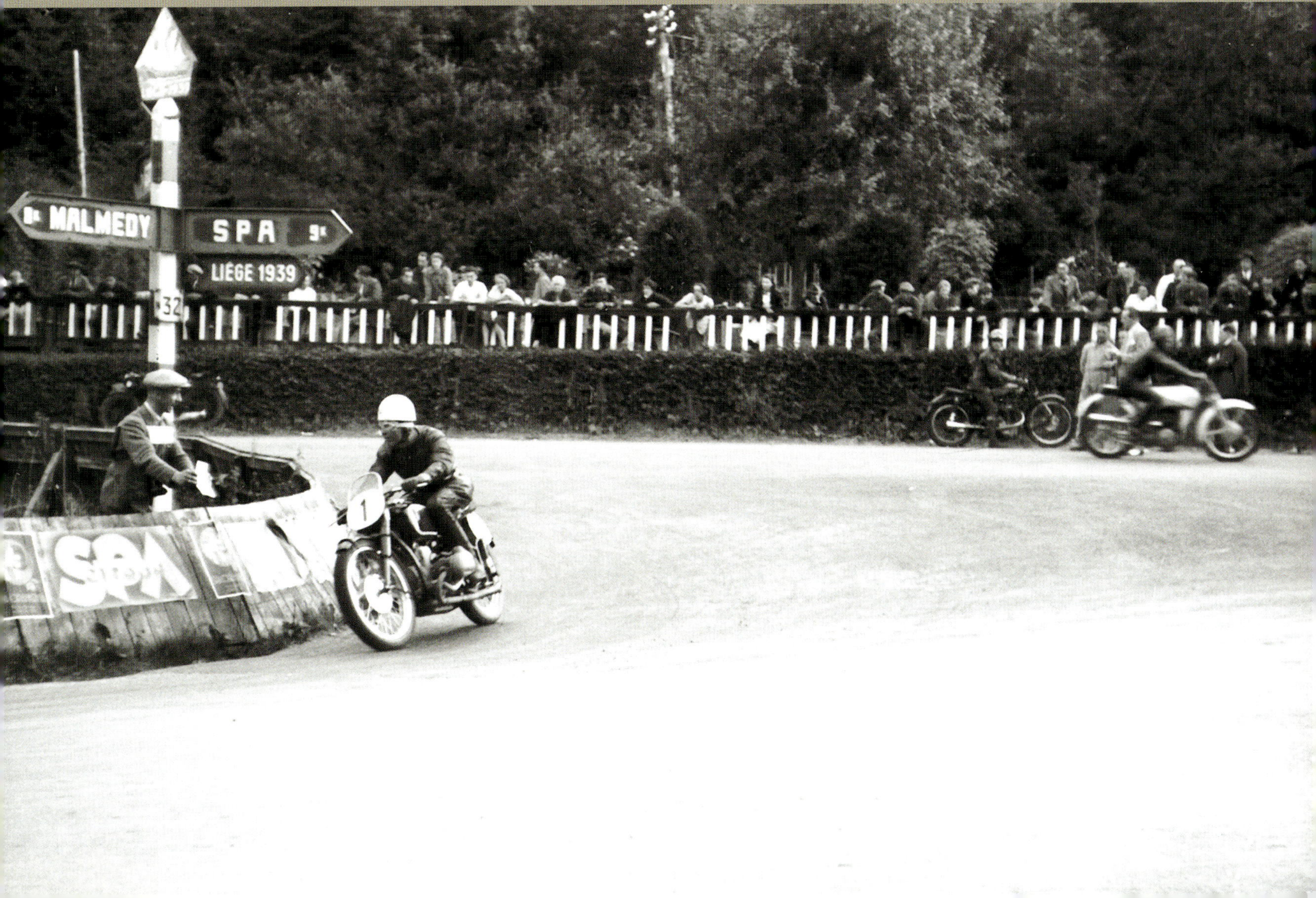

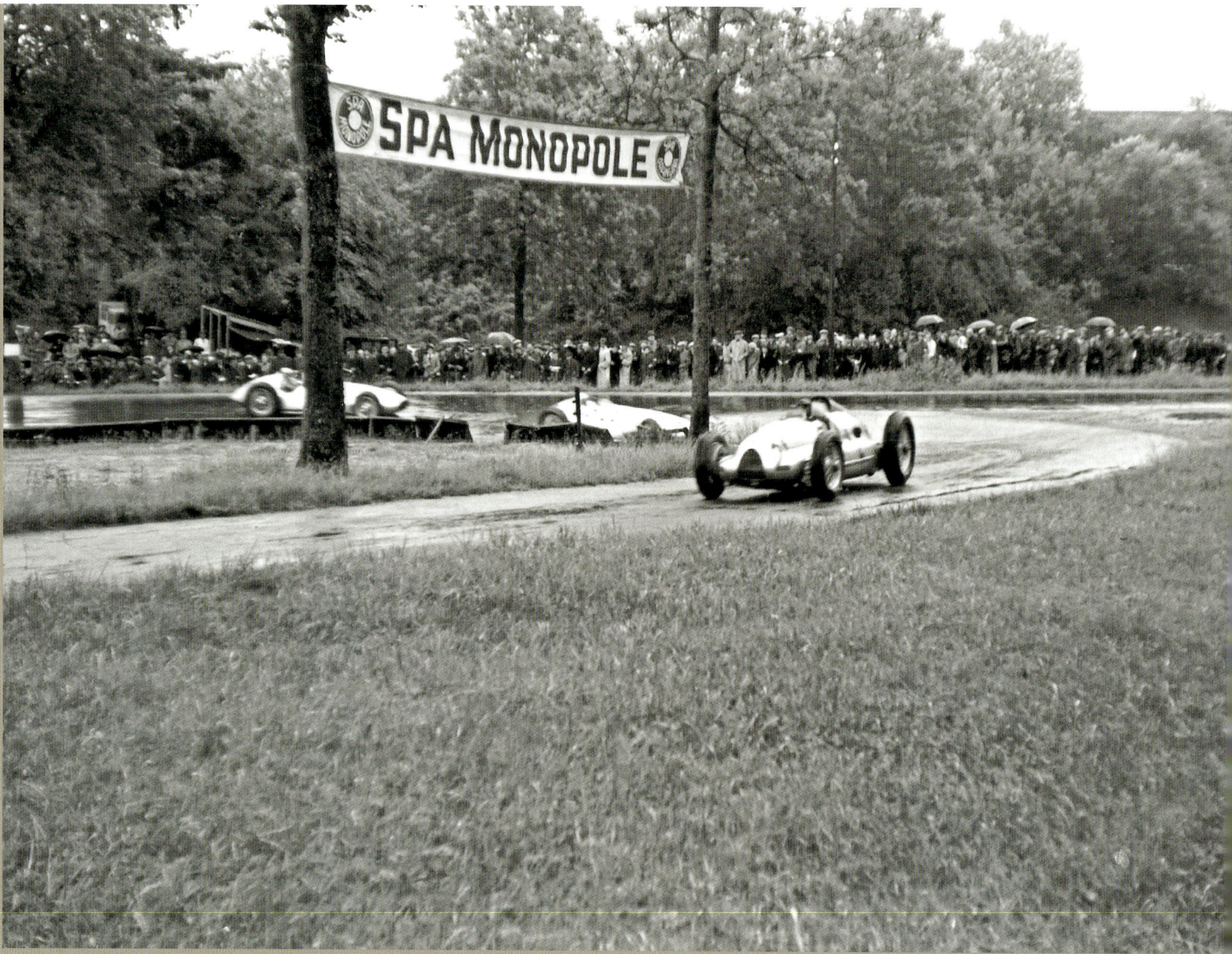

Dans les premiers tours du Grand Prix de Belgique 1939, l'Auto-Union de Nuvolari résiste encore aux Mercedes. (Collection Bernhard Völker)

C'est son jour. Sa Mercedes dévale Masta à 300 kilomètres/heure, dans un nuage de gouttelettes d'eau et le hululement du moteur de sa splendide W153. Au quatorzième tour, Meier ne repasse pas. Sorti, il n'a pu remettre son Auto-Union en piste tout seul. Von Brauchitsch a sauté Müller.

À la mi-course ont lieu les arrêts programmés aux boxes pour ravitailler. Seaman s'arrête trente secondes, perd le commandement, puis contre-attaque. Lang reste en tête un tour avant de rentrer lui aussi aux stands. Lang et Seaman se battent à coups de records du tour. Le Britannique semble indomptable ce jour-là et lâche le "mécano magnifique".

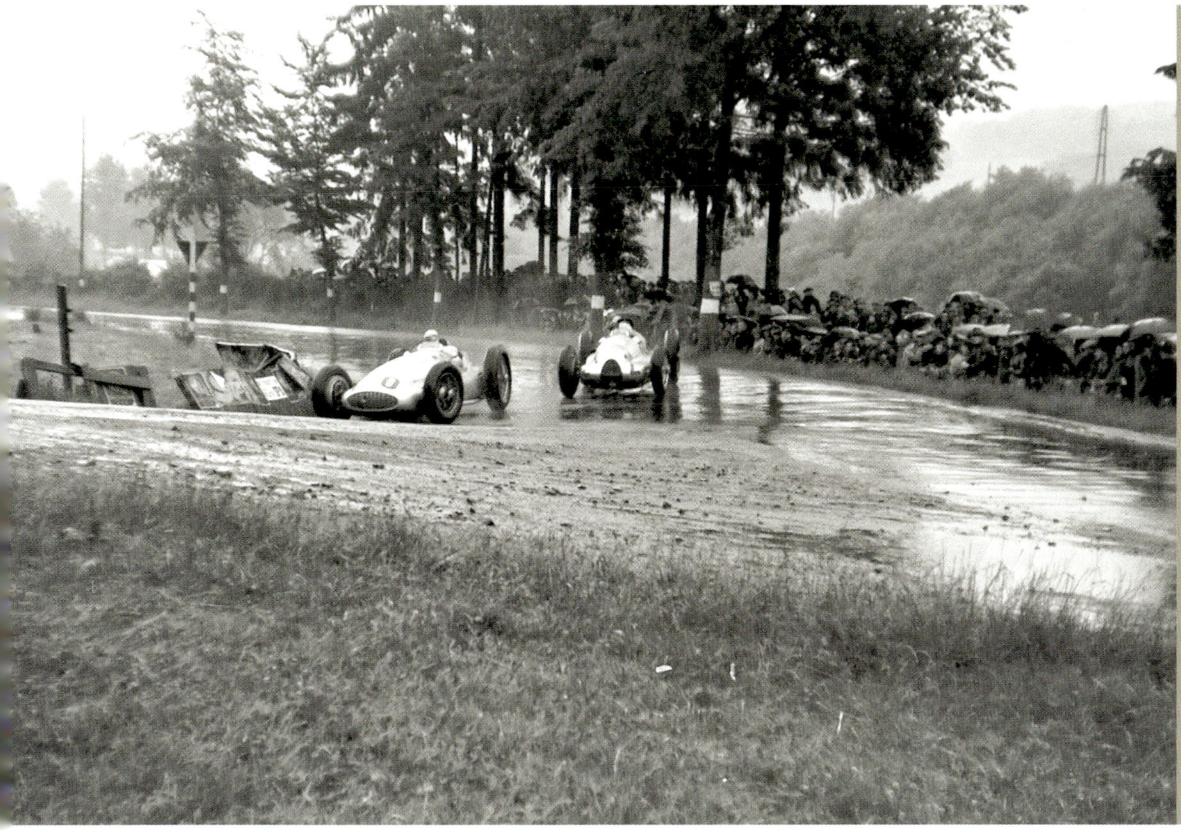

Deux "très grands" à la Source : Caracciola devant Nuvolari. Rudolph commettra ici quelques tours plus tard une des rares erreurs de sa carrière. (Collection Bernhard Völker)

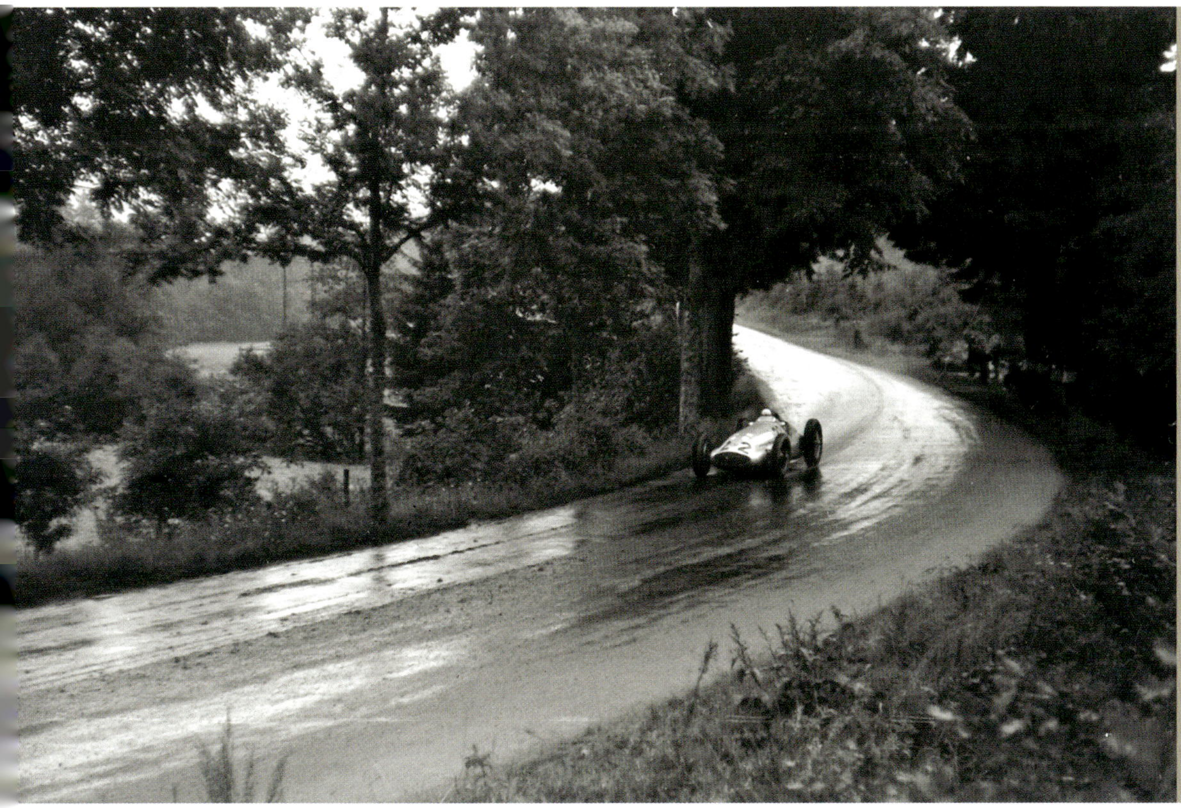

Hermann Lang, le "mécano magnifique" a dominé une fois de plus les éléments et ses coéquipiers, les aristos von Brauchitsch et Caracciola ("Du Champagne pour nous, une bière pour Lang", avaient-ils coutume de le taquiner). (Archives Rickartz-Völker)

Derrière, les Auto-Union n'ont pas abdiqué. Leurs pilotes, Hasse et Nuvolari, en ont plein les bras pour essayer de garder le contact et leur voiture à moteur arrière sur la piste inondée. Ils ravitaillent sans que cela ne change les positions.

Au vingtième tour, Hermann Lang établit le record du tour en 5 minutes 19 secondes 9/10, à 163,175 kilomètres/heure. Les Alfa Romeo, les Delahaye et la Maserati sont loin. Farina et Mandirola abandonnent au vingt et unième tour.

Au vingt-quatrième tour, Lang repasse seul devant les tribunes alors que s'élève une épaisse colonne de fumée noire au-dessus des hauts sapins, du côté du Club-House. Dick en a-t-il trop fait ? À l'approche de la Source, au virage du Club-House, qui depuis porte son nom, Seaman a freiné trop tard. Sa Mercedes est sortie et s'est encastrée dans un sapin avec une telle violence que son pilote a perdu connaissance. Son volant n'est donc pas déverrouillé et empêche toute tentative de l'extraire, même inconscient, de la carcasse meurtrie de sa "Flèche d'argent".

Page de droite
La Mercedes de Richard Seaman, horriblement mutilée. (Collection Bernhard Völker)

Meier, moins heureux en voiture qu'à moto. (Collection Bernhard Völker)

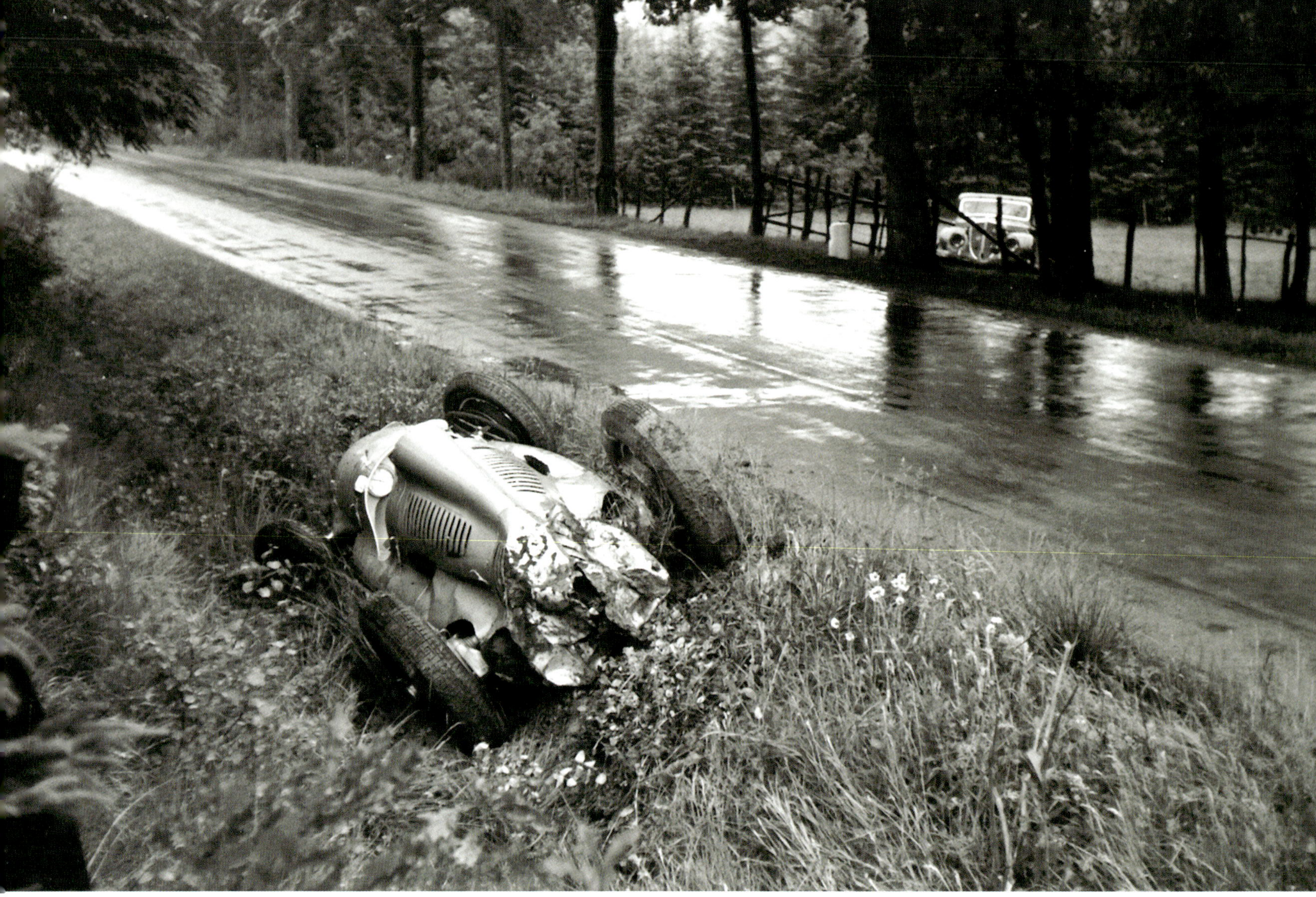

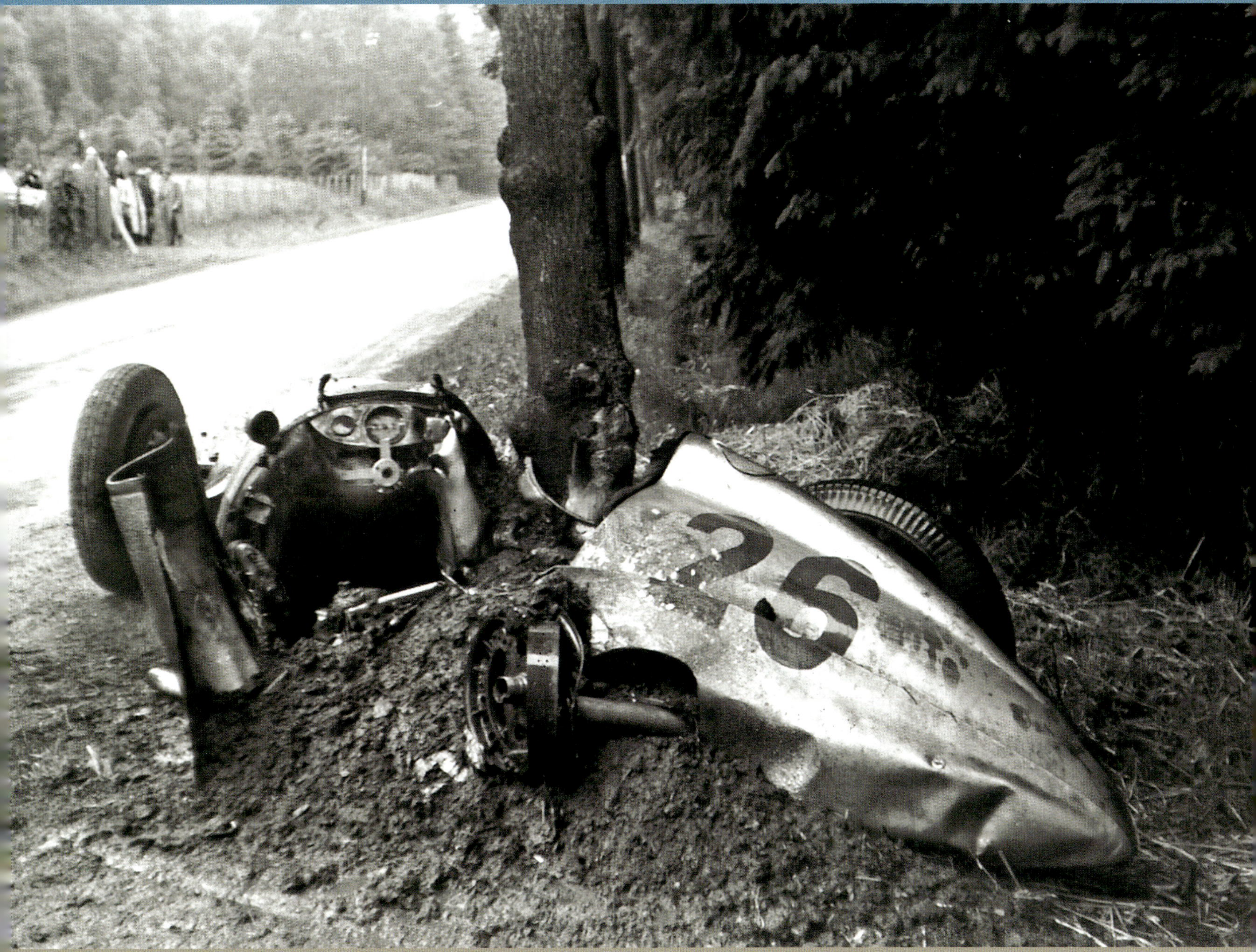

L'essence qui jaillit des tuyaux rompus situés entre le siège du conducteur et les réservoirs arrière inonde l'habitacle et prend feu. Dès lors, les efforts désespérés de Meier, pilote d'Auto-Union, qui a abandonné non loin de là, aidé de quelques autres courageux, dont le docteur Gläser, très vite sur place, ne changeront rien au destin de Dick Seaman, qui mourra de ses brûlures ce même jour, autour de minuit.

Nuvolari sort au vingt-sixième tour, mais sans mal. Müller lui aussi est accidenté. Lang a trois minutes d'avance. Il lève le pied. Hasse revient à 2 minutes 37 secondes. Avant le dernier tour, Lang semble avoir gagné la course quand il s'arrête soudain aux boxes, en panne de carburant. Il semble que

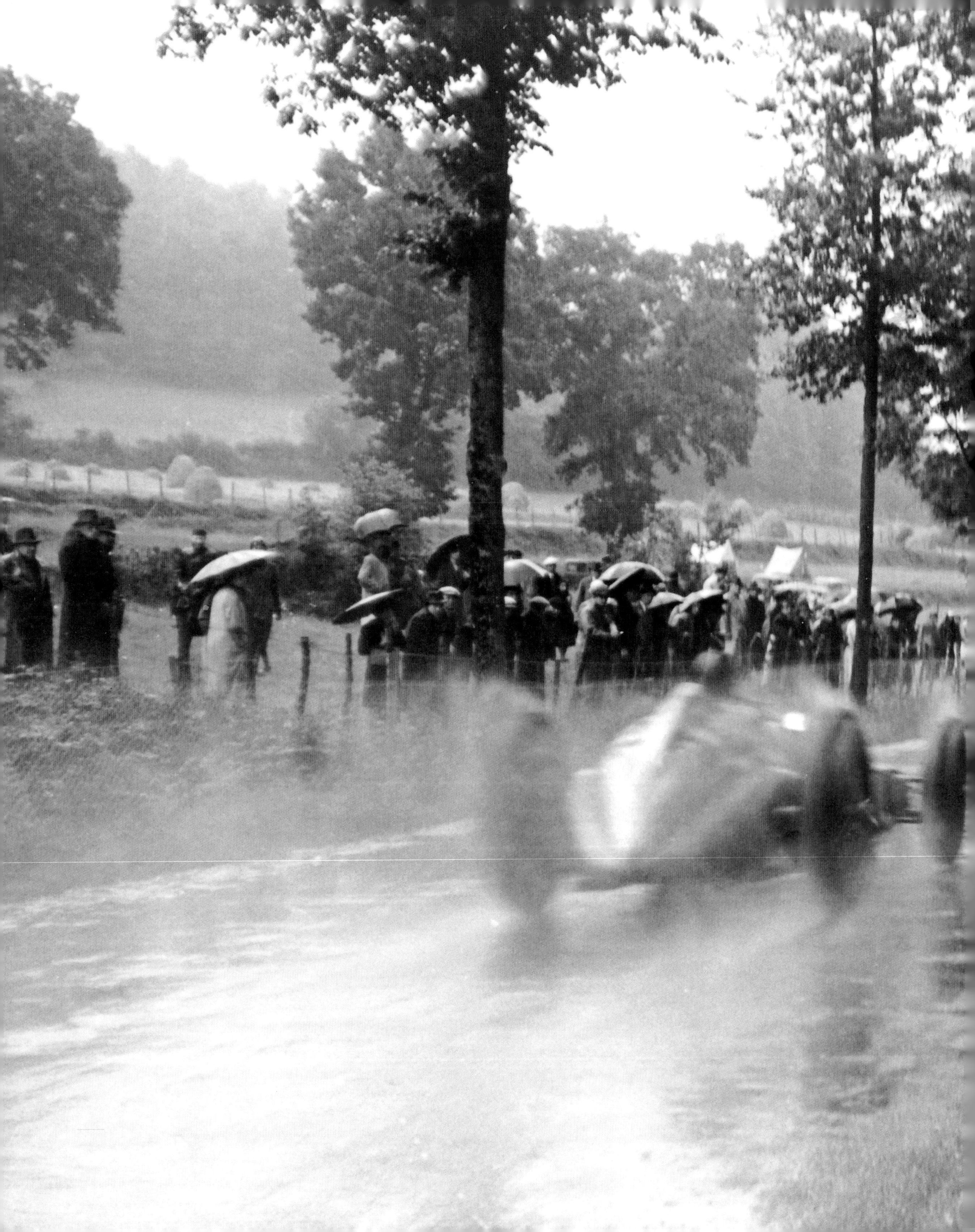

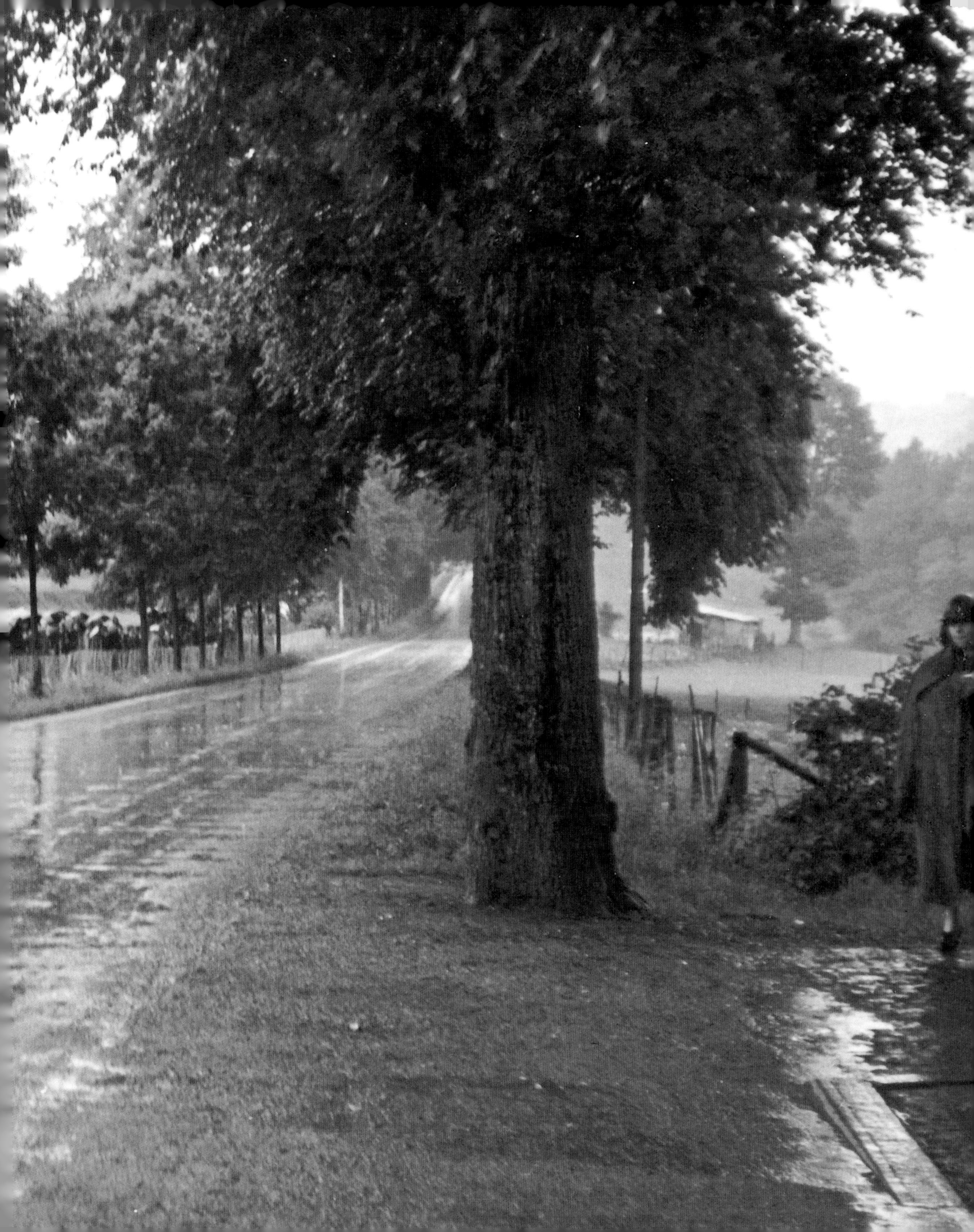

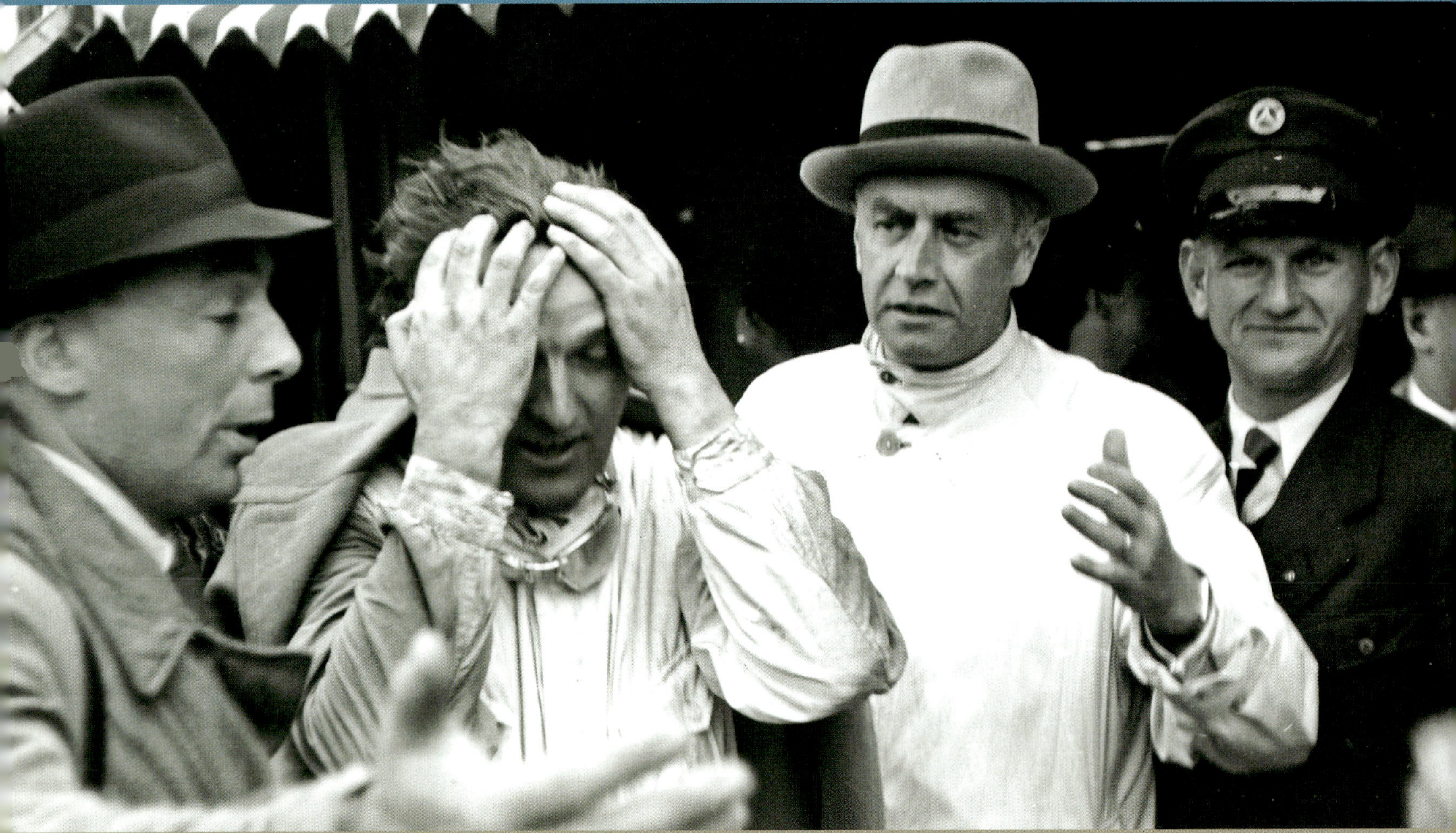

Lang, exténué, mais vainqueur. (Archives Rickartz-Völker)

Double page précédente
Une Mercedes dans la tourmente. Ce qui s'appelle ne pas avoir froid aux yeux ! (Archives Rickartz-Völker)

l'équipe allemande en ait trop peu remis lors de l'arrêt précédent ! Le ravitaillement est ultrarapide, mais le moteur désamorcé redémarre très mal. Enfin, au hurlement enroué succède le son clair du moteur Mercedes alors qu'il récupère la totalité des cylindres, et Lang repart !

Il impose sa Mercedes, pour la cinquième fois de la saison, en 3 heures 20 minutes et 21 secondes, devant l'Auto-Union de Hasse, le beau vainqueur de 1937, revenu à 17 secondes seulement de Lang alors que s'abaisse le drapeau à damiers sur ce dimanche d'épouvante.

Résultat

1er : Lang (Mercedes), en 3 heures 20 minutes 20 secondes, à 151,996 km/h de moyenne
2e : Hasse (Auto-Union)
3e : Von Brauchitsch (Mercedes)
4e : Sommer (Alfa Romeo), à 3 tours
5e : Mazeaud (Delahaye), à 5 tours
6e : Gerard (Delahaye), à 6 tours
Record du tour par Lang (Mercedes) à 175,621 km/h.

Abandons

- Caracciola (Mercedes) au 8e tour, accident
- Müller (Auto-Union) au 10e tour, moteur ; Meier (Auto-Union), accident
- Seaman (Mercedes) au 22e tour, accident
- Nuvolari (Auto-Union), accident ; Farina (Alfa Romeo), moteur ; Mandirola (Maserati), moteur au 26e tour

1947

Sombre dimanche 25 juin 1939. Huit longues, très longues années plus tard, si les drapeaux à croix gammée ne flottent plus au-dessus des tribunes, ton souvenir cruel plane encore sur ce coin des Ardennes belges si proche de la frontière allemande alors que se présentent sur la grille de départ les dix-neuf acteurs du 10e Grand Prix de Belgique et 8e Grand Prix d'Europe, sur des voitures répondant aux nouvelles normes FIA (4,5 litres atmosphériques ou 1,5 litre avec compresseur). Nous sommes le 29 juin 1947.

Au feu vert utilisé à la place du drapeau belge comme signal de départ, c'est Chiron qui se dégage du paquet, pour quelques centaines de mètres seulement. Varzi, sur Alfa Romeo, prend le commandement, suivi par Sommer sur sa Maserati, bientôt attaqué par les Alfa Romeo de Wimille et Sanesi, le pilote essayeur d'Alfa Corse. Trois Alfa sont donc en tête, mais Sommer ne lâche pas prise et reprend même la troisième place avant de casser son châssis. Jean-Pierre Wimille, considéré par beaucoup comme le meilleur pilote du moment, n'a que faire d'une éventuelle course d'équipe. Il passe Achille Varzi, et, malgré trois arrêts au stand pour ravitailler, les très gourmandes Alfa Romeo réussissent le triplé avec Wimille, Varzi et le comte Trossi, car Sanesi, troisième jusqu'au dernier tour, n'a pu franchir la ligne et ne sera pas classé.

Résultat

1er : Wimille (Alfa Romeo) en 3 heures 18 minutes 28 secondes 6/10 à 153,426 km/h de moyenne
2e : Varzi (Alfa Romeo), à 1 tour
3e : Trossi (Alfa Romeo), à 2 tours
4e : Gerard/Harrison (ERA), à 3 tours
5e : Trintignant (Delage), à 4 tours
6e : Rosier (Talbot), à 5 tours
7e : Johnson (Darracq), à 6 tours
Record du tour par Wimille (Alfa Romeo) à 164,500 km/h.

Abandons

- Falchetto (Bugatti) au 3e tour, boîte de vitesses
- de Graffenried (Maserati), carburateur ; Peter Withehead (ERA), carburateur au 6e tour
- Chiron (Talbot-Lago) au 8e tour, moteur
- Kautz (Maserati) au 13e tour, moteur
- Sommer (Maserati), châssis ; Cornet (Delahaye), moteur au 15e tour
- Giraud-Cabantous (Talbot-Lago) au 17e tour, roue perdue
- Louveau (Delage) ; Chaboud (Delahaye) ; Levegh (Delage) au 18e tour
- Sanesi (Alfa Romeo) au 34e tour, moteur

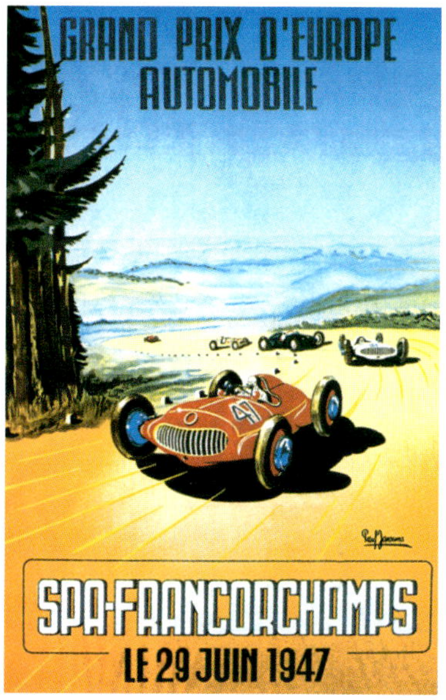

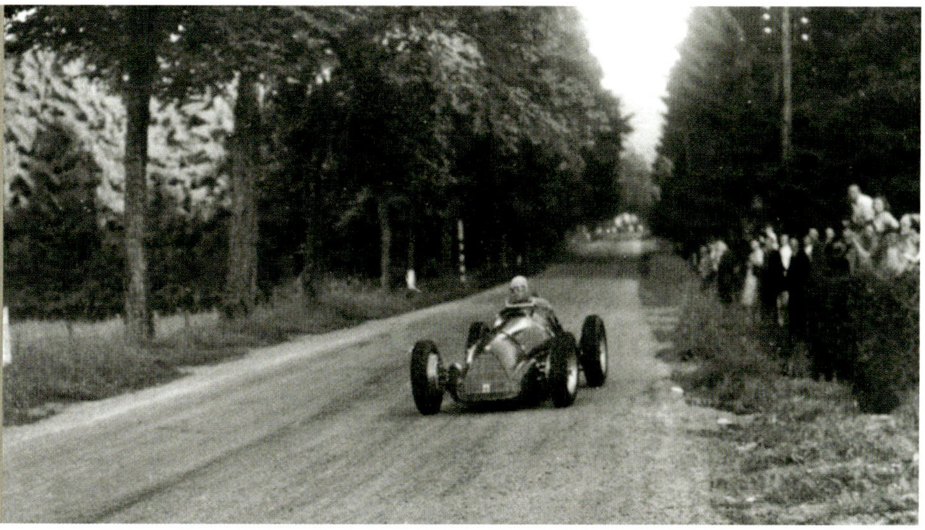

Wimille aborde la Source, encore magnifiquement boisée ! (Archives Jean-Paul Delsaux)

1948

Cette année marque la réapparition des 24 heures de Spa-Francorchamps, confirmant l'attachement des organisateurs à ce type de compétition, à côté du Grand Prix de Belgique, désormais grand classique du calendrier international.

Ferrari est le favori logique, qui présente sa toute nouvelle 2 litres douze cylindres venue par la route de Modène aux mains de Luigi Chinetti. Ce dernier domine les premières heures avant d'abandonner, relayé en tête par les Delahaye, puis par l'Aston-Martin DB 1 2 litres de sir John Horsfall et Leslie Johnson qui gagnent devant la Fiat de Bassi et Cornet et la Simca-Gordini de Veyron et Scaron. La firme anglaise signe là son premier succès de l'après-guerre.

1949

Le RACB fait feu de tout bois et organise plusieurs manifestations sportives d'envergure, abandonnant l'alternance mise en place avant guerre. Spa verra aussi bien les 24 heures que le Grand Prix de Formule 1, puisque telle est désormais la dénomination officielle. Le premier Grand Prix officiel de Formule 1 s'est en effet couru à Reims un an plus tôt.

Nino Farina, dit *il dottore*, sur la grille de départ en 1949. (Photo Van Bever)

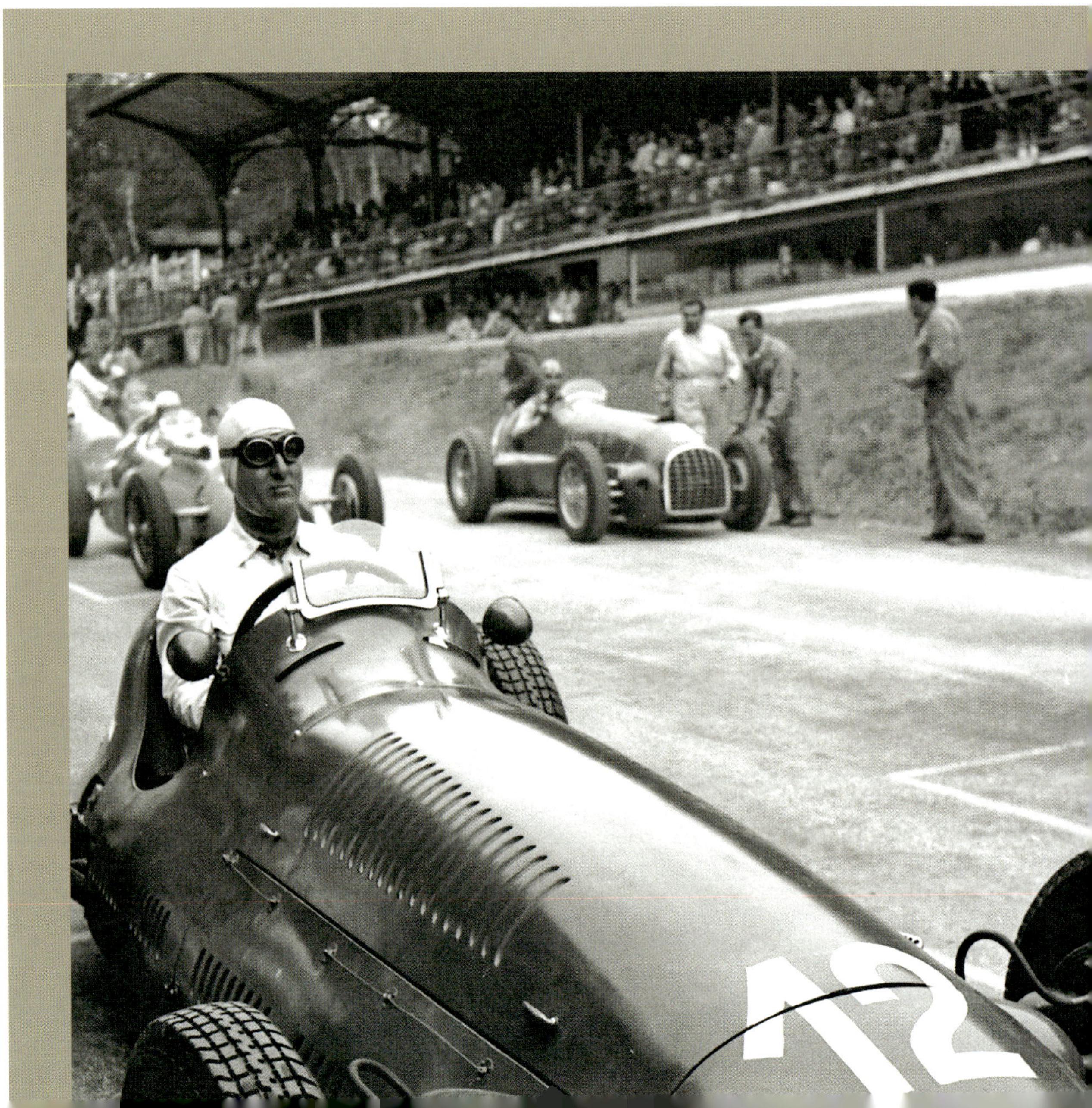

Les 24 heures voient revenir le flamboyant sir John Horsfall, à bord cette fois de sa propre Aston-Martin. En brouille avec l'équipe officielle, il a engagé John Wyer pour diriger son équipe. Il compte bien battre les voitures de l'usine en conduisant seul pendant la totalité de la course pour faire bonne mesure ! Par précaution, il propose à Paul Frère d'être le second pilote, au cas où… Exténué, il finira quatrième sans avoir lâché le volant, et loin derrière l'intouchable barquette 166 M des vainqueurs Luigi Chinetti et Jean Lucas.

Les Gordini avaient pourtant dominé les essais et le début de course, aux mains des Méridionaux Trintignant et Manzon, mais ce dernier a abandonné sur panne de culbuteurs et Pétoulet a cassé son câble d'accélérateur à Stavelot dans la quatrième heure. Après une réparation de fortune, il a rejoint les stands où les mécanos réglèrent rapidement le problème et le relâchèrent, en chasse de la Ferrari de tête, superbement menée par Chinetti et Lucas. La Gordini passe devant en début de nuit ! Hélas, pompe à huile en rideau, elle abandonne à 3 heures du matin. Dès lors, malgré la menace de Louveau sur Delage, bientôt ralenti par une fuite d'huile, et une sortie de piste où il reçoit l'aide d'une spectatrice avant de réparer la carrosserie, Chinetti emmène la rouge à l'agonie vers les damiers, devant la Delage qui ne vaut guère mieux.

Chinetti, qui aura par la suite le succès que l'on connaît comme importateur de Ferrari aux États-Unis et comme directeur du célèbre North American Racing Team, adorait le circuit de Spa-Francorchamps : "I love Le Mans, but even more I love Spa." Son regard s'allumait lorsqu'il évoquait certains de ses passages au virage de Stavelot.

Le 19 juin 1949 se court donc le 11e Grand Prix de Belgique. Deux Argentins sont inscrits, Campos et Fangio. Ce dernier a gagné ses six premières courses sur l'Ancien Continent. Il part en tête sur sa Maserati, devant une autre Maserati, celle de Farina, mais renonce dès le premier tour sur casse moteur. Le *dottore* Farina, toujours agressif, en fait sans doute un peu trop. Parti en tête-à-queue à Stavelot, il redémarre, mais part à la touchette à l'Eau rouge et abandonne au neuvième tour. Les Ferrari s'installent donc devant, avec Alberto Ascari, Gigi Villoresi et Peter Withehead, mais s'arrêtent deux fois, assoiffées par leurs compresseurs. La Talbot-Lago de Louis Rosier, de plus en plus légère et sobre comme un chameau, passe la première sous les damiers.

C'est la fin d'une époque, l'époque d'avant-guerre, qui, pour des raisons techniques et économiques, s'est prolongée et a largement débordé sur les années qui suivirent la fin du second conflit mondial. La planète a désormais hâte de se débarrasser des oripeaux de cette sombre période, et la course automobile n'échappe pas à ce sentiment. Ses instances internationales tournent franchement leur regard vers l'avenir : 1950 verra les premiers pas du championnat du monde des conducteurs.

Résultat

1er : Rosier (Talbot-Lago) en 3 heures 15 minutes 17 secondes 7/10
2e : Villoresi Ferrari)
3e : Ascari (Ferrari)
4e : Withehead (Ferrari)
5e : Claes (Talbot-Lago), à 1 tour
6e : Ashmore (Maserati), à 2 tours
7e : Crossley (Alta), à 5 tours
Record du tour par Farina (Maserati) à 163,686 km/h.

Abandons

- Fangio (Maserati) au 1er tour, moteur
- Parnell (Maserati) au 8e tour, embrayage
- Farina (Maserati) au 9e tour, accident
- Levegh (Talbot) au 11e tour
- Mairesse (Talbot) au 16e tour, mis hors course
- Etancelin (Talbot) au 19e tour, boîte de vitesses
- Campos (Maserati) au 21e tour, moteur

LES ANNÉES 1950 À SPA-FRANCORCHAMPS

1950

Le 18 juin 1950, venant après Silverstone, Monaco et Bremgarten, Spa-Francorchamps a mis les petits plats dans les grands pour accueillir la quatrième manche du tout frais championnat du monde des conducteurs. Talbot arrive en force dans les Ardennes en ne présentant pas moins de sept voitures, dont une jaune pour le local Johnny Claes, arrivée par la route, soit la moitié du plateau. Pour Alfa Romeo, la seule menace sérieuse semble venir d'Alberto Ascari, le fils d'Antonio, vainqueur ici même sur Alfa Romeo P2 vingt-cinq ans plus tôt. Il pilote une Ferrari dernier cri de 3,3 litres "atmosphériques" dont la plainte sourde des douze cylindres monte au-dessus des grands pins, permettant presque de suivre à l'oreille la progression de la voiture rouge lors de sa traversée de la forêt, entre Stavelot et la Source.

Ce sont quand même les trois Alfa-Fa-Fa-Fa qui occupent la première ligne de ce 12e Grand Prix de Belgique. Fa-Fa-Fa pour Fangio, Farina et Fagioli, les trois as de la firme turinoise. Alors qu'Ascari doit s'arrêter aux stands pour changer de roues, les Alfetta, épouvantablement gloutonnes, ravitaillent, et Raymond Sommer, "le sanglier des Ardennes", ici comme chez lui, passe la Ferrari de Gigi Villoresi et prend le commandement pendant quatre tours ! L'escadrille Alfa fait alors donner toute sa puissance et fond sur la Talbot de tête. Lors de la chasse, l'Alfa Romeo de Luigi Fagioli est chronométrée à Masta à 323,272 kilomètres/heure, sur 500 mètres. Ce n'est pas le moment de croiser la route d'un chien errant !

Sommer, pression d'huile à zéro, abandonne au vingtième tour. Fangio et Farina font la course en tête pour leur propre compte dans l'optique du championnat du monde qu'ils dominent. *Il dottore* doit s'arrêter quelques instants pour problèmes d'alimentation et finit quatrième au ralenti derrière Louis Rosier. Devant, Fangio a réglé Fagioli dans les derniers tours et finit avec 13 secondes d'avance.

Résultat

1er : Fangio (Alfa Romeo) en 2 heures 47 minutes 27 secondes, à 177,097 km/h
2e : Fagioli (Alfa Romeo) à 13 secondes
3e : Rosier (Talbot) à 2 minutes 18 secondes
4e : Farina (Alfa Romeo) à 4 minutes 4 secondes
5e : Ascari (Ferrari), à 1 tour
6e : Villoresi (Ferrari), à 2 tours
7e : Levegh (Talbot), à 2 tours
8e : Claes (Talbot), à 3 tours
9e : Crossley (Alta), à 5 tours
10e : Branca (Maserati), à 6 tours
Meilleur tour par Farina (Alfa Romeo) à 185,350 km/h

Abandons

- Giraud-Cabantous (Talbot) au 7e tour, moteur
- Etancelin (Talbot) au 15e tour, surchauffe moteur
- Sommer (Talbot) au 20e tour, moteur
- Chaboud (Talbot) au 30e tour

Superbe attitude d'un superbe pilote, dans sa superbe voiture ! Moss, à la Source, dans sa Mercedes, lors du Grand Prix 1955. (Photo Bernard Cahier)

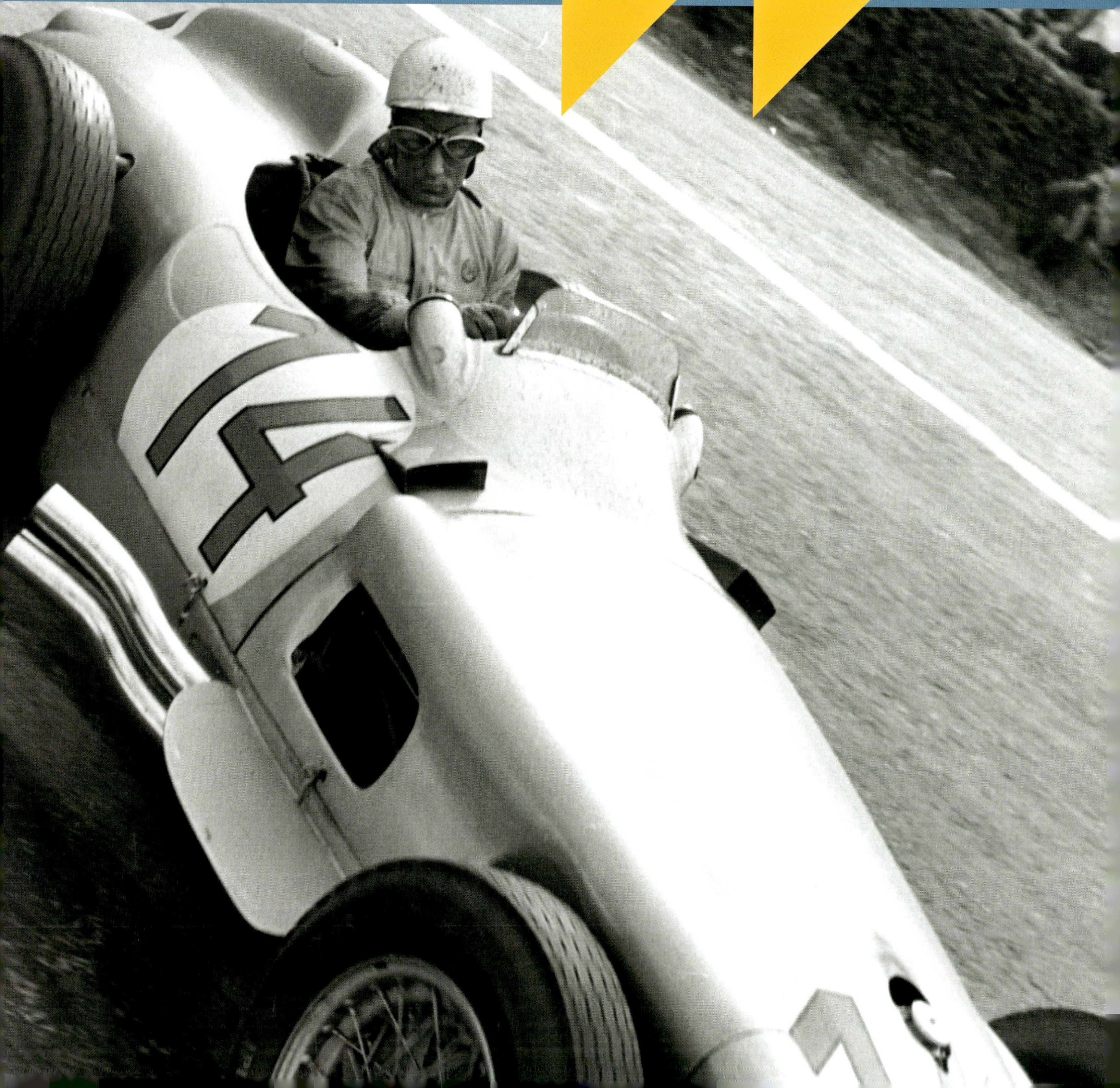
14

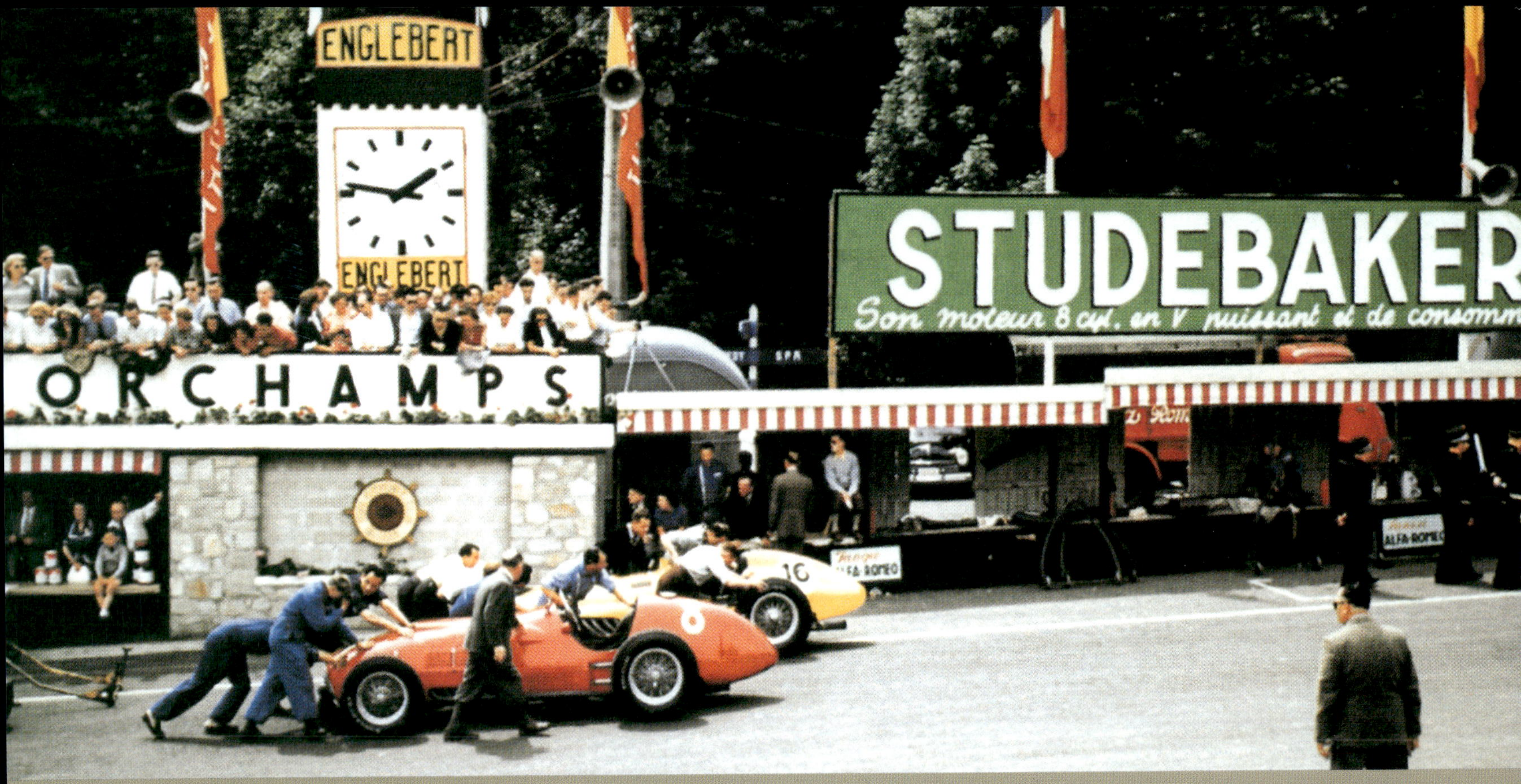

Avant le départ du Grand Prix de Belgique 1951, on place les voitures. (Archives Jean-Paul Delsaux)

1951

Petit plateau de treize voitures pour ce 13e Grand Prix de Belgique. Les Talbot, encore nombreuses, font le fond de grille. Deux d'entre elles sont jaunes, aux mains des pilotes belges Johnny Claes et André Pilette. Un Monégasque, Louis Chiron, en conduit une aussi, vingt et un ans après avoir gagné à Spa ! Ferrari oppose ses rapides 375 aux Alfetta, encore plus puissantes que l'an passé.

Pendant les essais, celle de Fangio souffre d'une démultiplication trop courte qui empêche l'Argentin de prendre plus de 9 300 tours/minute dans la descente de Masta. Pirelli montera des pneumatiques plus grands une heure avant le départ.

Les Alfetta sont certes encore plus puissantes, mais elles sont aussi encore plus lourdes et plus gourmandes que par le passé.

De fait, pendant les cinq premiers tours, les voitures milanaises de Fangio et Farina sont incapables de faire le trou avec les Ferrari d'Ascari et de Villoresi. Puis, elles se détachent à mesure que se vident leur réservoir. Lors d'un arrêt aux stands pour ravitailler et changer les roues, Fangio perd la course, un papillon de roue bloqué refusant obstinément de se laisser faire. Le pneu est changé sur la jante. Résultat : quinze minutes de repos forcé pour Juan

Résultat

1er : Farina (Alfa Romeo) en 2 heures 45 minutes 46 secondes, à 183,986 km/h.
2e : Ascari (Ferrari) à 2 minutes 51 secondes
3e : Villoresi (Ferrari) à 4 minutes 21 secondes
4e : Rosier, à 2 tours
5e : Giraud-Cabantous (Talbot), à 2 tours
6e : Pilette (Talbot), à 3 tours
7e : Claes (Talbot), à 3 tours
8e : Levegh (Talbot), à 4 tours
9e : Fangio (Alfa Romeo), à 4 tours
Meilleur tour en course : Fangio (Alfa Romeo) à 193,941 km/h.

Abandons

- Etancelin (Talbot) au 1er tour, transmission
- Taruffi (Ferrari) au 9e tour, transmission
- Sanesi (Alfa Romeo) au 12e tour, radiateur
- Chiron (Talbot) au 28e tour, piston

Manuel qui finira dans les profondeurs du classement. Son coéquipier Sanesi n'est pas plus heureux qui doit renoncer au douzième tour dans un nuage, radiateur fumant. Heureusement pour Alfa Romeo, Farina gagne devant les deux Ferrari et les deux Talbot-Lago de Rosier et Giraud-Cabantous, qui marquent là les derniers points de la firme française en championnat du monde de Formule 1.

1952

En ce 22 juin 1952, on n'a jamais vu autant de voitures sur la grille de départ d'un Grand Prix de Belgique : vingt-deux voitures, "voiturettes" même, puisque la Formule 2 a été adoptée pour ce troisième championnat du monde des conducteurs, assurant l'intérim jusqu'à l'avènement de la nouvelle Formule 1 à 2,5 litres prévue pour 1954. Les Britanniques arrivent en masse sur leurs ERA, HWM, Cooper et autres Frazer-Nash. Parmi eux, un jeune Mike Hawthorn nationaliste qui court en veste verte et nœud papillon, un certain Stirling Moss, un dénommé Peter Collins, ou encore Ken Warthon et Lance Macklin. Les Français ne sont pas en reste. Ils placent même deux des leurs en deuxième ligne. Robert Manzon, le Marseillais, et Jean Behra, le Niçois, sont immédiatement derrière les trois Ferrari d'Ascari, Farina et Taruffi, mais pas sur Talbot sinon sur Gordini, une nouvelle écurie d'usine bleue qui aligne trois autres voitures pour le prince Birabongsé de Siam, dit "Bira", pour le régional Claes et pour un énigmatique Américain du nom de O'Brien que la rumeur dit appartenir à la CIA !
Le ciel est noir, il pleut lorsque s'abaisse le drapeau tricolore libérant la meute. Une meute que le "Renard argenté" Taruffi retarde quelque peu en se loupant complètement au départ. Ses copains Ascari et Farina prennent la tête, mais se font déborder par la Gordini de Behra dans la descente de Masta. "Jeannot" est premier devant les tribunes à la fin de cette boucle initiale ! Puis, les Ferrari d'Alberto et Nino s'arrachent au paquet tandis que celle de Piero, bien revenue, est à la lutte avec la petite voiture bleue de Behra. Elles vont s'accrocher dans la terrible courbe de Burnenville. À mi-course, une éclaircie de courte durée soulage les survivants. Devant, les positions sont fixées, Ascari premier, Farina deuxième, Manzon très beau troisième. Hawthorn amène sa Cooper-Bristol à une inattendue quatrième place et Paul Frère, cinquième, est le premier Belge au palmarès du championnat du monde des pilotes.

Résultat

1er : Ascari (Ferrari) en 3 heures 3 minutes 46 secondes, à 165,964 km/h.
2e : Farina (Ferrari) à 1 minute 55 secondes
3e : Manzon (Gordini) à 4 minutes 28 secondes
4e : Hawthorn (Cooper-Bristol), à 1 tour
5e : Frère (HWM), à 2 tours
6e : Brown (Cooper-Bristol), à 2 tours
7e : De Tornaco (Ferrari), à 3 tours
8e : Claes (Gordini), à 3 tours
9e : Brandon (Cooper-Bristol), à 3 tours
10e : Bira (Gordini), à 4 tours
11e : Macklin (HWM), à 4 tours
12e : Laurent (HWM), à 4 tours
13e : Legat (Veritas), à 5 tours
14e : O'Brien (Gordini), à 6 tours
15e : Gaze (HWM), à 6 tours
Meilleur tour en course : Ascari (Ferrari) à 172,311 km/h

Abandons

- Moss (ERA) au 1er tour, moteur
- Collins (HWM) au 3e tour, transmission
- Rosier (Ferrari) au 6e tour, moteur
- Warthon (HWM) au 11e tour, tête-à-queue
- Taruffi (Ferrari), accrochage ; Behra (Gordini), accrochage au 14e tour
- Montgomerie-Charrington (Aston-Butterworth) au 17e tour, moteur

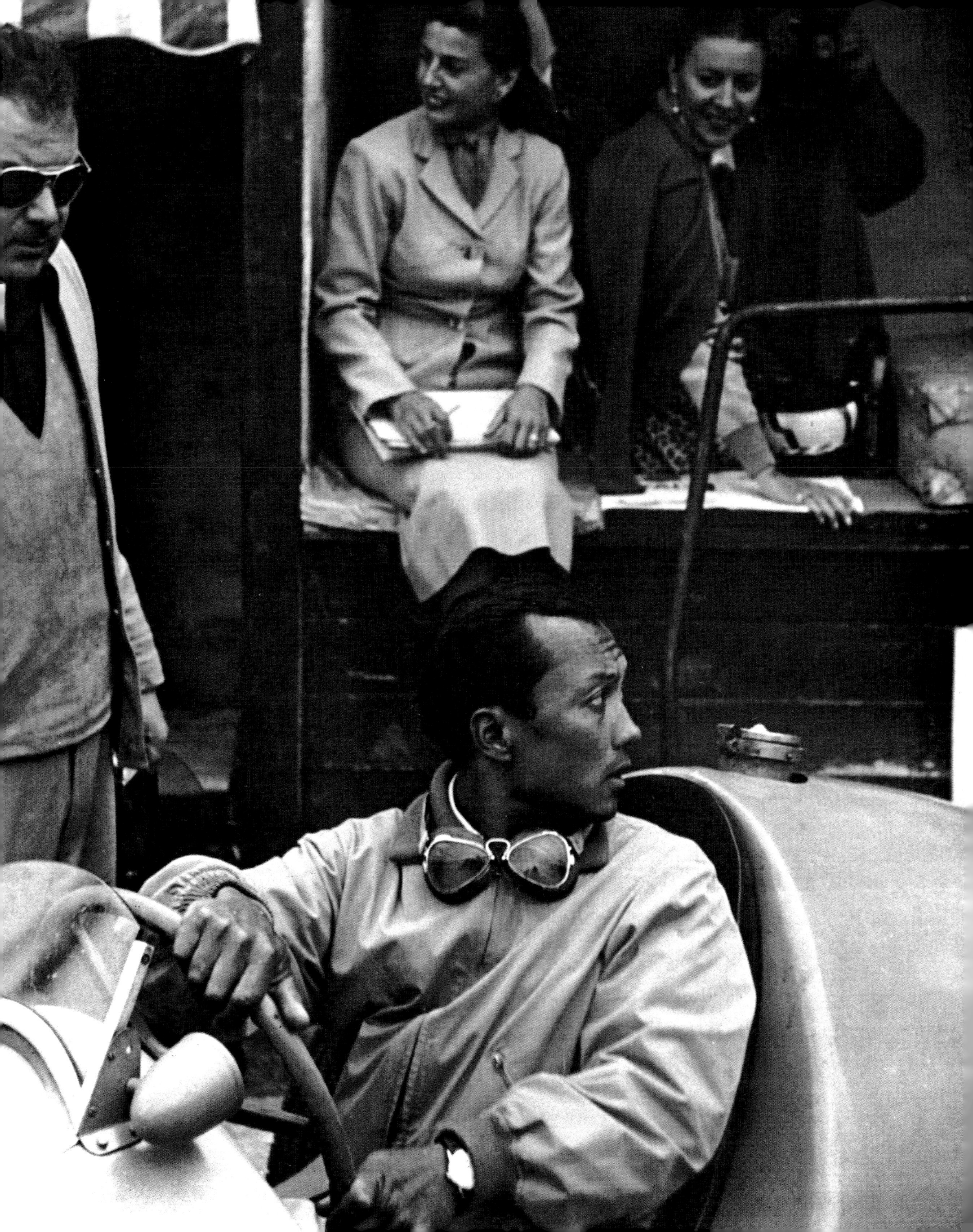

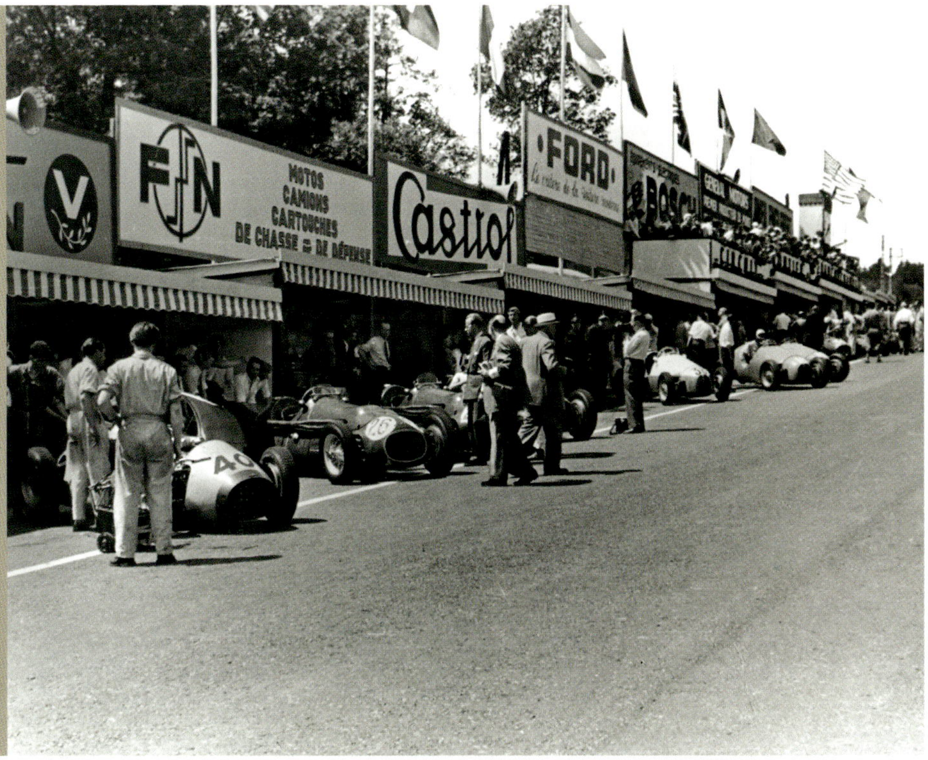

Page de gauche
Bira et les groupies lors des essais du Grand Prix 1952. Il y a un demi-siècle déjà, les pilotes de course étaient jugés particulièrement sexy par la gent féminine qui se pressait dans les boxes. Si en plus le pilote était prince de Siam !... (Archives Jean-Paul Delsaux)

Les boxes, en 1953. On reconnaît la Connaught d'André Pilette n° 40, l'HWM de Peter Collins n° 26 et la Gordini blanche n° 38 de Fred Wacker. (Photo Bernard Cahier)

1953

La course coûte déjà cher en ce début des années 1950 : les éditions précédentes ayant été un gouffre financier, les 24 heures ont disparu. En 1950, 1951 et 1952 ont été organisées des courses de voitures de production. En 1952, la présence d'un quatuor belge, Johnny Claes, Paul Frère, André Pilette et Jacques Swaters, engagé par la General Motors pour conduire ses Oldsmobile 88 contre deux Chrysler Saratoga, sur une course de deux heures, a assuré un beau succès populaire, d'autant que Paul Frère a ouvert à cette occasion la longue série de ses belles prestations sur le circuit spadois. Il finit premier en roue libre depuis la Source, réservoir à sec.

Cette verve patriotique a-t-elle stimulé les ardeurs du comité d'organisation ? Toujours est-il que les 24 heures de Belgique renaissent de leurs cendres en cette année 1953. Elles sont même inscrites au calendrier du premier championnat du monde des marques pour voitures de sport. Malgré ce prestige tout neuf, les écuries officielles boudent : les Porsche, Aston-Martin, Jaguar, Gordini, Lancia, Borgward, Cunningham ne viendront pas. Seules sont présentes Alfa Romeo avec une 3,5 litres et Ferrari avec trois berlinettes. L'écurie Écosse présente deux Jaguar C, l'écurie Francorchamps une autre. Une Talbot, une Porsche privée pour Paul Frère et de petites DB complètent le plateau des voitures de sport auquel vient se mêler une belle armada de voitures de tourisme.

Ascari est devant Farina et Fangio en début de course. L'Alfa Romeo de l'Argentin est sortie à Blanchimont par son coéquipier du jour, Sanesi. La Ferrari de Maglioli-Casini s'arrête à 2 heures du matin, puis Ascari abandonne, au petit matin.

Farina-Hawthorn gagnent dans l'indifférence générale des très rares spectateurs encore présents. C'en est fait de l'avenir immédiat de ces 24 heures, rayées encore une fois du programme pour une bonne dizaine d'années !

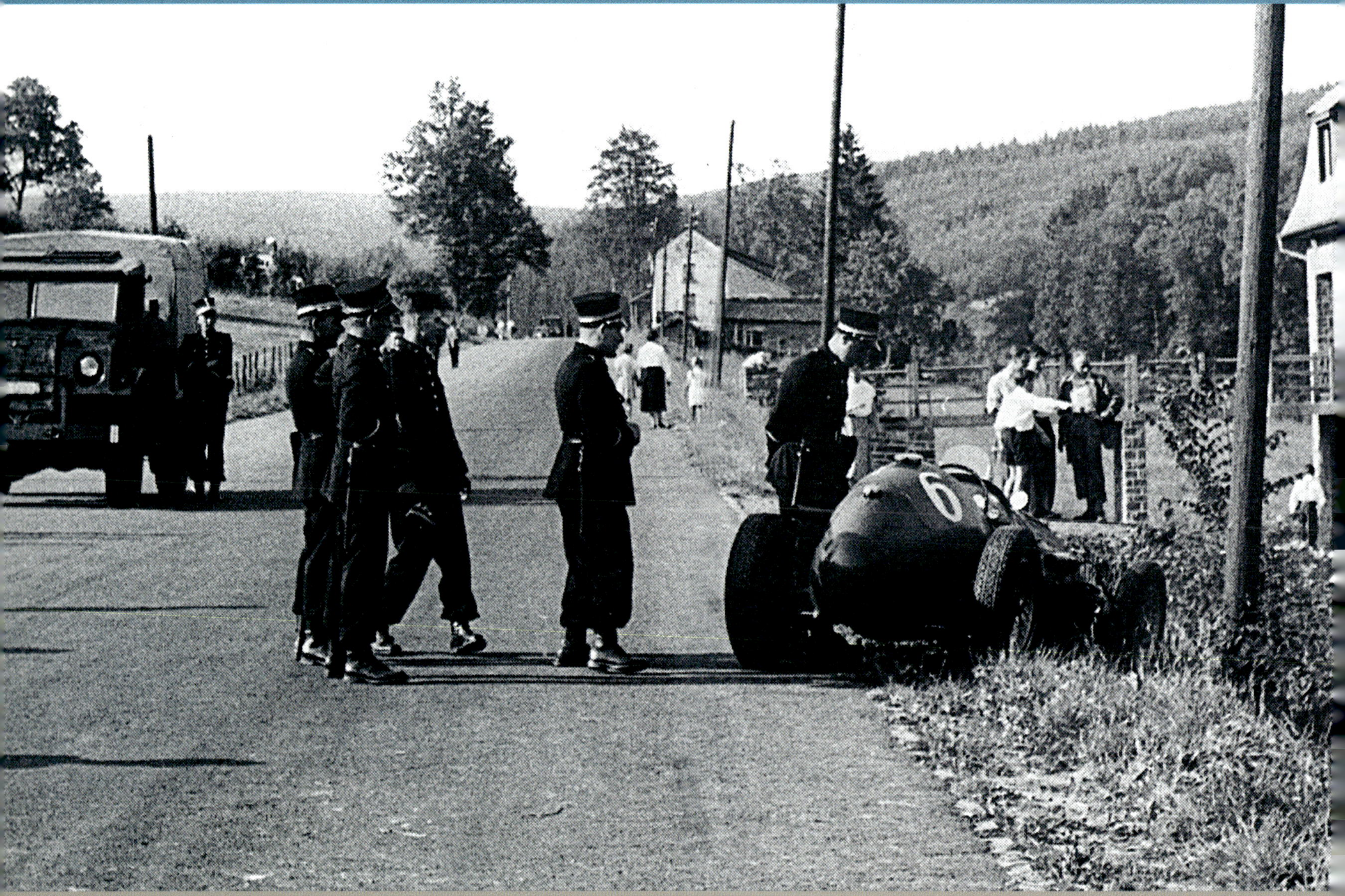

Non loin de Stavelot, Fangio et sa Maserati ont fait un tonneau. (Archives Jean-Paul Delsaux)

Heureusement pour les organisateurs, le succès populaire du Grand Prix de Formule 1 ne se dément pas. Un an après son dernier succès ici, Alberto Ascari va encore gagner en terre ardennaise. Et pourtant, ce 15e Grand Prix de Belgique a failli se finir sur la grille de départ pour le champion du monde en titre. Son moteur cale presque au baisser du drapeau. Les deux Maserati A6GCM de Fangio et de Gonzales, avec lesquelles il partageait la première ligne, s'envolent grâce à la puissance de leur moteur six cylindres, plus puissant que le quatre-cylindres de sa 500. Les deux Argentins – à noter d'ailleurs que cette année 1953 voit l'usine Maserati aligner trois Argentins, Fangio, Gonzales et leur jeune protégé Onofre Marimon – vont garder le commandement pendant dix tours, Ascari, chaussé d'Englebert pour une question de contrat, patientant derrière. Le "taureau de la Pampa" aurait-il brutalisé la pédale d'accélérateur ? Celle-ci casse net du côté de Stavelot alors que Froilan compte 14 secondes d'avance sur Juan Manuel et 53 sur Alberto. Un Range Rover de la police le ramène vers les stands où il espère prendre le volant de la voiture de Claes, mais c'est Fangio qui la conduit depuis son abandon du treizième tour sur casse moteur.

Résultat

1er : Ascari (Ferrari) en 2 heures 48 minutes et 30 secondes
2e : Villoresi (Ferrari) à 2 minutes 48 secondes
3e : Marimon (Maserati), à 1 tour
4e : de Graffenried (Maserati), à 1 tour
5e : Trintignant (Gordini), à 1 tour
6e : Hawthorn (Ferrari), à 1 tour
7e : Schell (Gordini), à 3 tours
8e : Rosier (Ferrari), à 3 tours
9e : Wacker (Gordini), à 4 tours
10e : Frère (HWM), à 6 tours
11e : Pilette (Connaught), à 7 tours
Meilleur tour en course par Gonzales à 185,485 km/h

Abandons

- Legat (Veritas) au 1er tour, transmission
- Berger (Gordini) au 3e tour, moteur
- Collins (HWM) au 5e tour, embrayage
- Behra (Gordini) au 9e tour, soupapes
- Gonzales (Maserati) au 12e tour, accélérateur
- Fangio (Maserati) au 13e tour, moteur
- Farina (Ferrari) au 16e tour, moteur
- Macklin (HWM) au 19e tour, moteur
- Claes/Fangio (Maserati) au 36e tour, accident

Histoire sans doute d'égayer une course où les positions semblent désormais fixées, Ascari menant devant Hawthorn, Marimon et Villoresi, les deux gendarmes regagnent leur poste par la piste, en sens inverse de la course, ce qui provoque quelques instants d'émotion parmi les pilotes ! Au trentième tour, Fangio est revenu de la huitième à la troisième place. Il attaque et attaque encore pour combler les 50 secondes de retard sur Ascari et perd le contrôle de sa Maserati vers Stavelot. La voiture s'immobilise après un tonneau complet. L'Argentin s'en sort avec deux dents cassées. La Ferrari de Mike Hawthorn a une fuite de carburateur et ralentit dans le dernier tour pour finir à la sixième place, pauvre récompense d'une très belle course.

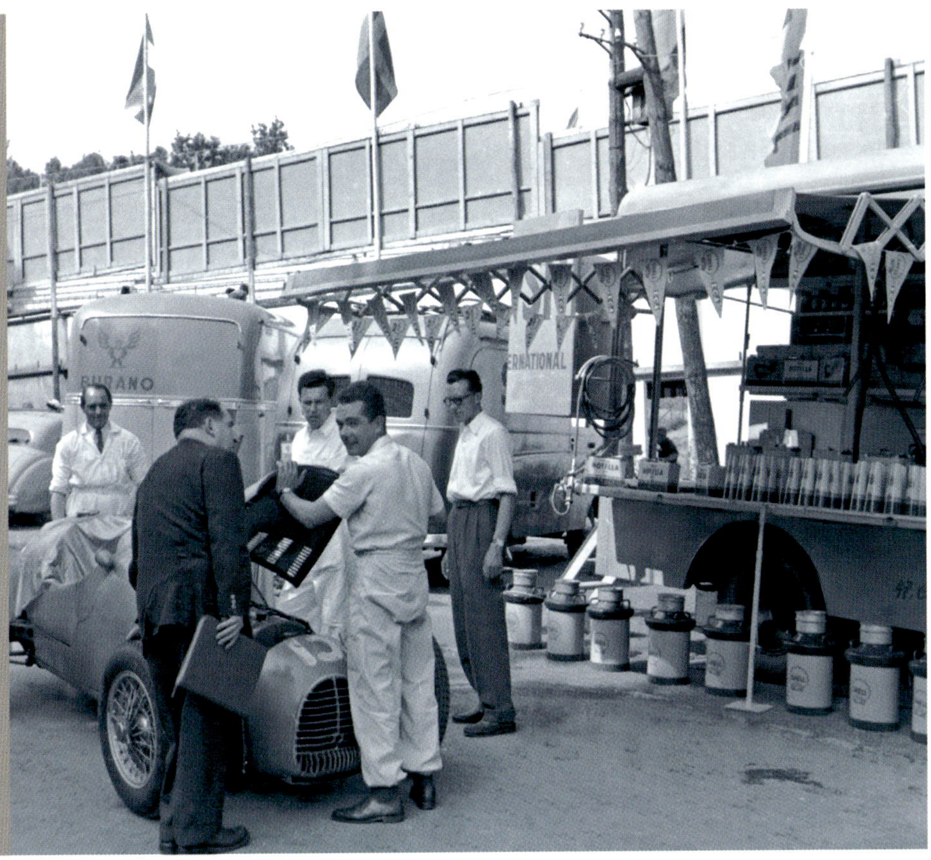

Le cinéma s'intéresse déjà au monde fascinant de la course. Pour les besoins du film *The Racers*, une équipe Burano a été imaginée par les scénaristes. Cela semble amuser Jean Behra, devant sa Gordini. (Photo Bernard Cahier)

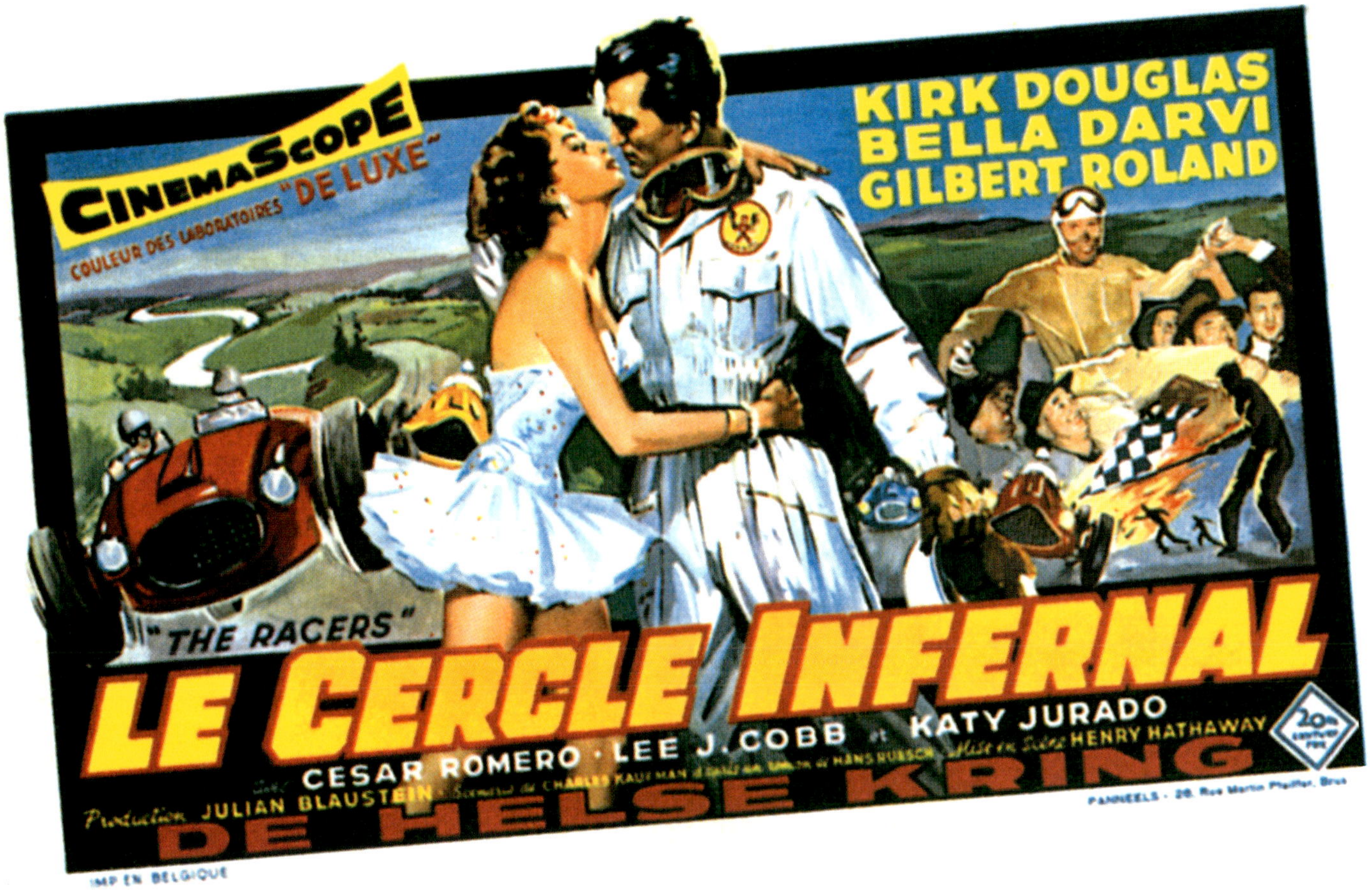

1954

En ce 20 juin, le temps est splendide sur la forêt spadoise. Spa-Francorchamps accueille son 16e Grand Prix de Belgique, épreuve inaugurale du championnat du monde des conducteurs après l'annulation du Grand Prix des Pays-Bas à Zandvoort.

Le circuit belge accueille aussi les équipes de tournage de la 20th Century Fox. Dans les années 1950 déjà, la course automobile exerce une grande fascination sur les foules, suffisante pour que le cinéma s'en empare. Hollywood tourne donc *The Racers (Le Cercle infernal)*, avec Kirk Douglas et Bella Darvi. Plusieurs pilotes participent au tournage, parmi lesquels John Fitch, Paul Frère, Louis Rosier, Harry Schell et "Toulo" de Graffenried. La Maserati de ce dernier, rebaptisée Burano, est équipée d'une caméra. Le scénario prévoit, entre autres péripéties, sa sortie de piste, au cours de laquelle elle doit pulvériser une barrière en balsa avant de prendre feu. Deux ans plus tard, le cinéma français rendra une visite plus modeste à la piste ardennaise pour des séquences du film *Le Circuit de minuit* avec Albert Préjean et Blanchette Brunoy. On en frémit encore dans les chaumières, du côté de Malmédy…

Si trois Belges sont logiquement au départ (Frère et Pilette sur Gordini, Swaters sur Ferrari 500 à moteur de 625), le gros du plateau est argentin avec Fangio, Gonzales, Marimon et Mieres. Maserati présente sa superbe 250F pour Fangio et Marimon (usine), épaulés par les semi-privées de "Bira", Mantovani et Moss. Chez Ferrari, on panse les plaies. Hawthorn (625) souffre toujours des brûlures subies à Syracuse, Farina (Squalo) a un bras dans le plâtre depuis les Mille Miglia. Gonzales, lui, est resplendissant au volant de l'autre Squalo d'usine. Hélas, dès le premier tour, il est trahi par sa mécanique, tout comme Swaters et Mieres, qui prend feu à l'Eau rouge à cause du bouchon de réservoir mal vissé. Bernard Cahier se trouve là pour prendre une photo célèbre et pour couvrir l'infortuné Sud-Américain d'une veste salvatrice. Marimon abandonne aussi sur problèmes moteur. Fangio, meilleur temps aux essais, rate son départ et cravache pour revenir. Il prend la première place à Farina au quatrième tour, puis s'arrête aux stands pour arracher sa visière détachée et mettre des lunettes. Le duel de tête fait vibrer la foule pendant dix tours, dans une de ces batailles des Ardennes qui ont fait la légende du circuit de Spa-Francorchamps. Farina, superbe, repasse et résiste à Fangio dans son style habituel dont le caractère agressif est encore plus ressenti à cause du sentiment de danger immédiat et permanent qu'inspire la piste belge. Il s'incline à nouveau au dixième tour, puis le moteur du *dottore* finit par céder (panne d'allumage) et Fangio réussit à ramener sa Maserati exténuée dans les gerbes d'étincelles à Stavelot et la Source, dues à la suspension affaissée, et une fumée de plus en plus blanche s'échappant du moteur. Il termine premier, bougies soudées, avec 24 secondes d'avance sur la Ferrari de Trintignant, très beau deuxième, et le jeune Moss, sur sa Maserati. Hawthorn, presque asphyxié par les gaz d'échappement de sa 625, a laissé le volant à Gonzales avec qui il partage les points de la quatrième place.

Résultat

1er : Fangio (Maserati) en 2 heures 44 minutes et 42 secondes
2e : Trintignant (Ferrari) à 24 secondes
3e : Moss (Maserati) à 1 minute 30 secondes
4e : Hawthorn/Gonzales (Ferrari), à 1 tour
5e : Pilette (Gordini), à 1 tour
6e : Bira (Maserati), à 1 tour
7e : Mantovani (Maserati), à 2 tours
Meilleur tour en course par Fangio (Maserati) à 191,547 km/h

Abandons

- Mieres (Maserati), incendie ; Swaters (Ferrari), moteur ; Gonzales (Ferrari), moteur au 1er tour
- Marimon (Maserati) au 3e tour, moteur
- Behra (Gordini) au 12e tour, suspension arrière
- Farina (Ferrari), allumage ; Frère (Gordini), transmission au 15e tour

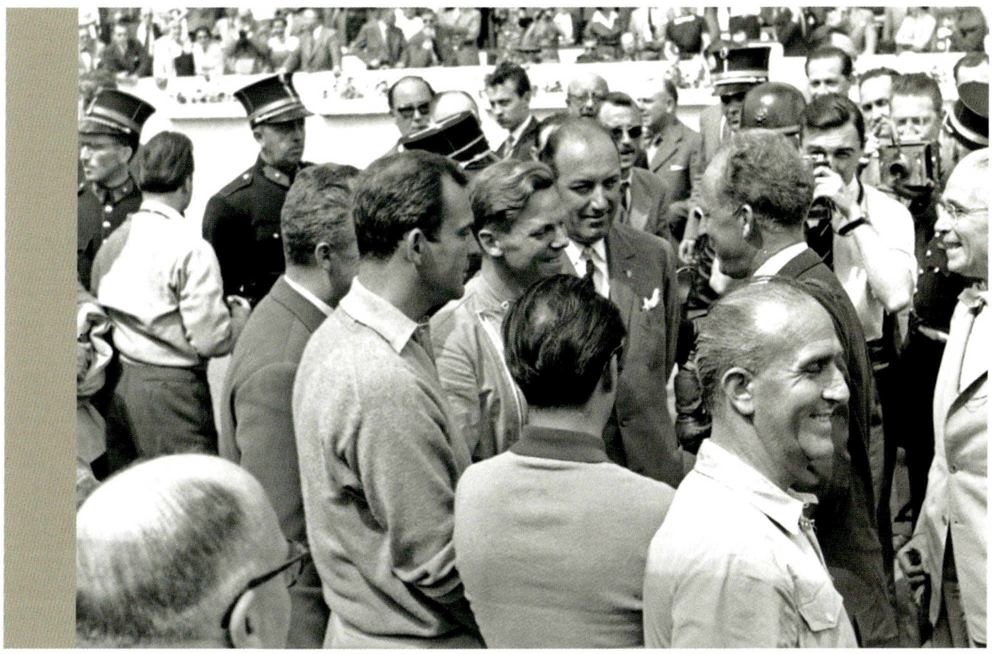

Le roi Léopold, fidèle à Francorchamps. Ici, sa majesté est en conversation avec Harry Schell, Paul Frère, Maurice Trintignant, Nino Farina et Aurelio Lampredi. (Photo Bernard Cahier)

1955

Le premier dimanche de juin, le 5, Spa va vivre la dernière manche d'un duel que l'histoire de la course aurait souhaité plus long, celui opposant les Mercedes aux Lancia, les deux écuries de pointe de ce milieu des années 1950. En effet, Ascari, numéro 1 chez Lancia, est mort quelques jours plus tôt, à Monza, et la catastrophe du Mans va avoir lieu quelques jours plus tard, entraînant le retrait de Mercedes de la compétition à la fin de la saison.

Gianni Lancia, dont les finances sont exsangues, envoie deux voitures à Spa-Francorchamps, destinées au jeune Eugenio Castellotti, l'étoile montante du sport automobile italien, pour ce qui sera la dernière course de la Lancia avant que toutes les D50 et le matériel ne soient offerts à la Scuderia Ferrari. Mercedes arrive dans les Ardennes avec plusieurs châssis à la disposition de ses trois pilotes, Fangio, Moss et Kling. Pour la course, Moss choisit le châssis moyen, les "vieux" optant pour l'empattement long. Ferrari a appelé Paul Frère en remplacement de Harry Schell, mis à pied pour ses critiques de la Super Squalo après le Grand Prix de Monaco.

Castellotti a fait sensation le vendredi des essais. Après une journée de découverte du circuit, Eugenio a démoli le record du tour en 4 minutes 18 secondes 1/10, dans un effort surhumain qui le laissera chancelant et tremblant dans son box de longues minutes après la fin de sa séance, comme le confiera plus tard Paul Frère dans son superbe *Starting Grid to Chequered Flag*. Il est donc en pole position car personne, sous la pluie, n'a approché son chrono. Mais le jour de la course, il part réservoirs pleins et

Page de droite
Fangio dans le virage de l'Eau rouge lors du Grand Prix 1955. (Collection Bernhard Völker)

Départ du Grand Prix de Spa pour voitures de sport : deux Belges en tête, Jacques Swaters sur la Ferrari 33, devant l'Aston-Martin de Paul Frère. (Photo Bernard Cahier)

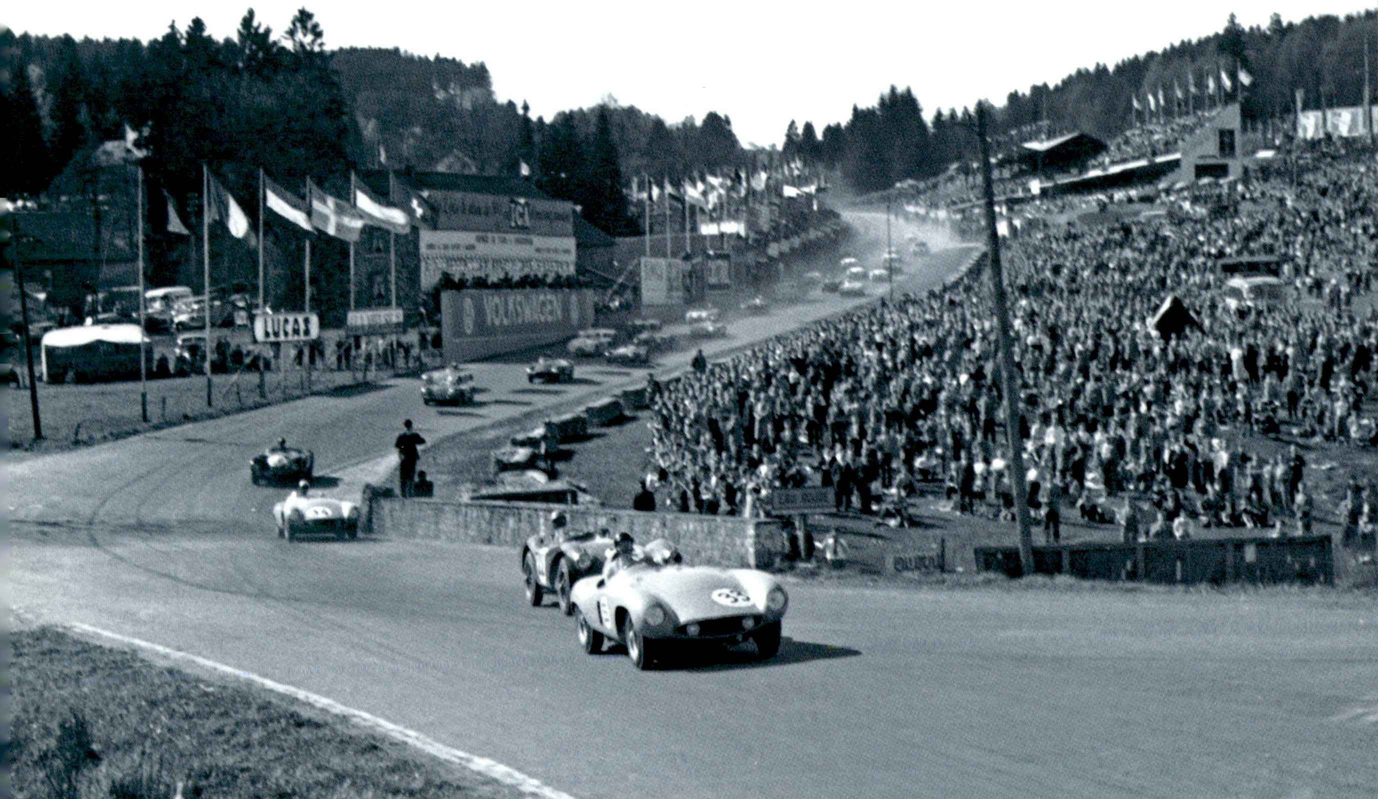

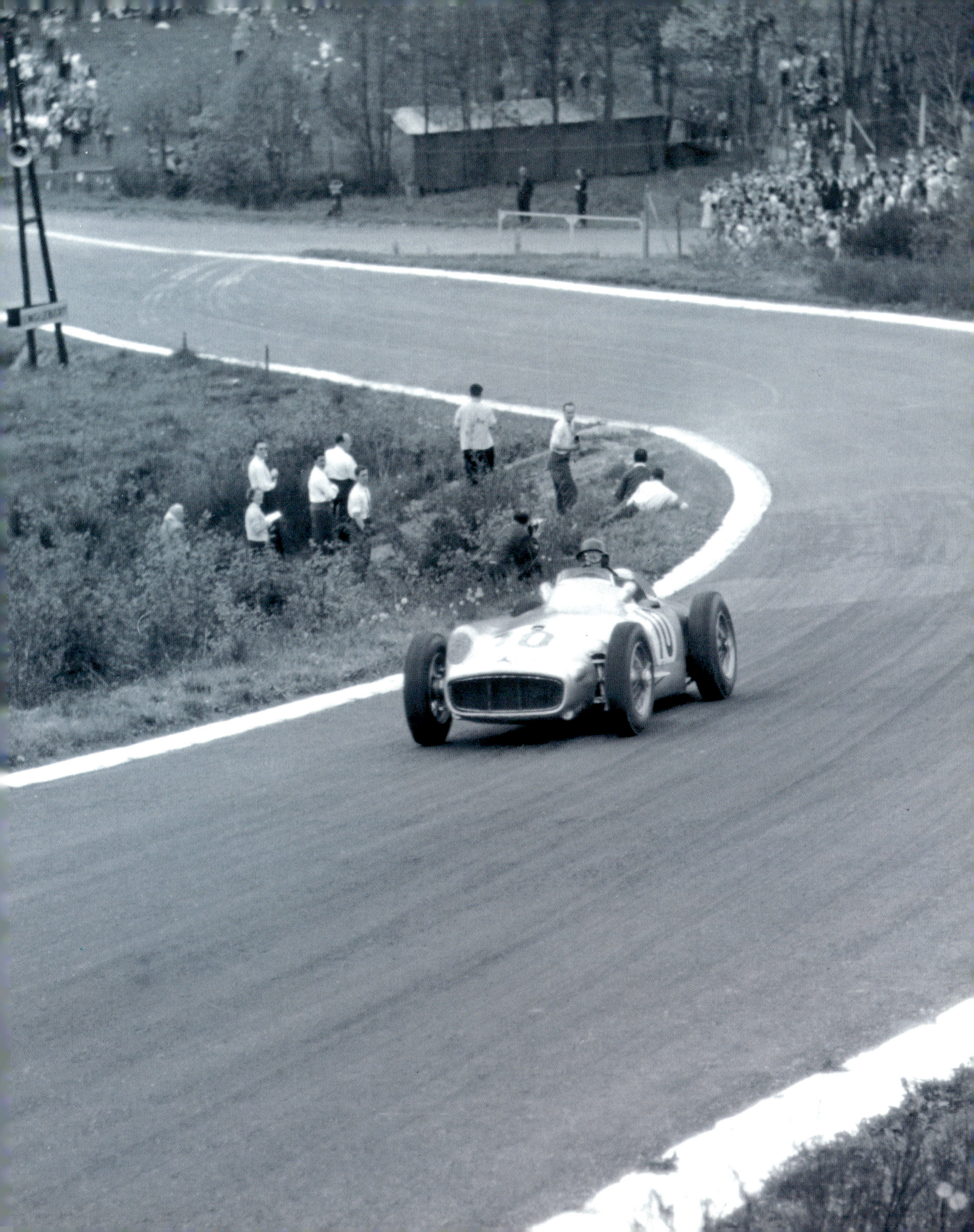

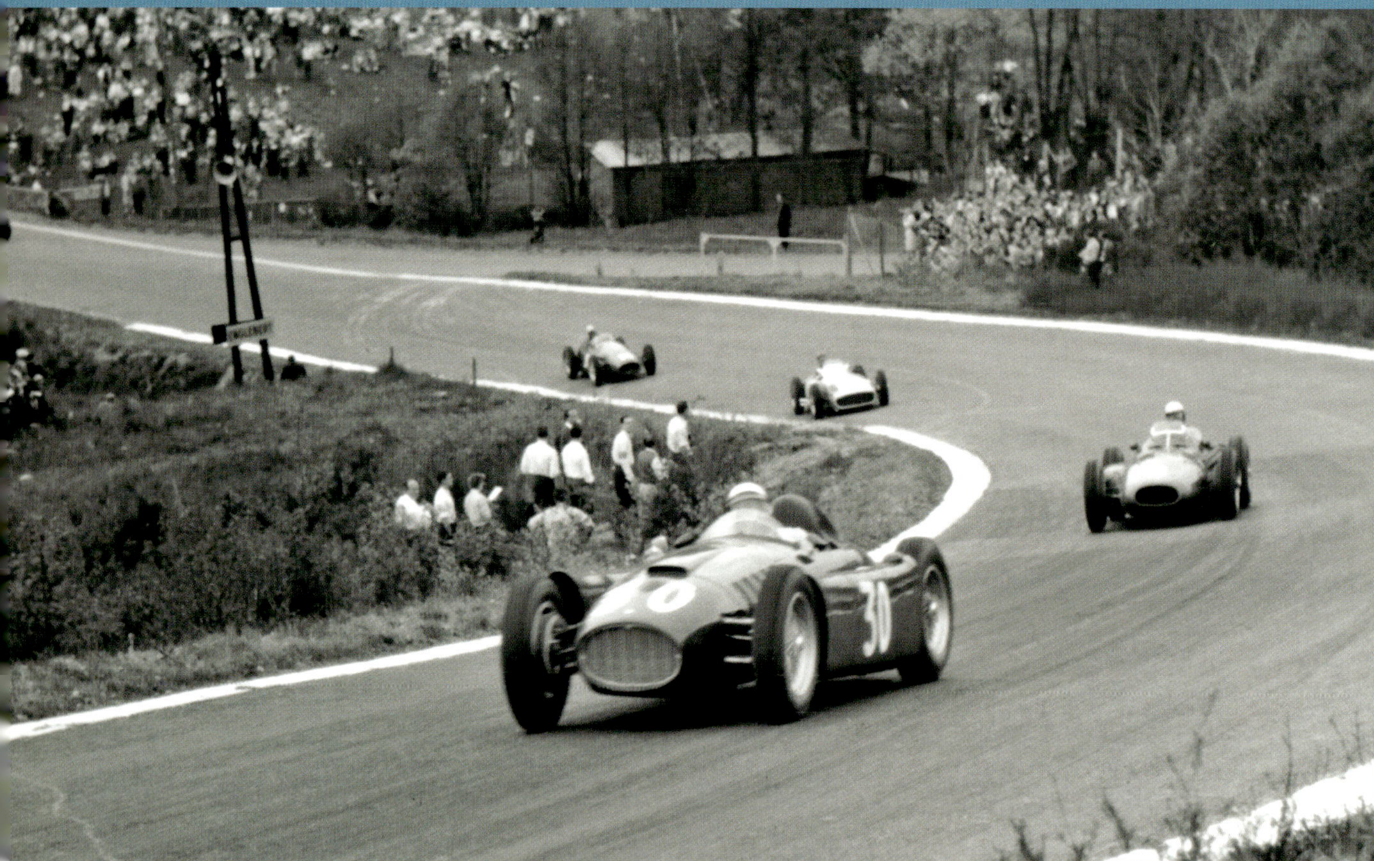

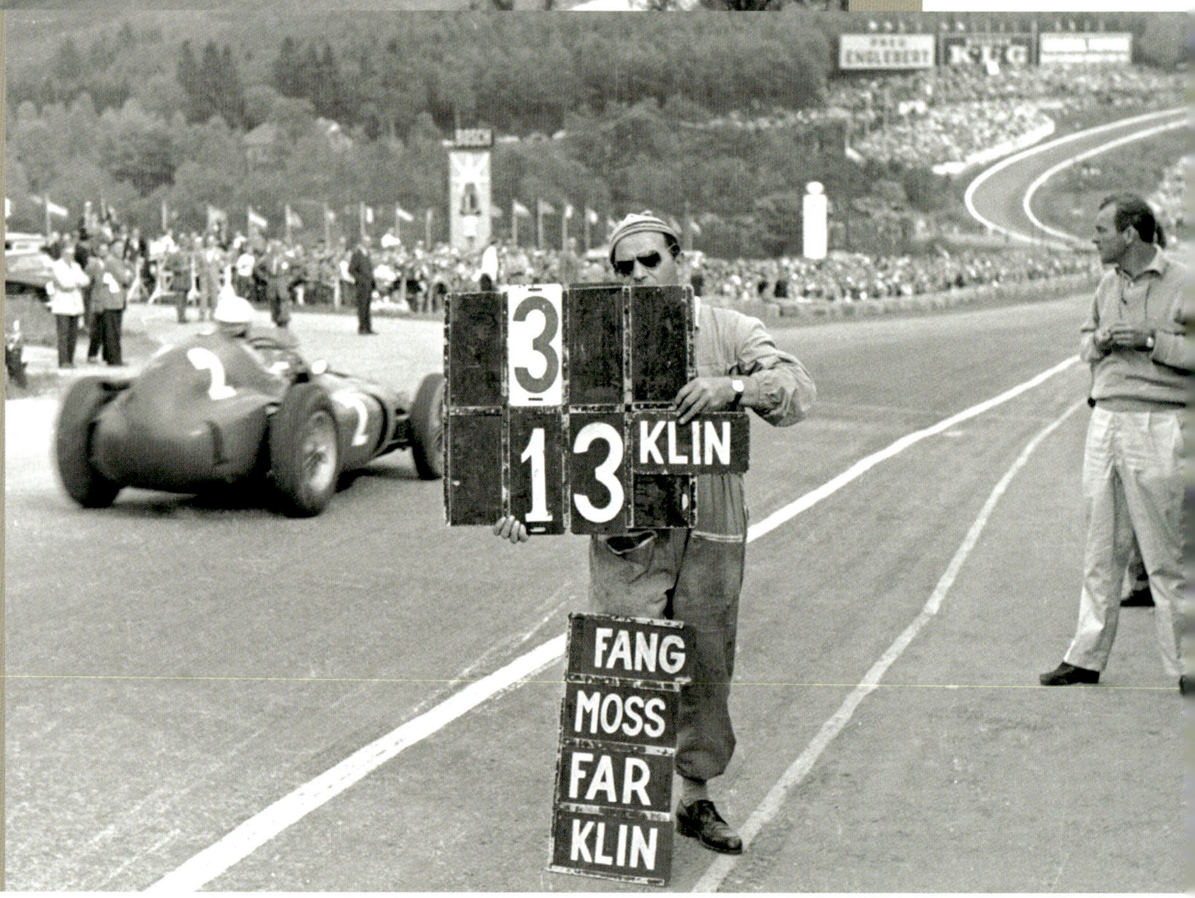

Castellotti, Farina, Kling et Behra, au même endroit. Lancia a envoyé à Spa le seul Castellotti faire ici ses adieux à la course. (Archives Rickartz-Völker)

Signalisation par panneau : Harry Schell (en arrière-plan, à droite) a abandonné. (Photo Bernard Cahier)

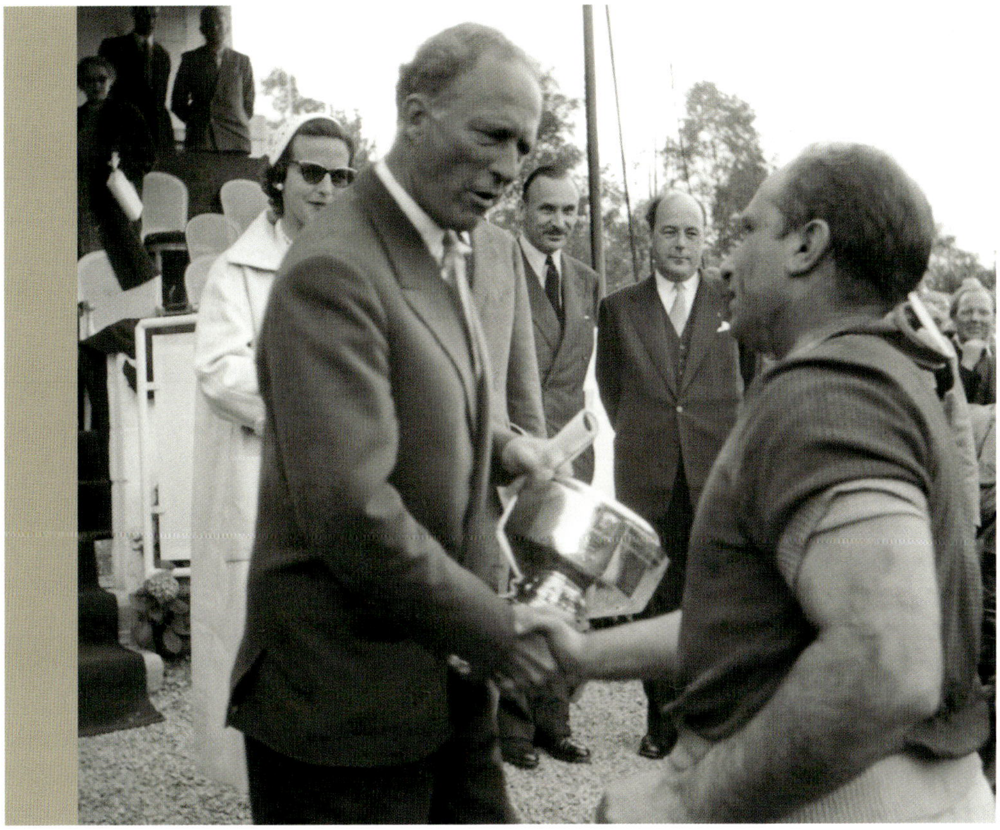

Le roi de Belgique félicite le roi des pilotes, Juan Manuel 1er. (Archives Rickartz-Völker)

ne peut rien contre l'envolée des "Flèches d'argent". Dès les premiers tours, la course voit deux groupes se former : Fangio, Moss et Castellotti devant ; Farina, Behra, Kling et Frère plus loin. Au quatrième tour, en pleine bagarre, Behra part dans une effrayante glissade ponctuée de tête-à-queue au Club-House, sa Maserati finissant sa course au pied de la stèle dédiée à Richard Seaman, mort à ce même endroit seize ans plus tôt ! Kling va s'extraire de la cohue pour rejoindre le premier cercle où Castellotti casse son différentiel au dix-septième tour. Behra, "le brave parmi les braves", pourtant secoué par sa pirouette, a repris la voiture de Mieres. Fangio gagne, devant Moss à 8 secondes. Farina, au terme d'une course splendide, finit troisième derrière les intouchables allemandes, rentre aux stands furieux, jette son casque et rend les clés de la voiture à Amarotti et Lampredi, leur signifiant qu'il ne

Résultat

1er : Fangio (Mercedes) en 2 heures 39 minutes et 29 secondes
2e : Moss (Mercedes) à 8 secondes
3e : Farina (Ferrari) à 1 minute 50 secondes
4e : Frère (Ferrari) à 3 minutes 25 secondes
5e : Mieres/Behra (Maserati), à 1 tour
6e : Trintignant (Ferrari), à 1 tour
7e : Musso (Maserati), à 2 tours
8e : Perdisa (Maserati), à 3 tours
9e : Rosier (Maserati), à 3 tours
Meilleur tour en course par Fangio (Mercedes) à 195,057 km/h.

Abandons

4e tour : Behra (Maserati), accident
9e tour : Hawthorn (Vanwall), boîte de vitesses
17e tour : Castellotti (Lancia), boîte de vitesses
22e tour : Kling (Mercedes), canalisation d'huile

conduirait "plus jamais leurs ridicules machines". Ce sera son dernier Grand Prix. Musso et Kling, en bagarre, ont tous deux cassé, de sorte que Paul Frère, le "pigiste de luxe" de la Scuderia, ramène intacte en quatrième position sa Squalo, qu'il découvrait à cette occasion ! Pas mal pour un journaliste qui a gagné ici un mois plus tôt les Coupes de Spa pour voitures de sport sur une Aston-Martin DB3S, notant sans doute de la main gauche sur un méchant calepin maculé de cambouis posé sur ses genoux les pertinentes réflexions que lui inspire la conduite par sa main droite de ces drôles de machines !

1956

Le Grand Prix de Spa pour voitures de sport continue son existence parallèle à celle du Grand Prix de Formule 1. Couru traditionnellement au mois de mai, il consacre cette année Ninian Sanderson sur la D-type, devant Reg Parnell sur la DB3S, et Paul Frère, décidément insatiable à Francorchamps, sur une Testa Rossa 500 2 litres, premier de sa catégorie.

En ce 3 juin 1956, l'armada Ferrari a une allure de déjà vu. L'équipe de Maranello a été sauvée d'une situation sportive et financière critique par le don miraculeux de Gianni Lancia à Enzo Ferrari de ses superbes machines. La Lancia D50 est donc de retour dans les Ardennes, mais cette fois en cinq exemplaires frappés du cheval cabré, dont un peint en jaune pour André Pilette. Elle s'appelle encore, par pudeur, Lancia-Ferrari, mais plus pour très longtemps. Paul Frère aussi est de la fête pour la Scuderia. Venu en spectateur et journaliste, il a lâché son bloc-notes, ne résistant pas à la tentation de piloter une D50, en remplacement de Luigi Musso qui s'est fracturé un bras lors des 1 000 Kilomètres du Nürburgring.

Le plateau est bien maigre en l'absence des BRM et des Gordini, et seule la Maserati 250F, encore améliorée, semble en mesure d'inquiéter les Ferrari, les Vanwall étant un peu "vertes" !

Fangio a réussi le meilleur temps aux essais, mais il prend un mauvais départ et se laisse enfermer à la corde par Castellotti, Collins et Behra alors que Moss a pris le commandement. En cinq tours, l'Argentin règle tout ce joli monde et s'échappe. La belle Maserati de Moss perd une roue arrière dans le raidillon. Stirling court vers son stand où il prend le volant de la voiture de son coéquipier Perdisa.

Aux deux tiers de la course, Fangio casse son différentiel, laissant Collins, Behra et Frère s'expliquer. Le Belge pilote superbement et grille le Français. La foule, debout, hurle sa joie et ses encouragements, mais Collins a deux minutes d'avance et ne sera pas rejoint par son ancien coéquipier chez HWM. Il gagne, à vingt-cinq ans, son premier Grand Prix. Moss est bien revenu, Schell ouvre le score de Vanwall en championnat du monde des conducteurs, alors que Villoresi marque son dernier point.

Résultat

1er : Collins (Lancia-Ferrari) en 2 heures 40 minutes à 190,640 km/h
2e : Frère (Lancia-Ferrari) à 1 minute 51 secondes
3e : Perdisa/Moss (Maserati 250F) à 3 minutes 16 secondes
4e : Schell (Vanwall), à 1 tour
5e : Villoresi (Maserati 250F), à 2 tours
6e : Pilette (Lancia-Ferrari), à 3 tours
7e : Behra (Maserati 250F), à 3 tours
8e : Rosier (Maserati 250F), à 4 tours
Meilleur tour en course par Moss (Maserati) à 199,575 km/h.

Abandons

- Godia (Maserati) au 1er tour, accident
- Gould (Maserati) au 3e tour, boîte de vitesses
- Castellotti (Ferrari) au 10e tour, transmission
- Trintignant (Vanwall), alimentation ; Scotti (Connaught), moteur au 11e tour
- Fangio (Ferrari) au 24e tour, transmission

1957

La course coûte très cher et les organisateurs ont parfois du mal à satisfaire les exigences financières des concurrents. Pour un désaccord sur le montant des primes de départ, les Grands Prix de Hollande et de Belgique sont annulés, de sorte que le Grand Prix de Spa de voitures de sport sera, cette année-là, avec le Grand Prix du RACB pour voitures de sport organisé en août, le seul grand rendez-vous international du circuit ardennais. Sur une course de trois heures avec départ type "Le Mans", les pronostics sont partagés : une Ferrari, jaune, celle de l'écurie nationale belge, la 4,1 litres V12 de Gendebien, bien, bien, bien… ou bien une des Aston-Martin DBR1 S, aux mains de Tony Brooks et Roy Salvadori ? Les pneumatiques seront le talon d'Achille de la belle V12. Les enveloppes Englebert (très active et bien dans la course, la "petite" Belgique en cette fin des années 1950 !) n'encaissent pas la puissance et les hautes vitesses atteintes par la bête qu'elles chaussent. Olivier subit trois éclatements de pneus dont le premier juste avant Burnenville, grand frisson garanti ! Presque quarante années plus tard, dans une interview au magazine américain *Sports Car International*, le pilote belge, un des plus grands pilotes de voitures de sport de sa génération, confiait avec émotion : "Le vieux M. Englebert était là pendant les essais, prenant lui-même la température des pneumatiques. Il trouva qu'ils chauffaient trop et dit à Ugolini, notre team-manager : 'Je voudrais que vous montiez de plus gros pneus pour la course, sinon, vous allez avoir des problèmes.' Ugolini téléphona à Maranello pour en demander l'autorisation, mais Enzo Ferrari refusa de changer de gommes. Je m'amusais à appeler Ugolini, puis Tavoni, 'les téléphonistes', car ils ne prenaient jamais aucune décision sans téléphoner à Ferrari d'abord." Gros pneus ou pas, le V12 italien a du mal à se mettre en action au baisser du drapeau et la belle Ferrari jaune est une des dernières à quitter sa place au départ, de sorte que Tony Brooks prend le large sur son Aston-Martin qui tourne comme une horloge. Après six tours, Olivier Gendebien est revenu en deuxième position quand "j'atteignais le sommet de la colline avant la descente sur Burnenville lorsque j'ai soudain senti une odeur de gomme, et puis le pneu arrière gauche a éclaté. Je conduisis lentement jusqu'aux boxes – un long chemin à Spa – où ils me changèrent la roue. Je repartis à fond, établis un nouveau record du tour en 4 minutes 16 secondes 5/10, mais alors que j'atteignais le sommet de la colline, je sentis à nouveau cette odeur de gomme, et crac ! Le même pneu éclata. Il fut changé et je repartis, plus vite que jamais, tournant en 4 minutes 15 secondes 3/10, 4 minutes 13 secondes 1/10, puis 4 minutes 13 secondes et enfin 4 minutes 10 secondes 4/10. Quand j'arrivai à l'épingle de la Source, j'aperçus Brooks dans l'Aston qui escaladait le raidillon de l'Eau rouge. Au vingt-neuvième tour, j'établissais le record du tour à 4 minutes 9 secondes 8/10, à 203,202 kilomètres/heure, mais c'en était trop et un troisième pneu éclata, m'obligeant à m'arrêter une nouvelle fois et à assurer la deuxième place". Derrière, les belles Lotus profilées de Colin Chapman montrent le bout de leur nez si joliment profilé, Brian Naylor et Herbert MacKay-Frazer gagnant leurs catégories respectives, de 1 500 à 2 000 cm^3 et de 1 100 à 1 500 cm^3. Le dentiste britannique préfère manifestement le pilotage de machines de course à l'extraction dentaire : Tony Brooks gagne ainsi les deux courses pour voitures de sport disputées cette année-là sur la déjà mythique piste belge. Il avouera plus tard adorer Spa et ses très grandes courbes, les seules, comme l'ajoutera plus tard Dan Gurney, à pouvoir séparer "les hommes des petits garçons". Brooks, comme le grand Dan d'ailleurs, appartient à cette génération de pilotes qui ne se posent pas de questions existentielles sur la portée des risques encourus en de tels endroits, certes dangereux, mais ô combien glorieux et qui constituent à leurs yeux éblouis les piliers de l'histoire du sport automobile, histoire à laquelle ils appartiendront un jour par le seul miracle de leur talent et de leur bravoure.

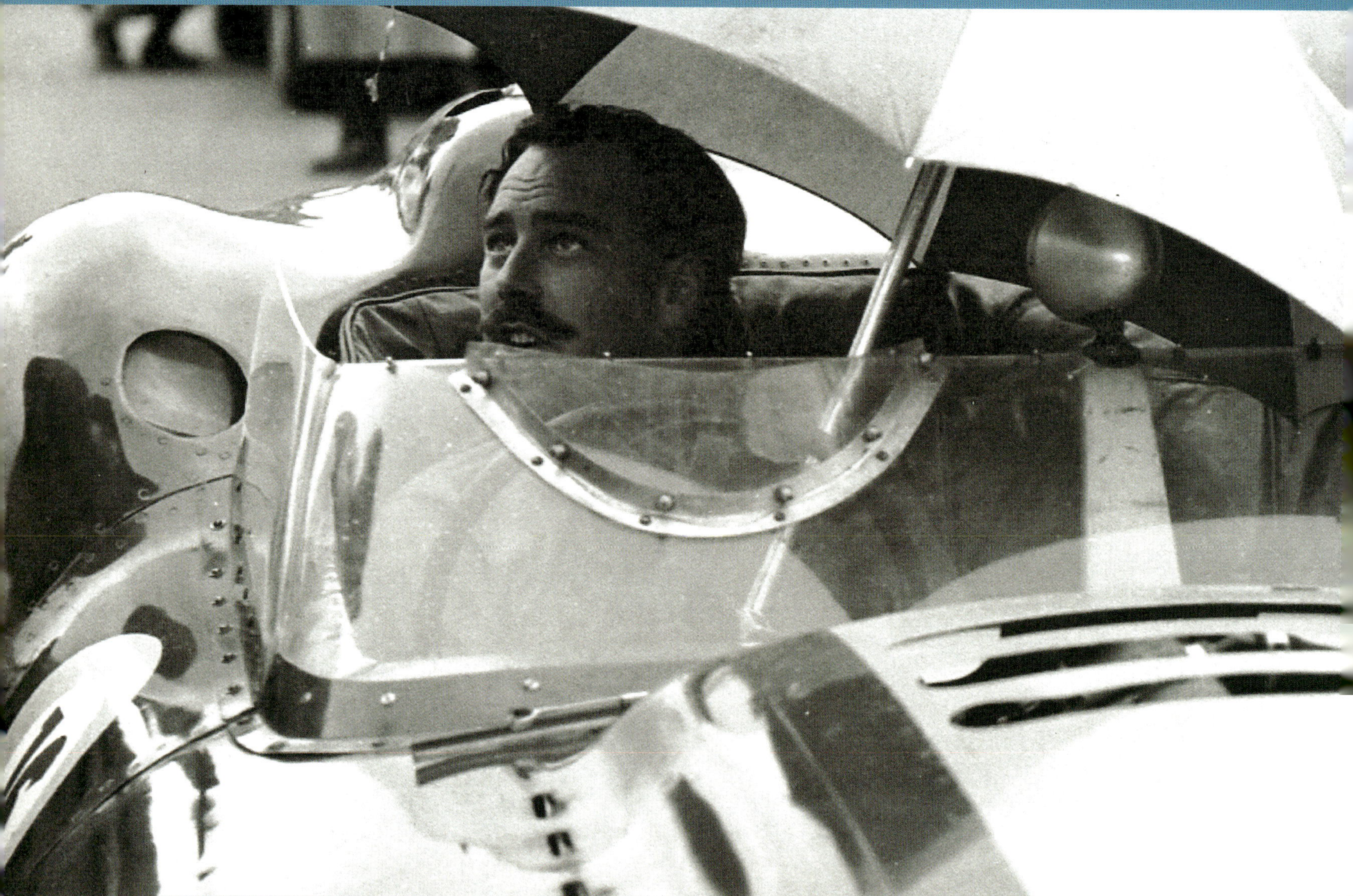

Archie Scott Brown, avant le départ du Grand Prix de Spa 1958. (Photo Van Bever)

1958

En cette année 1958, Spa-Francorchamps retrouve ses deux grands rendez-vous, Grand Prix de Spa (sport) et Grand Prix de Belgique (Formule 1).

Malgré la concurrence du Grand Prix de Monaco, ce Grand Prix de Spa présente un plateau de niveau international. Outre les Lister-Jaguar d'Archie Scott-Brown (usine) et de Masten Gregory (écurie Écosse), favorites, trois autres Lister sont alignées, dont une par Peter Withehead. L'usine Aston-Martin a envoyé dans les Ardennes deux machines très performantes, des DBR 2 pour Paul Frère et le grand Texan Carroll Shelby, arrivé la veille d'Indianapolis où il a claqué la porte au nez des organisateurs au terme d'essais qualificatifs cafouilleux. Plusieurs autres locaux sont là pour attiser, si besoin est, la curiosité du public : Freddy Rousselle sur la Lister de l'écurie nationale belge ; Lucien Bianchi, sur la Ferrari 250 TR de l'écurie Francorchamps dirigée par Jacques Swaters ; et Olivier Gendebien, héros malheureux ici-même un an plus tôt, sur la Testa Rossa expérimentale d'usine avec son moteur

3 litres à douze cylindres. On trouve encore sur la grille une Lotus, une poignée de Maserati et trois Jaguar D pour Ivor *the driver* Bueb, Jack Fairman et un certain Jim Clark. Oui, pour le petit Jimmy, c'est le grand baptême international et la course de ce 18 mai 1958 le marquera à jamais, comme il l'écrira plus tard dans ses mémoires dont nous citons des extraits, un peu plus loin dans notre récit, au chapitre "Clark : splendeur à Spa".

Le jour de la course, le ciel est plombé. Alors qu'on place les voitures sur la grille, quelques gouttes de pluie commencent à tomber. Masten s'installe dans sa Lister bleu nuit fièrement frappée du drapeau écossais, à la corde de la première ligne. Archie mâche une gomme, enfoui, songeur, dans le cockpit de la Lister vert et jaune. Pense-t-il à la mascotte de l'équipe oubliée en Angleterre (un chat noir), ou à cette fissure dans le bras de renforcement de la direction découverte entre les séances d'essais et qui avait inquiété les membres de l'équipe Lister au point d'envisager le retrait de la voiture ? Plus certainement, il est tout entier tendu vers un seul objectif : battre Gregory, et reprendre la main après sa

Peu après le départ, les Aston de Frère et Shelby devancent les Lister de Gregory et Scott Brown, mal parties, mais qui vont prendre la tête dans Masta. Derrière Bueb (n° 18), on aperçoit la Jaguar D blanche de Jim Clark. (Photo Van Bever)

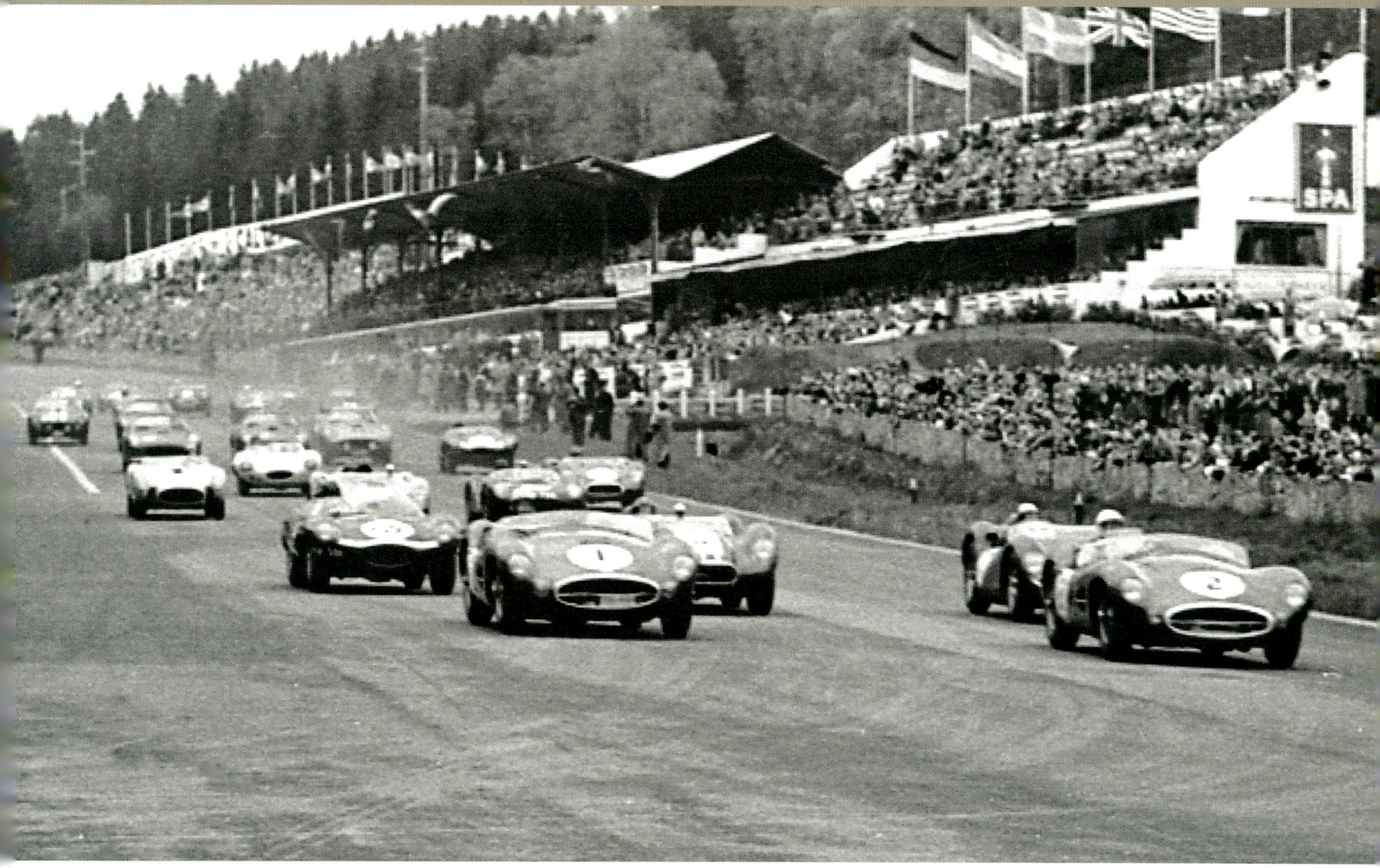

défaite indiscutable face à l'Américain à Silverstone quinze jours plus tôt. Brian Lister confiera des années plus tard, toujours inconsolable de la perte de son ami : "La défaite face à Gregory l'avait déstabilisé. Ce fut un choc pour lui d'être battu pour la première fois par une voiture similaire à la sienne. Il voulait prouver à Spa qu'il restait le maître, pas de doute, chez Lister en tout cas." Aux yeux du petit Archie, ce Grand Prix de Spa est plus qu'une course, c'est un duel.

On lui apporte un parapluie car une pluie fine et glacée tombe maintenant sur les grands sapins de la forêt ardennaise au-dessus de laquelle se répercutent les commentaires inaudibles issus des haut-parleurs. L'Aston-Martin DBR 2 de Paul Frère complète la première ligne alors que l'autre Aston, celle

Masten Gregory à la Source, dans une attitude caractéristique. (Photo Van Bever)

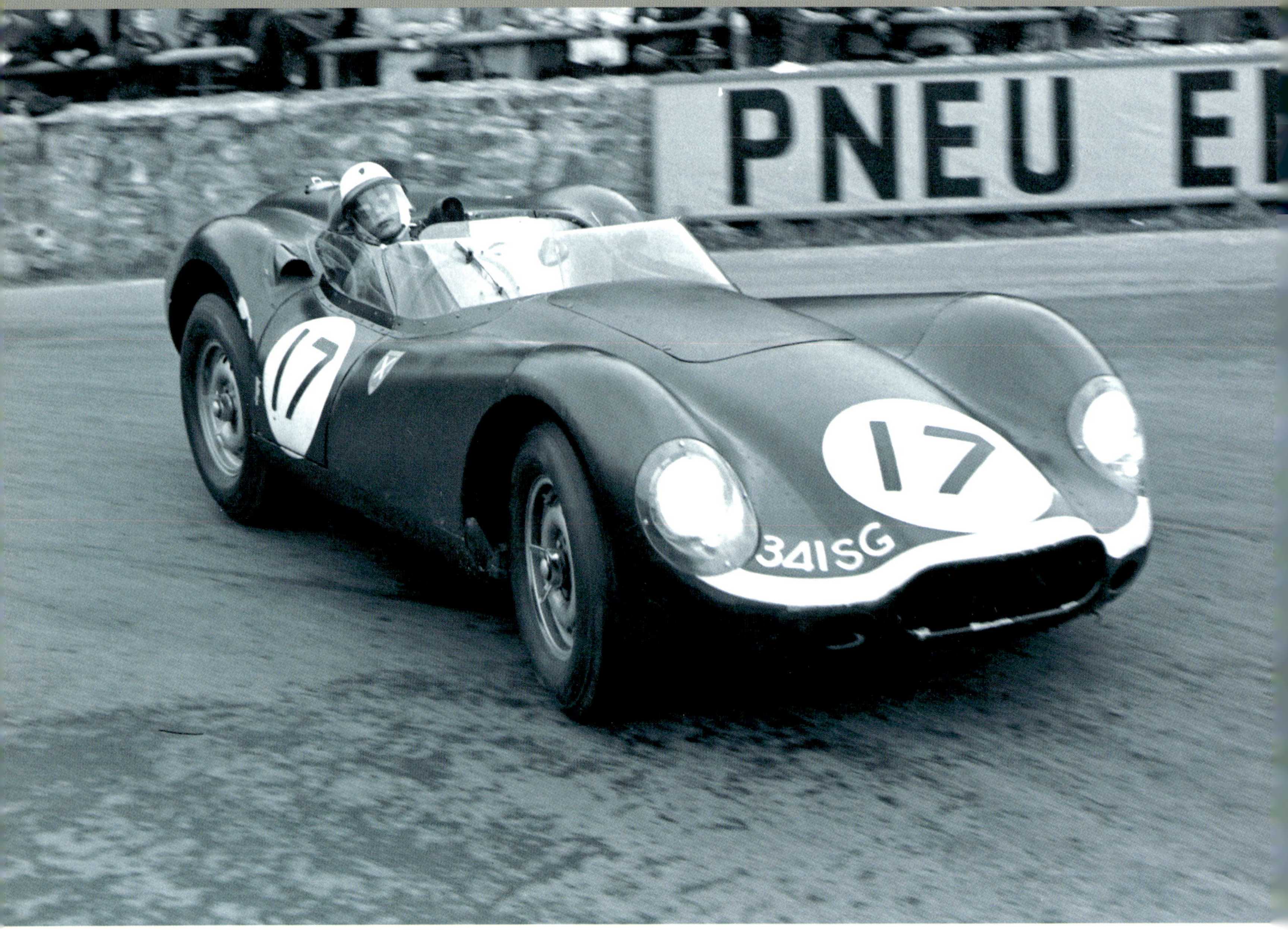

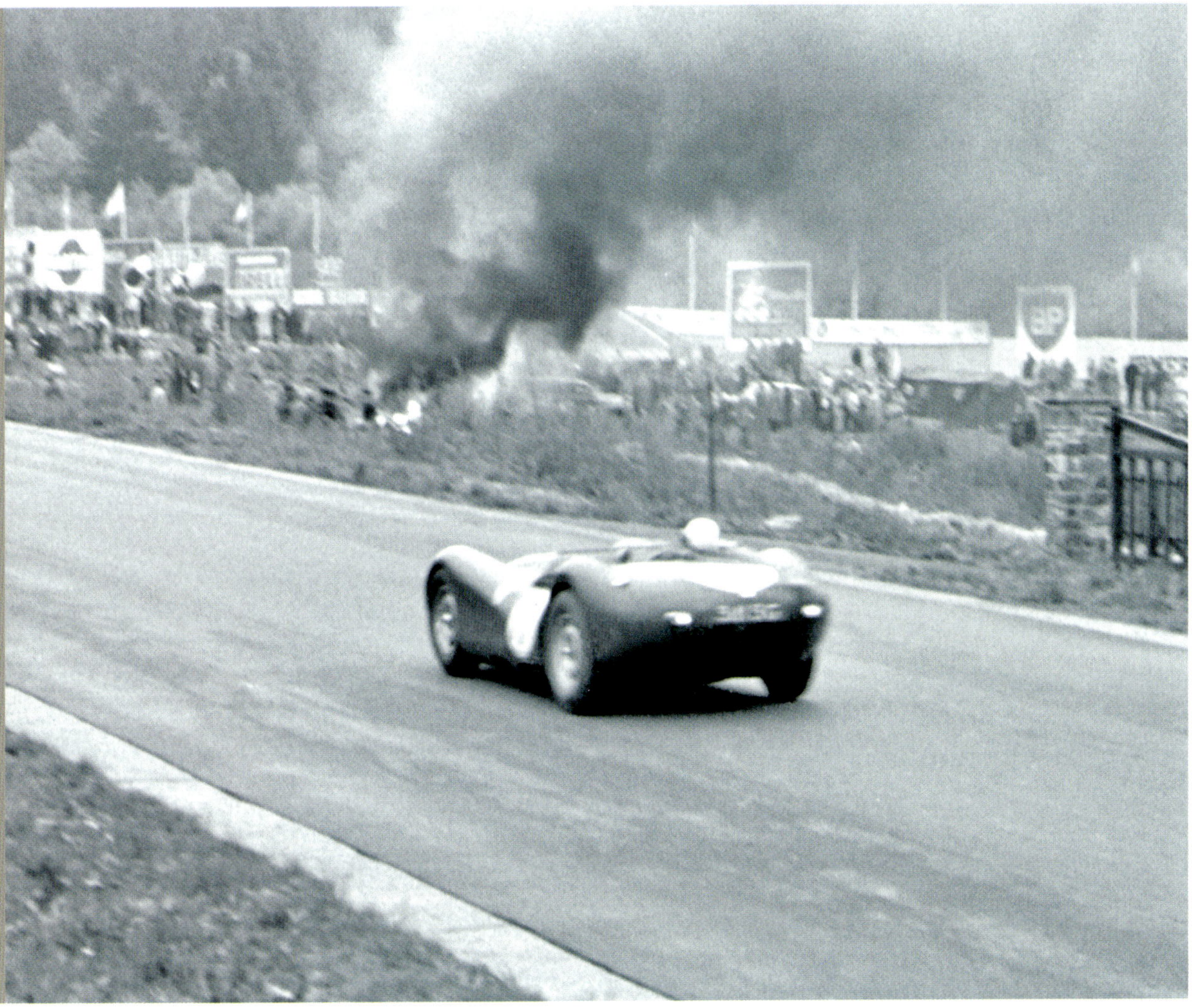

La Lister de Gregory passe devant celle en feu de Scott Brown. (Photo Van Bever)

de Carroll Shelby, est en deuxième ligne à côté de la Jaguar D-type d'Ivor Bueb. Au baisser du drapeau, ce vieux briscard de Carroll parvient à glisser son Aston entre les deux Lister et aborde en tête le raidillon de l'Eau rouge, suivi de son coéquipier Paul Frère et d'Ivor Bueb, alors que les Lister ratent leur départ. Au sommet de la colline, Shelby fait signe à Frère de passer. Derrière, les deux Lister, déjà soudées l'une à l'autre, fondent sur les premiers et prennent le commandement au bout de la descente de Masta, peu avant Stavelot. Dans la remontée vers Francorchamps, à travers la forêt, elles distancent les autres de plusieurs centaines de mètres.

Précédées par l'écho explosif des changements de régime moteur, elles débouchent de Blanchimont et du Club-House roue dans roue. Masten Gregory est devant pour aborder la Source. Archie Scott Brown le passe au deuxième tour, puis Masten reprend le commandement, creuse un tout petit avantage, vite gommé par Archie. Derrière, on suit de loin. La Testa Rossa de Gendebien, revenue en cinquième position, rentre aux stands au ralenti, problèmes de boîte.

La Lister d'Archie, VPP 9, porte les stigmates de la bagarre qu'il livre à sa rivale MEV 303 : sa calandre a été tordue lors d'une touchette avec l'arrière de la voiture de Masten. La lutte entre ces deux-là est vraiment féroce. Les expressions utilisées par les témoins du jour pour la décrire, *a hell of a race* de

Brian Lister, et *a dog fight* (dans son dernier livre en version anglaise, *My Life Full of Cars*) de Paul Frère, se passent de traduction. De plus, les conditions atmosphériques rendent la piste horriblement traître par endroits à cause d'ondées purement locales, phénomène fréquent à Francorchamps.

À la fin de ce dramatique sixième tour, qui est devant ? Archie ? Masten ? Le journal *Le Soir* écrira l'un et l'autre dans deux articles différents, sur la même page, le lendemain. Au plus fort de leur duel, les deux Lister-Jaguar sont très proches l'une de l'autre, très vite, lorsqu'elles sortent de Blanchimont. La Lister d'Archie perd soudain un peu d'adhérence, roule un moment sur le bas-côté, semble à nouveau sous contrôle, évite la Ferrari de Léon Dernier qui "flânait" par-là, puis heurte un poteau indicateur funestement mal placé qui arrache la roue avant gauche de la voiture. À partir de cet instant, le pauvre Archie n'est plus que le passager impuissant d'un bolide sans direction. La Lister rebondit durement par-dessus le fossé, écrase une barrière de barbelés, pique du nez, capote et s'immobilise à demi-retournée. Archie est allongé sur le sol, encore partiellement dans l'habitacle, lorsque l'épave s'embrase. Plusieurs explosions empêchent quiconque d'approcher. Il est finalement extrait des flammes par deux gendarmes dans la panique générale. Très gravement brûlé au thorax et aux jambes, il

Cliff Allison, à la Source, superbe quatrième du Grand Prix 1958 sur sa drôle de Lotus XII (premiers points de Lotus en championnat du monde). (Archives Rickartz-Völker)

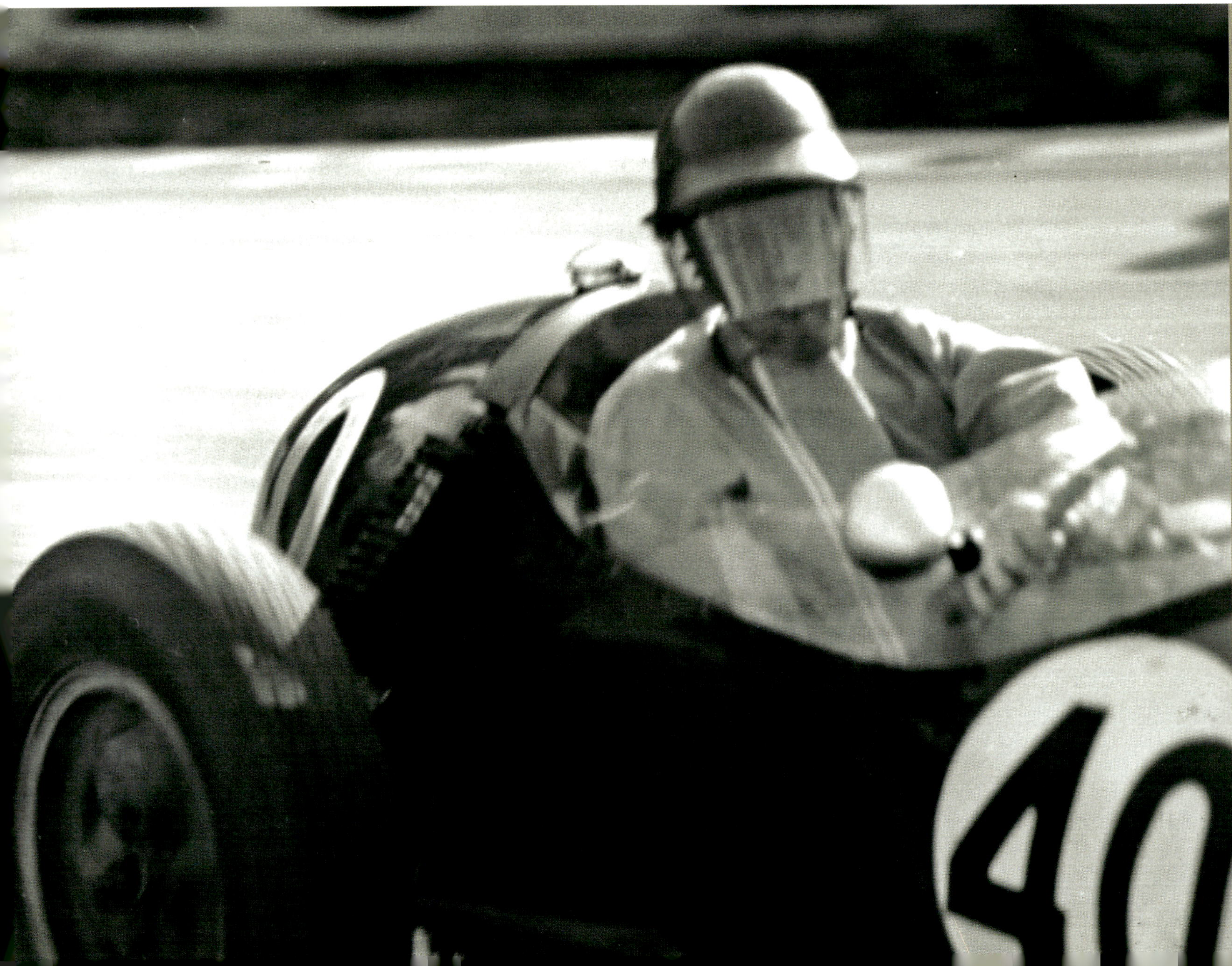

Grand Prix de Spa, 18 mai 1958
1er : Gregory (Lister-Jaguar)
2e : Frère (Aston-Martin DBR 2)
3e : Shelby (Aston-Martin DBR 2)
4e : Bueb (Jaguar D)
5e : Bianchi (Ferrari 250 TR)

mourra le lendemain. Masten gagne sans joie une course qui dès lors ressemble à une sombre procession, devant Paul Frère, Carroll Shelby, Ivor Bueb et Lucien Bianchi.

Après ses victoires de l'année précédente, Brooks revient à Spa avec une grande excitation pour le 19e Grand Prix de Belgique, d'autant plus qu'il a raté le Grand Prix de Spa pour voitures de sport du 18 mai, couru cette année-là le même jour que le Grand Prix de Monaco.

En 1958, le pôle magnétique de la Formule 1 a basculé vers les îles britanniques. Le raccourcissement des courses et l'adoption d'un carburant plus proche de celui du commerce ont ouvert la voie à des monoplaces petites et légères. Quatre écuries officielles anglaises se présentent dans les Ardennes à la mi-juin : BRM, Cooper, Lotus et Vanwall ; alors que l'Italie n'est plus représentée que par Ferrari avec quatre Dino 246, dont une jaune pour Olivier Gendebien, et que les six Maserati inscrites sont privées et garniront le fond de la grille, exceptée celle de Gregory, en quatrième ligne. Pour la glorieuse équipe

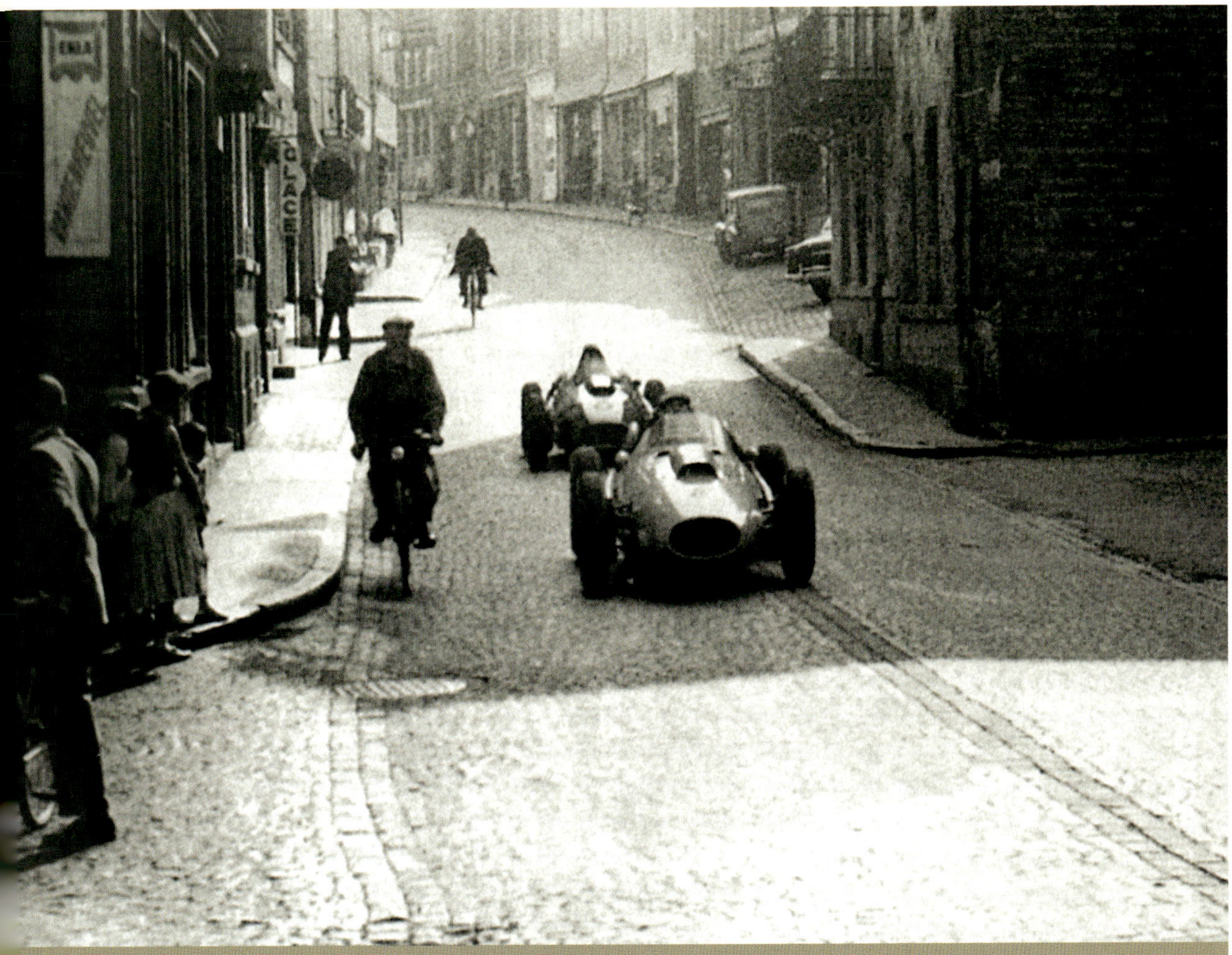

Deux Ferrari Dino, dont la jaune de Gendebien, traverse le village de Stavelot, aux mains des mécaniciens de la Scuderia qui amènent eux-mêmes les voitures sur le circuit avant les essais. (Collection Patrick Sinibaldi)

de Modène, championne du monde un an plus tôt avec Fangio, ce sont bien les derniers sursauts agoniques. Pendant les essais, Ugolini et Bertocchi demandent à Gregory de faire tourner la dernière version de la mythique 250F, une version châssis court appelée "piccolo" et destinée à faire sortir, espèrent-ils, le grand Juan Manuel de sa retraite argentine. Ce dernier reviendra en Europe quinze jours plus tard pour conduire à Reims cette même "piccolo" essayée à Spa… et annoncer son retrait définitif de la compétition.

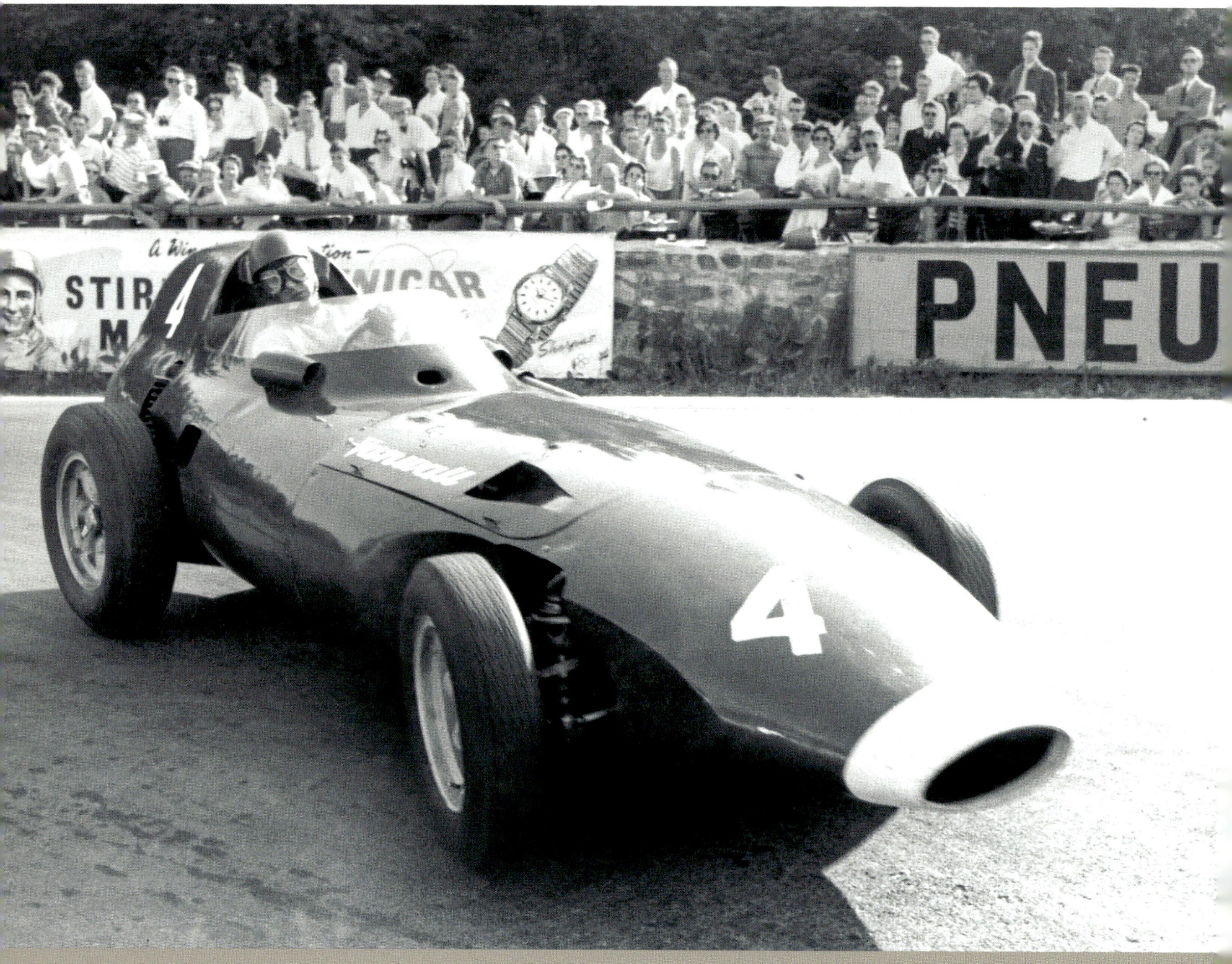

Le vainqueur, Tony Brooks, dans le virage de la Source, sur Vanwall. (Photo Bernard Cahier)

Pour l'heure, c'est du Grand Prix de Belgique dont il s'agit. Mike Hawthorn a réussi le meilleur chrono aux essais, brisant pour la première fois le mur des 4 minutes en 3 minutes 57 secondes 1/10, devant son coéquipier Luigi Musso, mais les Vanwall semblent enfin prêtes à vaincre, avec Moss et Brooks en première et deuxième ligne, les quatre pilotes groupés en moins d'une seconde, contrairement aux habitudes ici. Une Cooper montre même le bout de son petit nez (mais avec le moteur à l'arrière !) en troisième ligne aux mains de Jack Brabham. Pour la première fois, une femme sera

Olivier Gendebien, auteur d'une très belle course, a perdu du terrain et abîmé le nez de sa belle Dino lors d'un contact avec la Vanwall de Lewis-Evans, partie en tête-à-queue devant lui. (Photo Bernard Cahier)

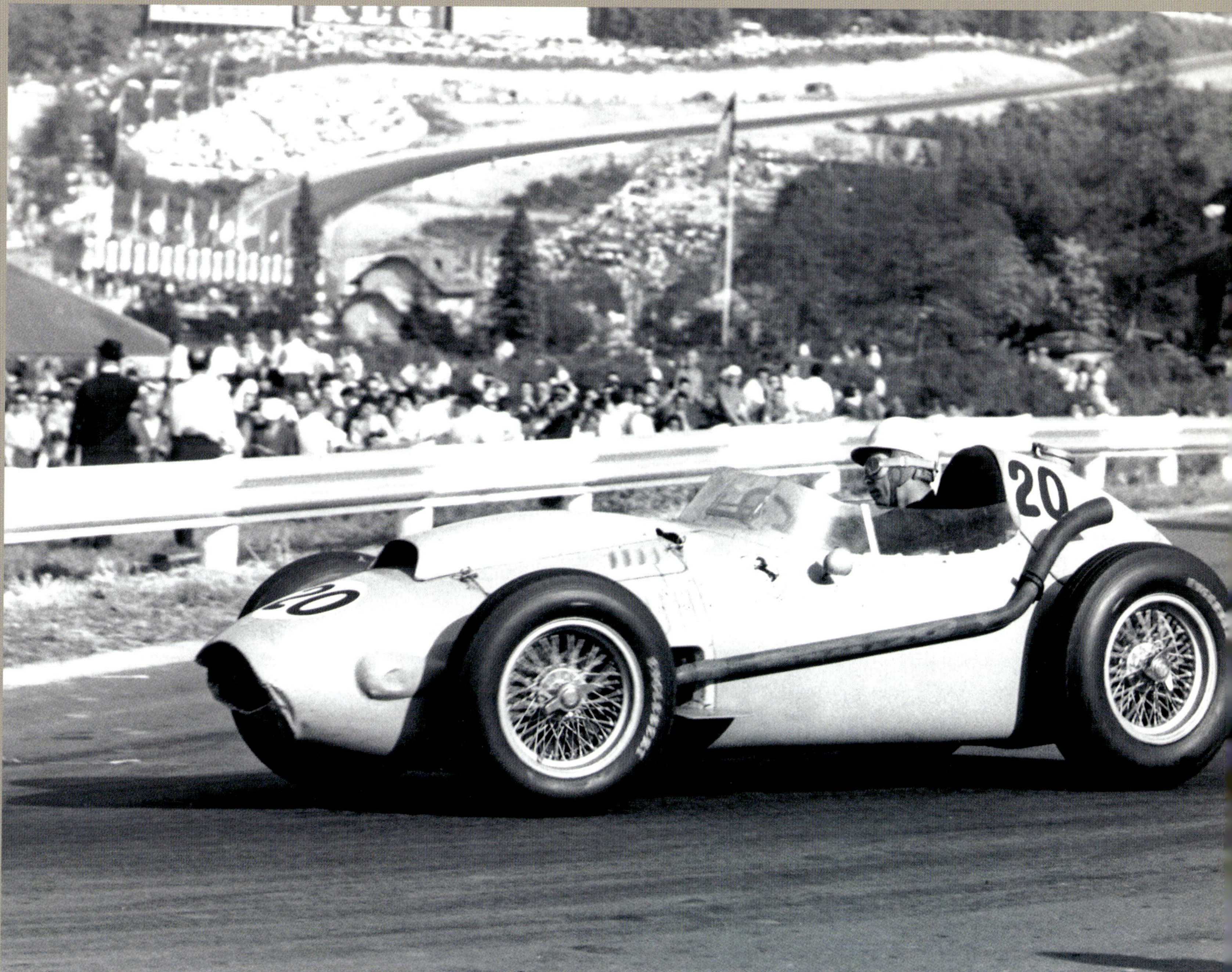

28
28

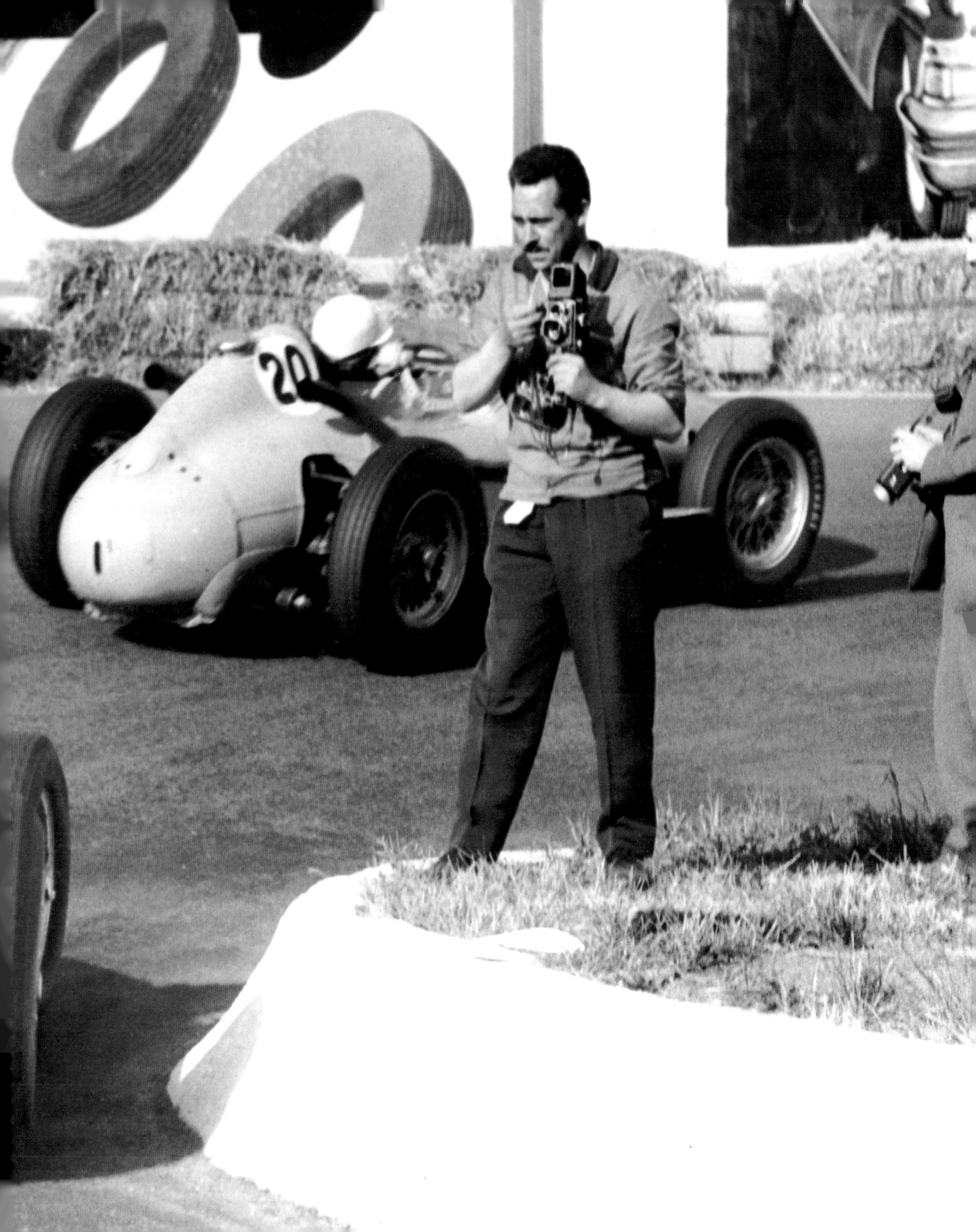
20

Double page précédente
Gendebien et Trintignant à la Source, lors d'une des rares apparitions de Pétoulet sur une Maserati 250 F. (Photo Bernard Cahier)

présente au départ d'un Grand Prix : l'Italienne Maria Teresa De Filippis a glissé son élégante silhouette dans le vaste cockpit d'une Maserati 250F pour faire ses débuts en Grand Prix, sur la piste belge, réputée pourtant pour être un "circuit d'hommes" ! Elle finira sa course, pleine de bravoure et de sagesse, à la dixième place, à deux tours du vainqueur.

Les organisateurs ont décidé de faire courir leur Grand Prix sur vingt-quatre tours seulement. Le départ est un désastre : le panneau deux minutes sorti trop tôt ? Le drapeau noir-jaune-rouge abaissé trop tard dans l'attente de la prise d'antenne de la télévision ? Quand les voitures sont enfin libérées, l'eau dans les radiateurs et les cerveaux sous les casques sont à ébullition : Gregory grille son moteur dès le premier tour ; Moss, parti en tête, rate une vitesse et plie une soupape au deuxième ; Collins, radiateur à sec, casse son moteur au cinquième ; Behra, pression d'huile à zéro, s'arrête au sixième tour. Musso détruit totalement sa Dino au virage Holowell. Il réapparaît tel un zombie au milieu des débris de sa défunte voiture qui jonchent la piste aux abords de Stavelot, indemne. Funeste présage ou dernière magnanimité du destin ? La mort attend le flamboyant Romain quinze jours plus tard, à Reims, au bout du virage du Calvaire.

Hawthorn a cru un moment que la voiture détruite à Stavelot est celle de son "ami Mate" Peter Collins. Démobilisé, il ralentit considérablement l'allure. Lorsqu'il comprend que c'est de Musso qu'il s'agit, qui s'est sorti, qui plus est, sain et sauf de cet accident, il repart à l'attaque. La fin de la course est animée par les duels qui opposent Brooks à Hawthorn et Gendebien à Stuart Lewis Evans, le troisième homme de Vanwall, qui, emporté par sa fougue, emboutit la Dino jaune du Belge à la Source. Ce dernier repart et finit sixième. Le dentiste volant est magnifique au volant de cette Vanwall pas facile à tenir dans les courbes ultrarapides de Spa. La foule retient son souffle, un œil sur la piste baignée de soleil et l'autre sur le cornet de frites, noyées de mayonnaise. L'arrivée est ahurissante : Brooks passe en tête la ligne d'arrivée, en roue libre, boîte bloquée, sur l'élan de la descente depuis le virage de la Source à la sortie duquel Hawthorn, qui suit, perce un piston de sa belle Dino et passe sous les damiers dans un nuage de fumée, moteur cassé ! Un triangle de suspension avant de la Vanwall de Lewis-Evans casse dans les derniers mètres, suite sans doute à l'accrochage avec Gendebien, et la voiture anglaise finit les derniers mètres suspension affaissée. Enfin, la Lotus 12 de Cliff Allison, pot cassé, sort comme une torpille de la Source pour offrir aux voitures de Colin Chapman leurs trois premiers points. Heureusement qu'on a couru sur vingt-quatre tours seulement !

Résultat

1er : Brooks (Vanwall) en 1 heure 37 minutes 6 secondes 3/10 à 209,090 km/h
2e : Hawthorn (Ferrari) à 19 secondes
3e : Lewis-Evans (Vanwall) à 3 minutes 1 seconde
4e : Allison (Lotus) à 4 minutes 15 secondes
5e : Schell (BRM), à 1 tour
6e : Gendebien (Ferrari), à 1 tour
7e : Trintignant (Maserati), à 1 tour
8e : Salvadori (Cooper), à 1 tour
9e : Bonnier (Maserati), à 2 tours
10e : De Filippis (Maserati), à 2 tours
Meilleur tour en course par Hawthorn (Ferrari) en 3 minutes 58 secondes 3/10, à 213,013 km/h

Abandons

- Gregory (Maserati) au 1er tour, moteur
- Moss (Vanwall) au 2e tour, soupape
- Seidel (Maserati) au 5e tour, train arrière
- Behra (BRM), pression d'huile ; Collins (Ferrari), moteur ; Musso (Ferrari), accident au 6e tour
- Hill Graham (Lotus) au 12e tour, moteur
- Brabham (Cooper) au 17e tour, moteur
- Godia (Maserati) au 22e tour, moteur

1959

Le public belge est privé de Grand Prix de Formule 1, cette année encore, pour des problèmes de gros sous. Le Grand Prix de Spa constitue donc le sommet de la saison ardennaise. Il est réservé cette fois aux voitures de sport jusqu'à 1 500 cm³ de cylindrée.

Les spyders Porsche RSK sont les favoris de l'épreuve, aux mains de Paul Frère, Christian Goethals, Bino Heins et Carel Godin de Beaufort, de même que l'Osca de l'Argentin Alessandro de Tomaso.

Un accrochage en haut du raidillon dès le départ provoque une coupure entre les deux premiers, Frère et de Tomaso, et le reste des concurrents. Le jeune Brésilien Heins, en voulant effectuer un dépassement, a envoyé sa RSK contre le mur de protection, à l'extérieur du raidillon. La voiture s'est retournée, provoquant la panique générale derrière elle.

Frère creuse une avance de 15 secondes sur l'Osca, mais, alors qu'il remonte vers la Source, son moteur perd un cylindre. Il abandonne, vilebrequin cassé. De Beaufort, bien revenu, reprend alors la lutte pour les voitures argentées, sa RSK et l'Osca prenant tour à tour la première place jusqu'à ce que de Tomaso s'arrête, radiateur crevé, à son stand dans un nuage de vapeur, enlevant tout suspens à la fin de course. Le géant hollandais gagne devant l'Osca d'Elisabeth Haskell, Walter impose sa Porsche en GT alors que les Alfa de King et Consten ont fait de belles démonstrations en course.

Mike Hawthorn sort de la Source. Il sera bientôt le premier Britannique champion du monde. (Archives Rickartz-Völker)

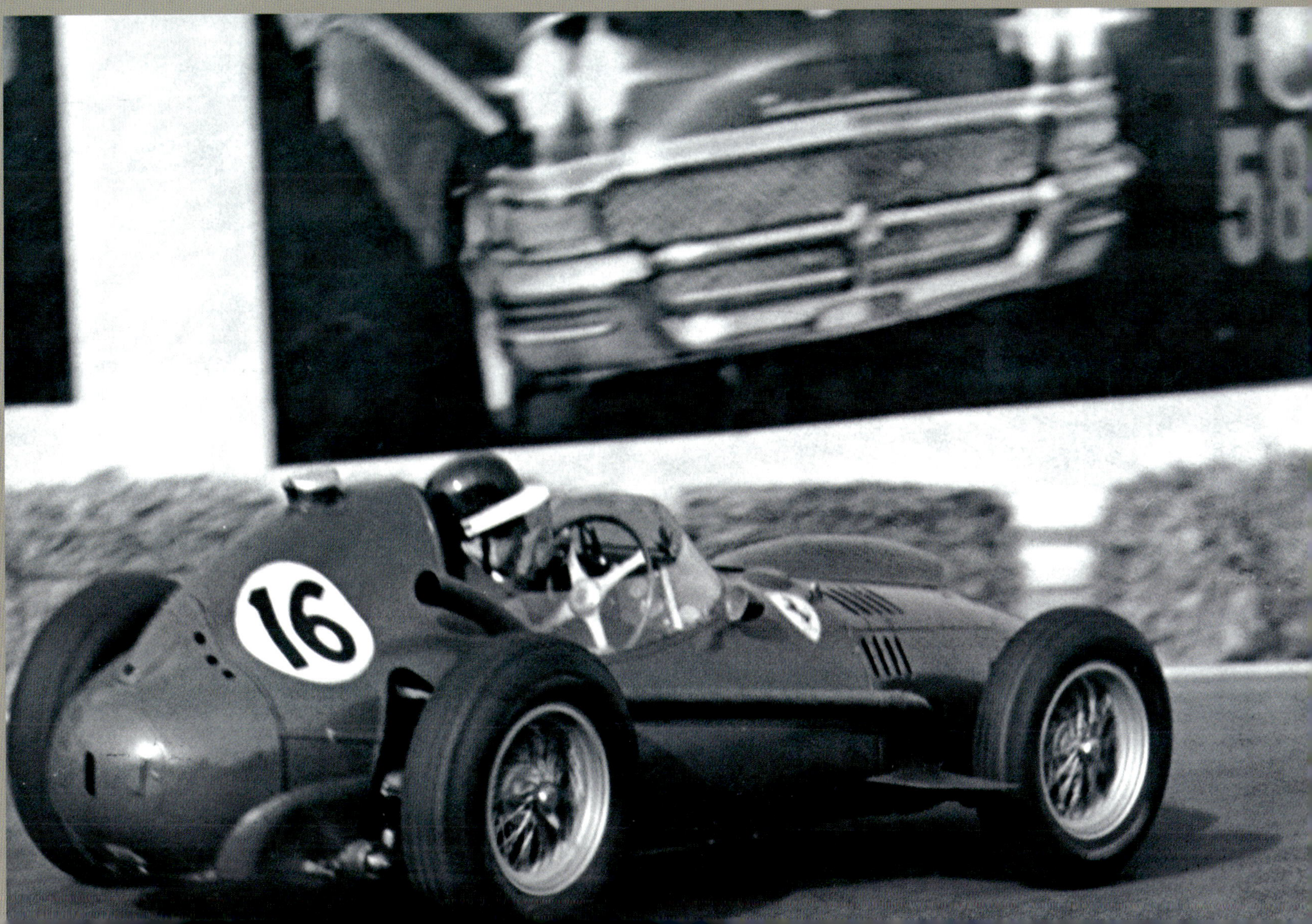

CLARK : SPLENDEUR À SPA-FRANCORCHAMPS

Aucun pilote n'a gagné autant de fois que l'écossais Jim Clark sur le mythique circuit belge. Dans ces grandioses arènes, il a vaincu les gladiateurs, lui, l'artiste au toucher magique, et leur a imposé sa classe quasi surnaturelle. "Spa-Francorchamps fait la différence entre les petits garçons et les hommes", disait Dan Gurney.

Certes, la bravoure était une qualité nécessaire pour affronter le vieux tracé de Spa-Francorchamps, mais elle n'était pas suffisante pour s'y imposer. L'art du pilotage, poussé à son plus haut degré d'exigence, alliage léger de vélocité et de précision, était indispensable à qui souhaitait graver son nom sur la liste sans taches des vainqueurs de cette annuelle bataille des Ardennes : Juan Manuel Fangio, par trois fois, Nino Farina et Alberto Ascari, chacun deux fois, Peter Collins, Tony Brooks, Jack Brabham, Phil Hill, John Surtees, Dan Gurney, Bruce McLaren, Pedro Rodriguez... Jimmy Clark, lui, s'est imposé quatre fois de rang. Clark Imperator, tel César, est venu, a vu, a vaincu.

Il est venu pour la première fois en 1958, lors du Grand Prix de Spa pour voitures de sport qui, nous l'avons dit, constitue le fil rouge de notre travail. Jeune pilote inexpérimenté, il participe alors à sa première épreuve sur le continent, et quelle épreuve ! Il passe directement des courses de clubs à une épreuve de niveau international, des petites cylindrées aux grosses sport, des petits circuits tracés sur des aérodromes désaffectés à un vrai circuit routier, long et dangereux. On pouvait rêver d'un rite de passage un peu moins brutal pour un jeune fermier écossais, peu confiant en son talent et pas encore vraiment convaincu d'avoir trouvé sa voie dans la conduite de voitures de course. Ce 18 mai 1958 le marquera à jamais, comme il l'écrivit bien plus tard dans ses mémoires (*Jim Clark at the Wheel*, Arthur Baker Limited, Londres) dont voici quelques extraits :

"Ian Scott-Watson (chef de l'écurie écossaise des Border Reivers, ndl) vint me voir un des derniers jours d'avril et m'annonça qu'il avait engagé la D-type à Spa, en Belgique. [...] Il s'agissait d'une course formidable et voilà que j'étais dans le coup. [...] Je n'étais jamais allé à Spa et j'avais seulement entendu dire que le circuit était rapide. Si j'avais su quel genre de piste c'était, je me serais certainement abstenu, surtout à mes débuts, car je manquais de confiance en mes capacités. [...] Nous partagions à Malmédy le même garage que l'écurie Écosse. Masten Gregory, qui pilotait la Lister-Jaguar de l'écurie Écosse était mon héros à cette époque. Je me rappelle qu'il ne faisait vraiment qu'un avec la grosse Lister qu'il conduisait magistralement. [...] Je sais maintenant qu'Archie Scott Brown et Masten Gregory avaient pris la tête avec leurs Lister-Jaguar engagées dans une terrible bataille, mais j'étais trop absorbé par l'effrayant problème que me posait ma D-type pour m'en préoccuper beaucoup. Je ne me sentais pas à l'aise. Je n'ai pas honte d'admettre que j'ai eu peur du début à la fin. J'étais effrayé de sentir ma voiture

Clark, à l'attaque, fixe l'objectif lors du GP de Belgique 1965. (Photo Bernard Cahier)

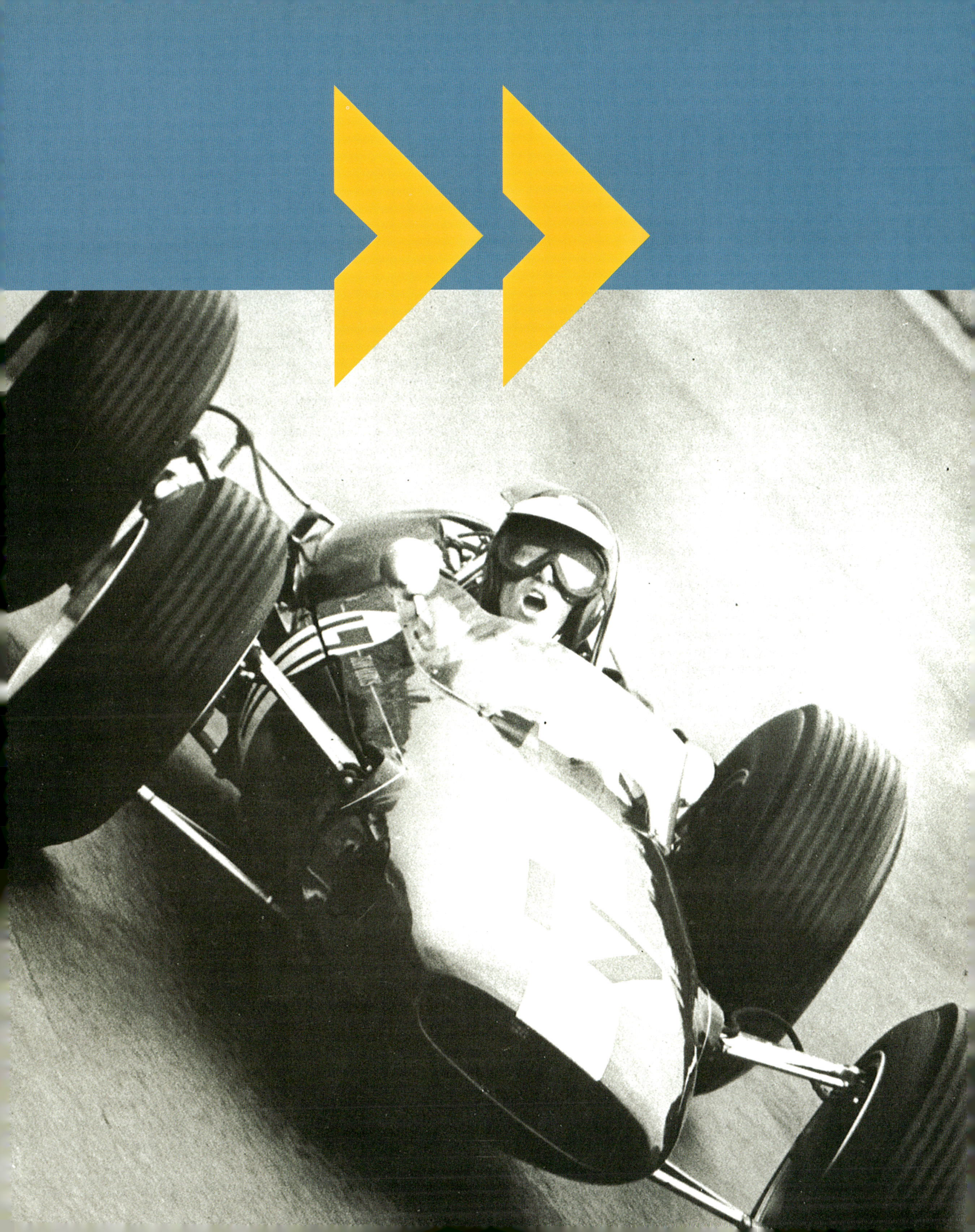

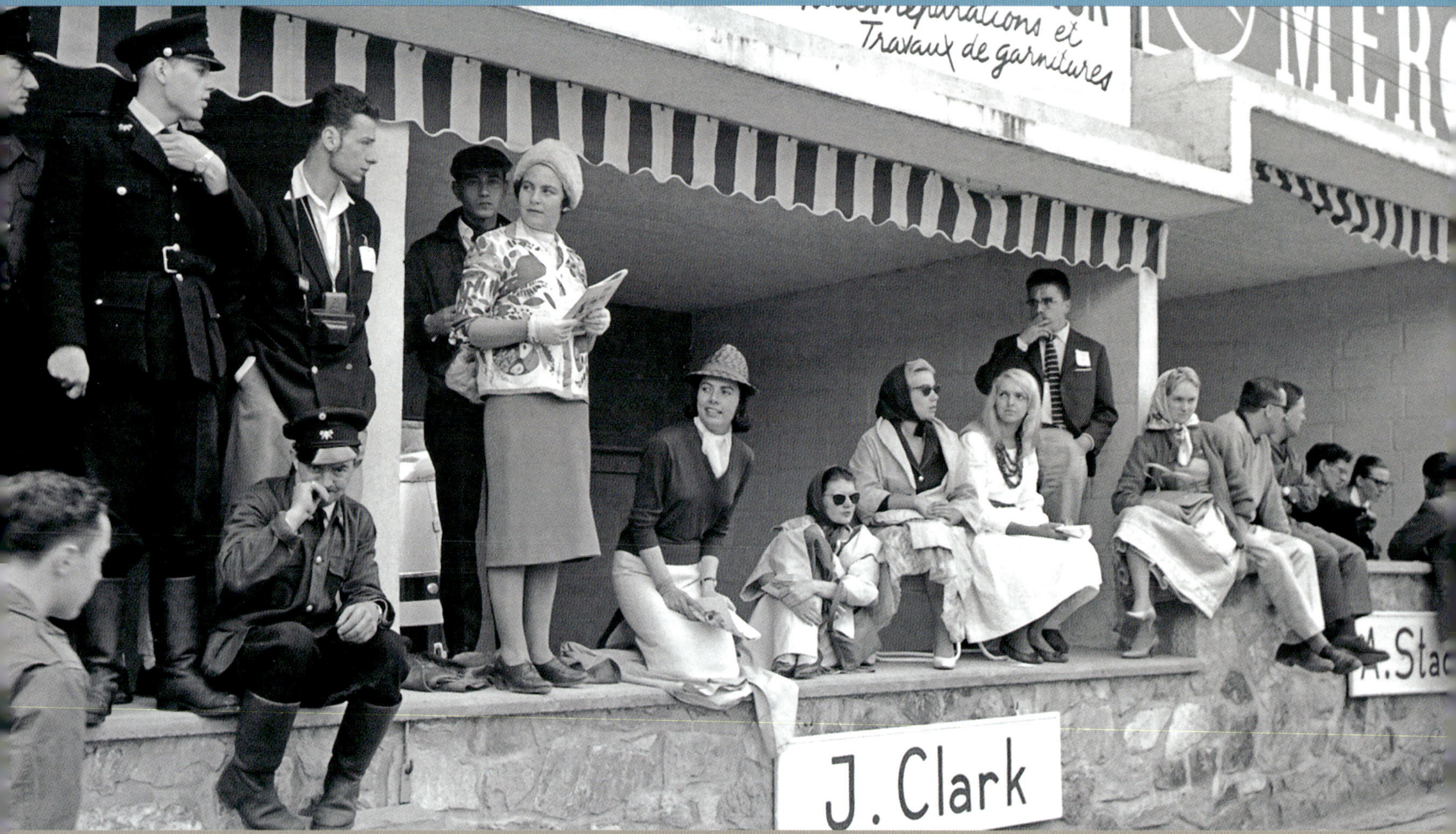

Les stands Lotus pendant les essais : le nom de Jim Clark vient d'apparaître sur les listes d'engagés en Grand Prix, celui de Stacey va en disparaître. (Archives Rickartz-Völker)

glisser et dériver et je ne me concentrais pas trop sur ce qui se passait derrière moi. […] J'atteignais le virage de Burnenville lorsque soudain j'ai entendu un hurlement terrible, un souffle de vent, toute ma voiture a tremblé et Masten Gregory est passé comme une torpille. Il était nettement en tête, sa Lister dérapait continuellement, lui, les bras croisés, se battant avec son volant. Je me souviens avoir ressenti un véritable choc et pensé : Si c'est ça la course, j'arrête tout de suite. Cela m'a totalement découragé. Je n'avais jamais pensé que l'on pût conduire aussi vite." En 1958 donc, Clark est venu. En 1960 et 1961, il a vu. Ensuite, il va vaincre, quatre fois.

1960

En 1960, pour son deuxième Grand Prix, il est chez Lotus, où le climat est à l'inquiétude, sinon à l'angoisse parmi les pilotes pendant les essais : Moss est sorti à Burnenville, moyeu de roue arrière cassé, et Michael Taylor a fait un tout droit presque au même endroit sur rupture de la colonne de direction. Si ce dernier s'en est sorti indemne physiquement, il ne retentera plus jamais sa chance en Grand Prix. Stirling, lui, est à l'hôpital, nez cassé et plusieurs côtes fracturées, un prix minimum pour une cabriole qui aurait pu être mortelle. Les deux miraculés étaient au volant d'une voiture de Colin Chapman qui, du coup, rappelle ses voitures d'usine. Après examen, seule celle de Clark est saine. Celles de Stacey et d'Ireland présentent des moyeux à demi-fêlés ou au bord de la rupture. Clark, encore hanté par son premier contact avec la vieille piste ardennaise deux années plus tôt, n'en mène pas large. Il se pose des questions quant à la fiabilité du matériel mis à sa disposition. Pendant la course, il navigue parmi les derniers avec son coéquipier Alan Stacey et Chuck Daigh sur la Scarab. Horrifié, il vit en direct l'accident mortel de Chris Bristow, dont la Cooper de la Yeoman Credit, en pleine bagarre avec la Dino de Mairesse, sort trop large à Burnenville, heurte un mur et rebondit sur un poteau. Peu après, Alan Stacey, croisant à haute vitesse dans la descente de Masta, reçoit un oiseau en plein visage. Sa Lotus sort de la piste, percute un talus et prend feu. Alan est mort sur le coup. Un accident semblable arrivera à Jim Clark en 1966 lors des essais du Grand Prix de l'ACF à Reims, l'obligeant à renoncer à la course, remplacé au pied levé par Pedro Rodriguez. Le jeune Jimmy, qui court son deuxième Grand Prix de Formule 1, est marqué psychologiquement par ces deux drames. Il termine péniblement à une prudente et lointaine cinquième place.

Pour ce 20e Grand Prix de Belgique, les organisateurs avaient pris plusieurs décisions : limiter à quinze le nombre de partants, refusant ainsi l'inscription de plusieurs écuries, dont l'Anglo-American et la Scuderia Centro-Sud, réduire les primes de départ et augmenter le temps de course en portant la longueur de celle-ci à 500 kilomètres.

Dix-sept voitures seront finalement admises sur la grille, à l'arrière de laquelle les belles mais lourdes Scarab qui participent à leur premier Grand Prix. Le ciel est gris, le plafond est bas alors que les pilotes s'installent dans leur cockpit. Onze d'entre eux n'ont encore jamais affronté le monstre, et la tension est palpable depuis les accidents des essais.

Au premier passage, la Cooper de Brabham emmène un petit groupe déjà détaché, Ireland et ses damiers devant Phil Hill, casque blanc, suivi de McLaren, Gendebien et les BRM de Graham Hill et Jo

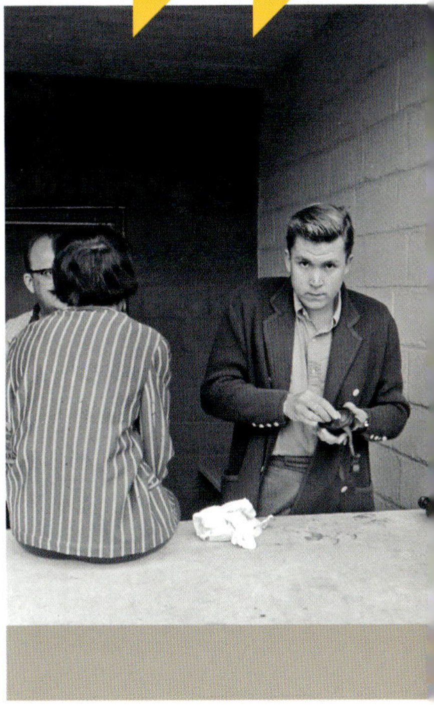

Lance Reventlow, patron-pilote de l'équipe Scarab ; la vie d'un riche héritier dans le monde très rustique de la Formule 1. (Archives Rickartz-Völker)

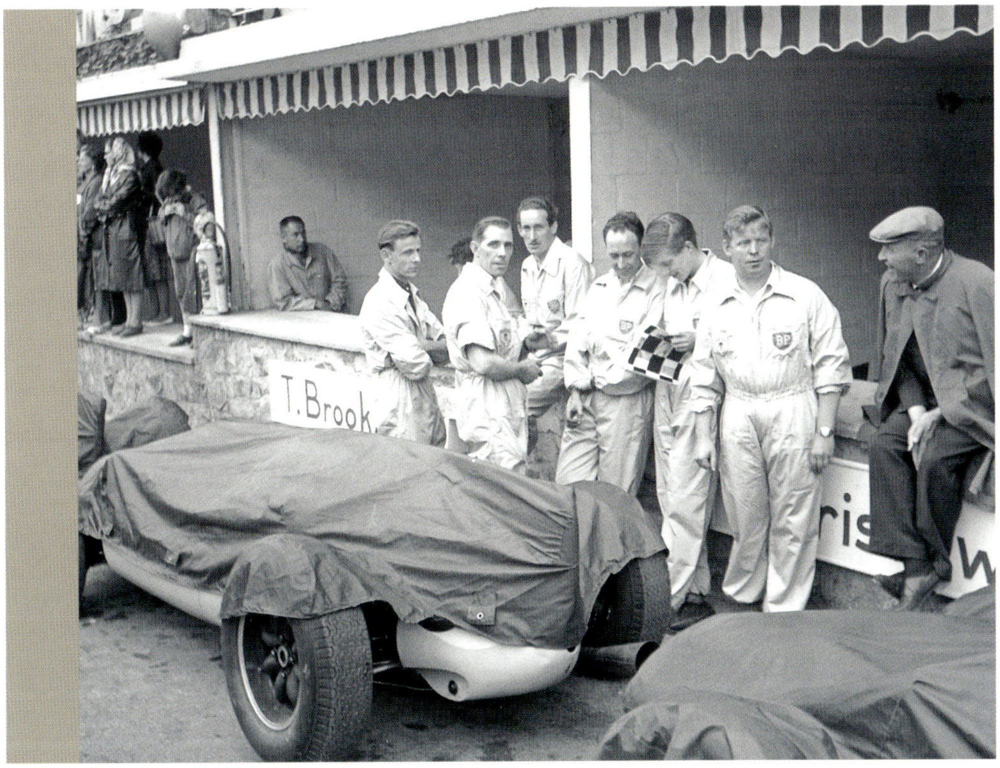

Les stands de l'écurie Yeoman Credit ; la vie des mécanos de course, entre attente et travail harassant. (Archives Rickartz-Völker)

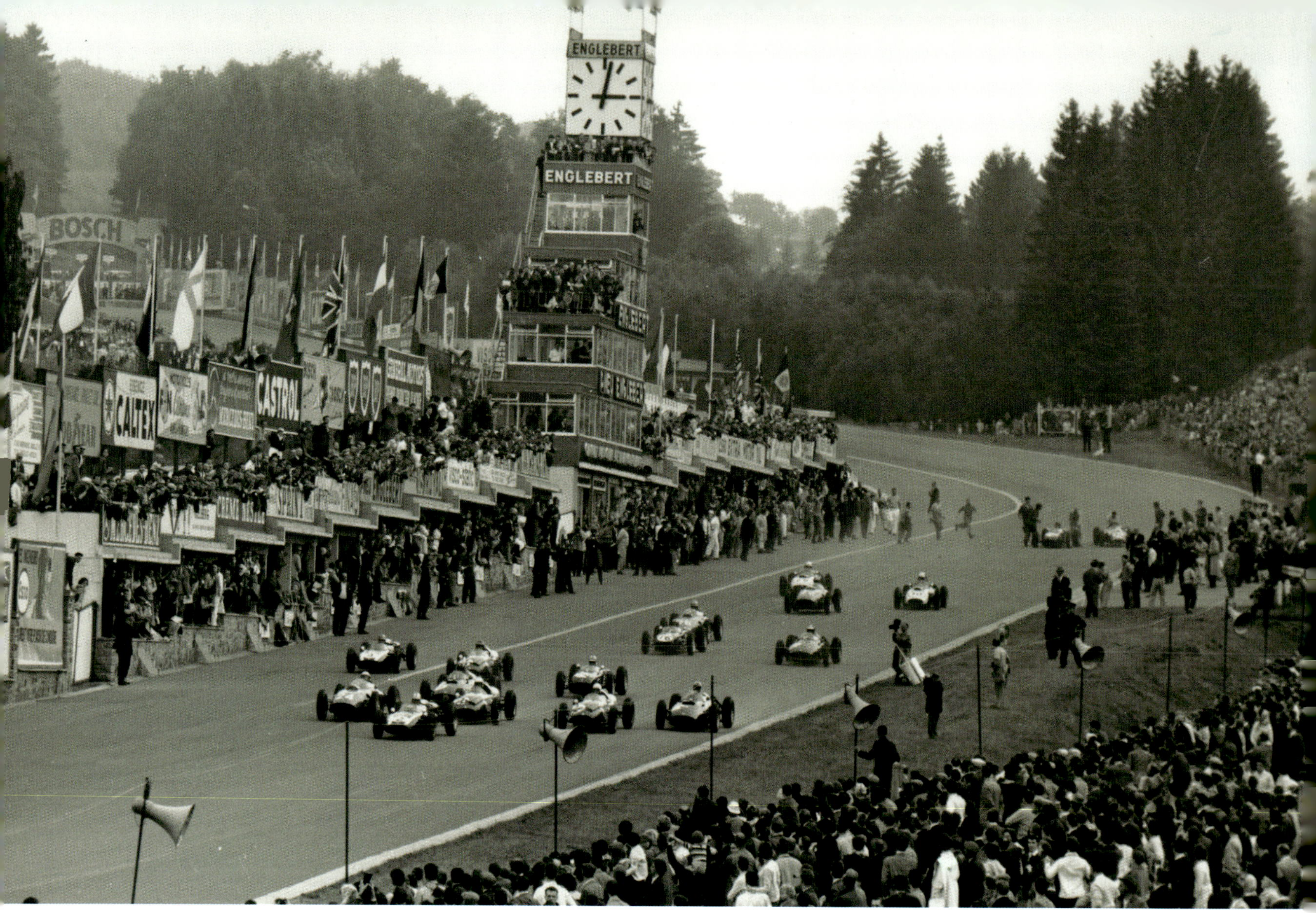

15 heures à l'horloge de la belle tour Englebert : le départ d'un des plus sombres grands prix de l'histoire est donné. (Photo Bernard Cahier)

Cette photo rend particulièrement bien ce que Spa-Francorchamps pouvait avoir d'austère, voire d'oppressant sous le plafond bas d'un ciel plombé. À la fin de ce premier tour, on reconnaît quelques-uns de nos héros, grâce à leur monture et grâce à leur casque : Black Jack mène la ronde devant Innes et ses damiers, Phil et son habituel casque blanc à visière, suivis de Bruce, Olivier et les deux BRM, aux mains de Graham et Joakim. (Collection Patrick Sinibaldi)

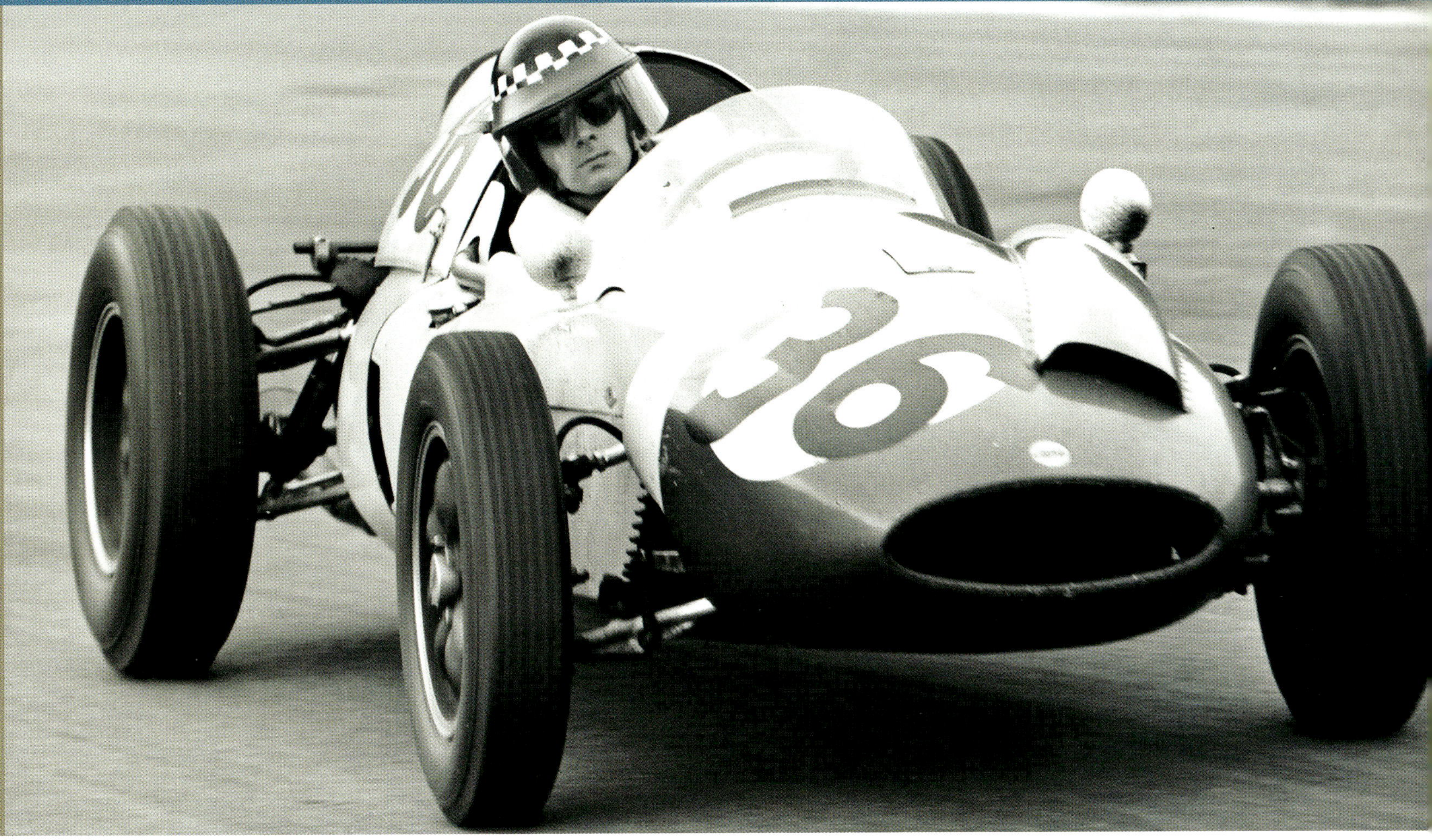

Résultat

1er : Brabham (Cooper) en 2 heures 21 minutes 37 secondes 3/10
2e : McLaren (Cooper) à 1 minute 3 secondes
3e : Gendebien (Cooper), à 1 tour
4e : Phil Hill (Ferrari), à 1 tour
5e : Clark (Lotus), à 2 tours
6e : Bianchi (Cooper), à 8 tours
Meilleur tour en course par Brabham, Phil Hill et Ireland à 217,960 km/h

Abandons

- Reventlow (Scarab) au 2e tour, moteur
- Brooks (Cooper) au 4e tour, boîte de vitesses
- Gurney (BRM) au 5e tour, moteur
- Ireland (Lotus) au 14e tour, moteur
- Bonnier (BRM) au 15e tour, moteur
- Daigh (Scarab) au 17e tour, moteur
- Bristow (Cooper) au 20e tour, accident
- von Trips (Ferrari) au 23e tour, embrayage
- au 25e tour Stacey (Lotus), accident, et Mairesse (Ferrari), transmission
- Graham Hill (BRM) au 36e tour, moteur

Bonnier. Le champion du monde australien va dominer cette course, laissant les deux Hill se battre pour la deuxième place. Ils doivent tous deux s'arrêter aux stands, Graham, malchanceux, abandonnant dans l'avant-dernier tour. McLaren et Gendebien, ce dernier en panne de boîte dans le dernier tour, complètent le triomphe de Cooper. Six voitures seulement sont classées, et encore, par "protection du jury" la Cooper du troisième régional, Lucien Bianchi, finissant à huit tours. Luciano marque son premier point en championnat du monde et les esprits : il a réparé lui-même un cardan défectueux pour pouvoir finir !

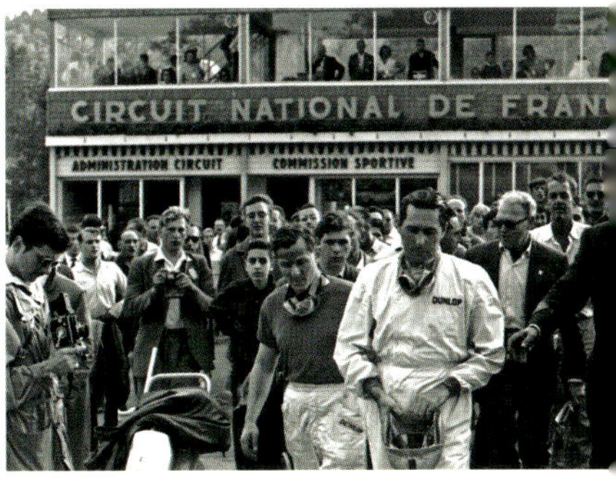

Après l'arrivée de ce tragique Grand Prix de Belgique 1960, Brabham et McLaren ne savourent pas le doublé des Cooper. (Photo Bernard Cahier)

En haut
Le "férocement rapide" Chris Bristow, peu de temps avant son fatal accident. (Photo Bernard Cahier)

1961

En 1961, parti en fond de grille, Jim Clark effectue un long arrêt aux stands pour réparer sa commande de vitesses. Il finit à six tours des mousquetaires de la Scuderia, dernier quadruplé en Formule 1, dans l'ordre préétabli par Romolo Tavoni : Phil, Taffy, Richie, sur les trois P 156 rouges, dites Sharknose et Olivier, sur la quatrième, superbement jaune mais moins puissante que celles de ses camarades de jeu car équipée du V6 à 65°.

Bandini débute sur une Cooper-Maserati de la Centro-Sud. Cliff Allison, de retour après son accident de Monaco la saison précédente, est sorti violemment à Blanchimont pendant les essais. Éjecté de la

Les Porsche de Carel Godin de Beaufort, Dan Gurney et Jo Bonnier. Seules les Porsche offraient au grand Carel et à son opulente physionomie un habitacle suffisant ! (Collection Bernhard Völker)

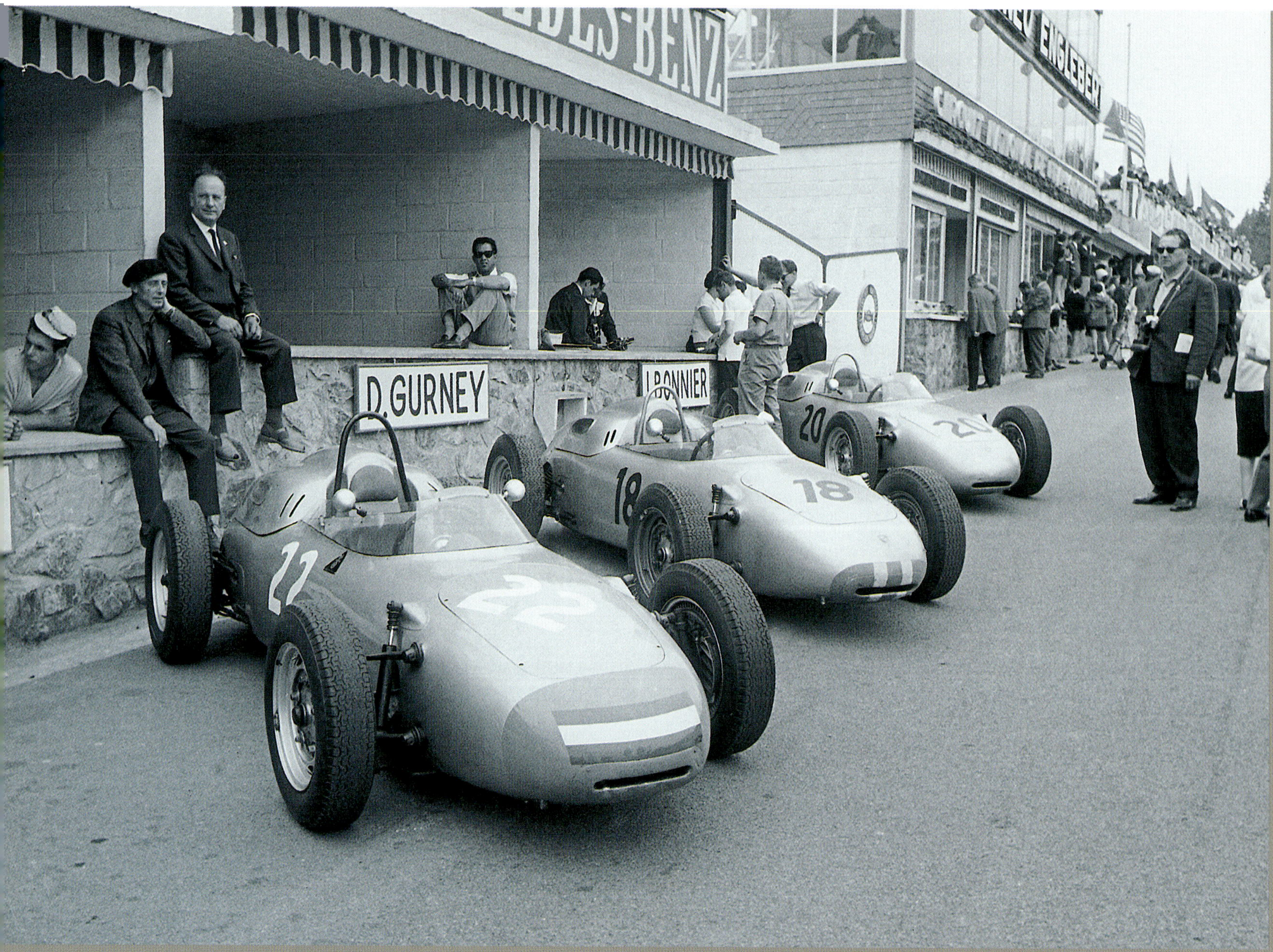

Résultat

1er : Phil Hill (Ferrari) en 2 heures 3 minutes 3 secondes 8/10, à 206,235 km/h
2e : Von Trips (Ferrari) à 7/10 secondes
3e : Ginther (Ferrari) à 19 secondes 5/10
4e : Gendebien (Ferrari) à 45 secondes 6/10
5e : Surtees (Cooper)
6e : Gurney (Porsche)
7e : Bonnier (Porsche)
8e : Moss (Cooper)
9e : Lewis (Cooper), à 1 tour
10e : Gregory (Cooper), à 1 tour
11e : De Beaufort (Porsche), à 2 tours
12e : Clark (Lotus), à 6 tours
13e : Brooks (BRM), à 6 tours
Meilleur tour en course : Ginther (Ferrari) à 211,676 km/h.

Abandons

- Mairesse (Lotus) au 8e tour, moteur
- McLaren (Cooper) au 9e tour, carburation
- Ireland (Lotus), moteur ; Bianchi (Cooper), rupture de canalisation d'huile au 10e tour
- Brabham (Cooper) au 12e tour, moteur
- Bandini (Cooper-Maserati) 20e tour, moteur
- Trintignant (Cooper-Maserati) 23e tour, transmission
- Graham Hill (BRM) 24e tour, moteur

Lotus 18 vert pistache de l'UDT-Laystall, il se brise les deux jambes et aura des complications neurologiques qui mettront un triste terme à sa carrière, ce qui ne va rien ajouter au prestige de la piste de Spa aux yeux du jeune Jimmy. Ce dernier garde, depuis ses deux premières apparitions en terre belge, du ressentiment pour ce circuit où, dira-t-il plus tard, il a perdu trop d'amis.

Pour le reste, la chaleur lourde, adoucie par une averse en fin de course, la surprenante vélocité de ces "petites" formules 1 de 1,5 litre de cylindrée, Graham Hill encore malchanceux (casse moteur au vingt-quatrième tour alors qu'il était en bagarre avec la Cooper de Surtees pour la place de consolation derrière les Ferrari) et la course anonyme des Porsche sont les autres faits marquants de ce 21e Grand Prix de Belgique sans surprise.

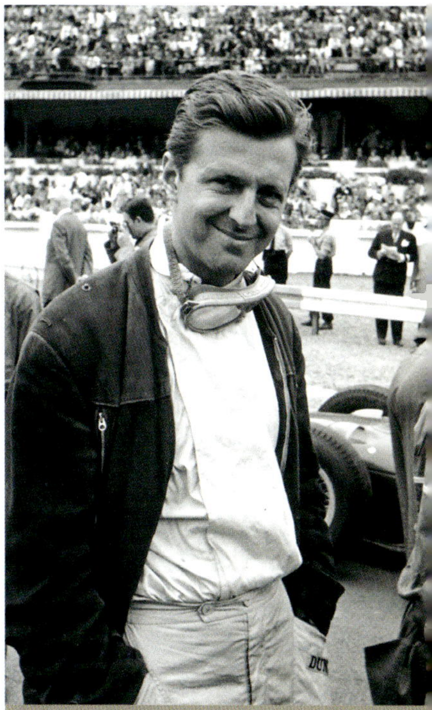

Un des mousquetaires de la Scuderia : Wolfgang von Trips, que ses coéquipiers disparus Hawthorn et Collins avaient surnommé "Taffy", un sobriquet qui lui est resté. (Collection Bernhard Völker)

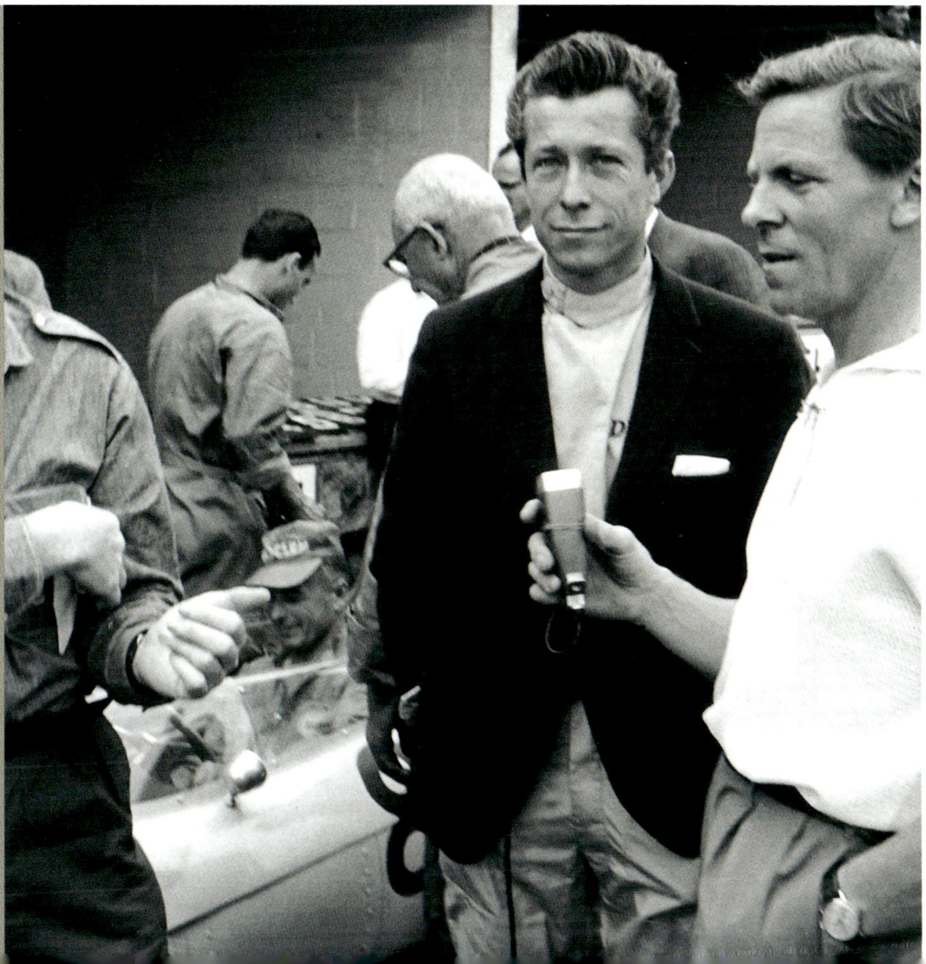

Tel d'Artagnan, Olivier Gendebien s'est joint aux trois autres pour livrer bataille, sur la P 156 au V6 à 65 degrés, peinte en jaune pour l'occasion. Il est interviewé par Paul Frère, lui aussi ancien pigiste de luxe de Ferrari à Spa (quatrième en 1955, deuxième en 1956). (Collection Bernhard Völker)

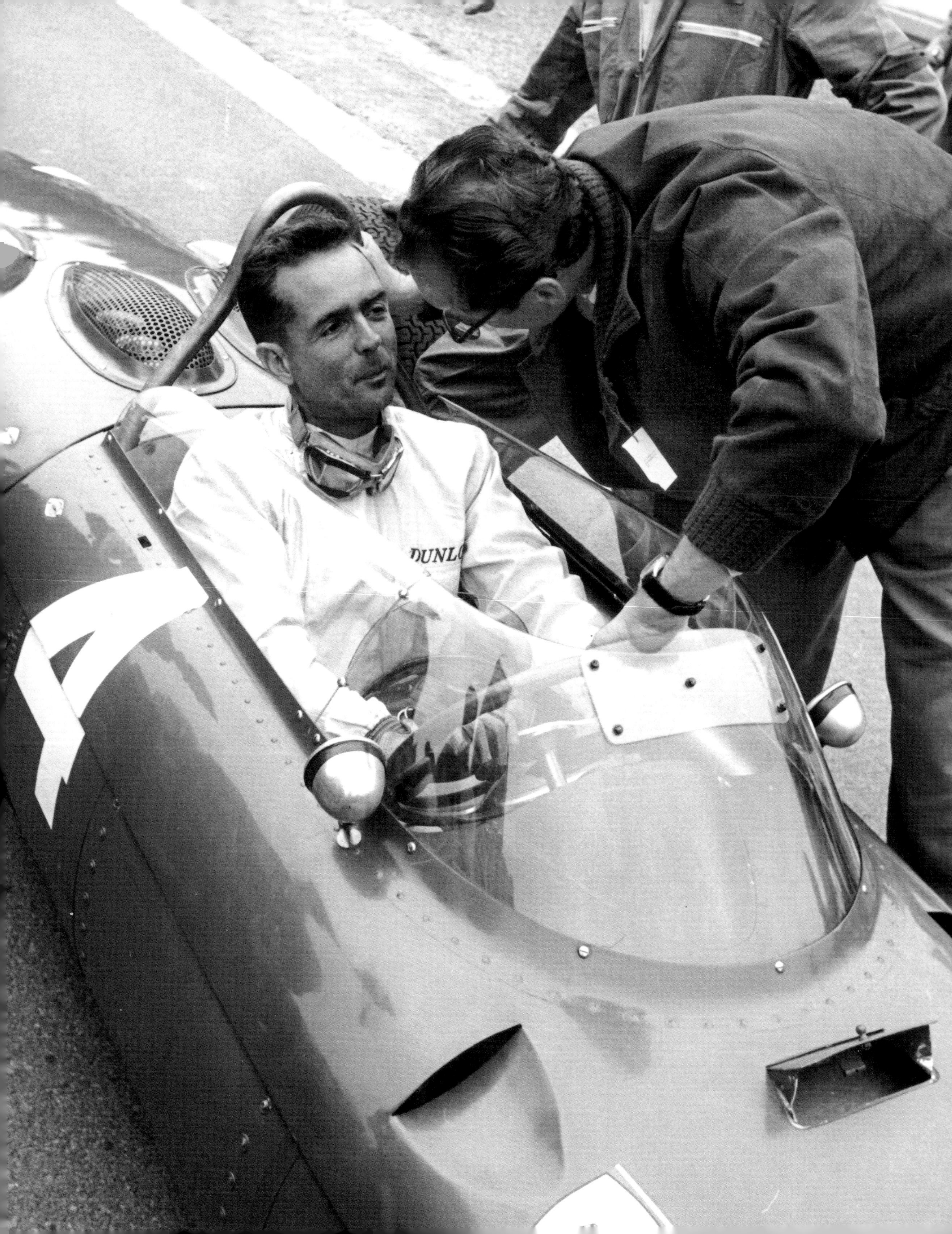
DUNLO

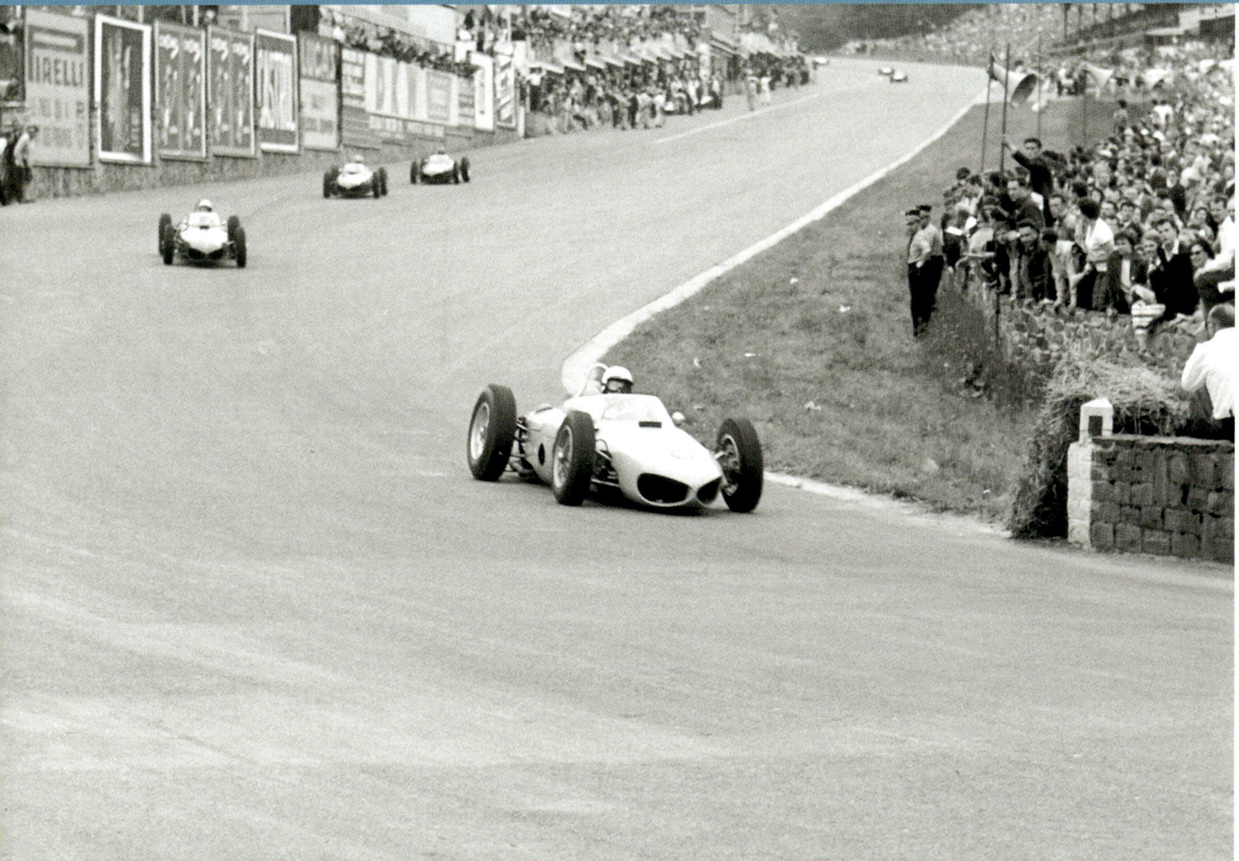

Les quatre, pendant le début de course, Olivier devant. (Collection Bernhard Völker)

Page de gauche
Phil Hill, dans la "Sharknose", discute avec Carlo Chiti. (Collection Bernhard Völker)

Phil Hill et Richie Ginther sur le podium ; moins de dix ans plus tôt, ils travaillaient ensemble à l'International Motors de Roger Barlow, sur Sunset Boulevard, vendant de très belles voitures à Gary Cooper, Clark Gable et autres stars du cinéma, en compagnie de Bernard Cahier, auteur de cette photo ! (Photo Bernard Cahier)

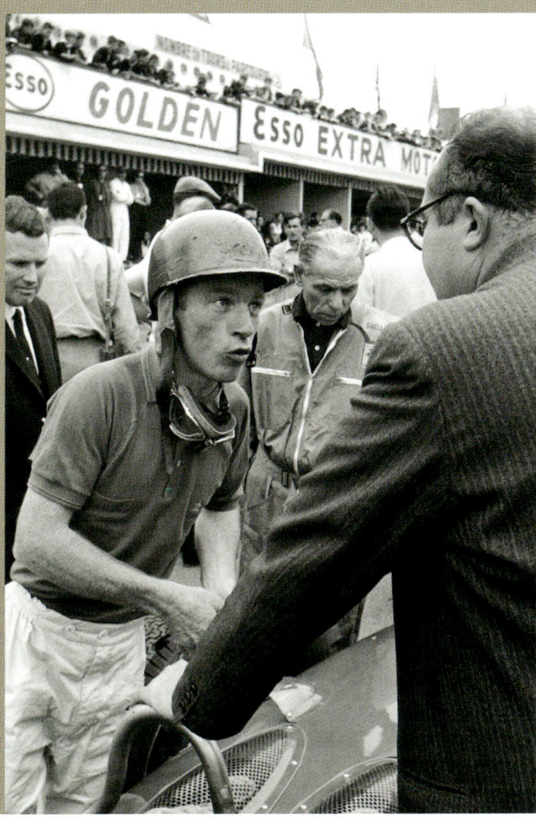

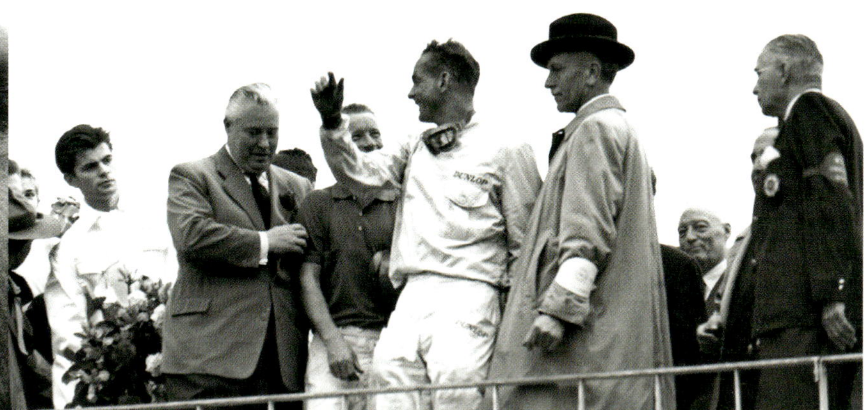

Richie Ginther, le troisième mousquetaire, avec le même Chiti. (Collection Bernhard Völker)

1962

Il est venu, il a vu, il a vaincu, Clark Imperator, sur des terres hostiles : vaincu la peur de ses débuts, qu'il a avouée sans honte ; vaincu ses adversaires ; et vaincu cette piste où il va s'imposer quatre fois de suite après son premier succès en Grand Prix de Formule 1 lors de ce 17 juin 1962.

Ce jour-là, Jim Clark va définitivement affirmer son immense talent sur la piste qu'il craint le plus. Pourtant, les essais se sont mal passés. Le nouveau moteur Climax ne donne pas le rendement escompté, la distribution casse lors des essais et est renvoyée en Angleterre pour réparations. L'Écossais se retrouve en cinquième ligne au terme des séances de qualification, en compagnie de la belle et toute nouvelle Lola de John Surtees et de la Porsche orange du grand Carel Godin de Beaufort. Deux heures avant le départ, on peut entendre le V8 Climax hululer entre Stavelot et la Source et rentrer aux stands pour tenter enfin de le régler. On trouve encore quatre Ferrari sur la grille, mais elles ne jouent plus les premiers rôles. Phil, Willy et Ricardo Rodriguez partagent les deuxième et troisième lignes avec les Lotus vert pomme de l'UDT-Laystall aux mains d'Ireland et de Gregory. Les BRM semblent enfin prêtes à vaincre. Graham a réussi le meilleur chrono des essais.

Le départ est donné dans un nuage de morceaux de chiffon, utilisés pour caler les voitures sans avoir à utiliser le frein à main. Quatre minutes à attendre alors que retombent les fumées d'échappement et le silence sur l'écrasante majesté de la forêt ardennaise. Vers Blanchimont, c'est le son rauque du moteur BRM qui se fait entendre en premier. Graham Hill passe en tête devant Trevor Taylor et sa Lotus d'usine et Bruce McLaren sur sa Cooper T60. Puis vient Clark, déjà. Il passe son coéquipier Taylor à l'attaque du septième tour, au pied de l'Eau rouge. Trevor ne résiste pas. Sa voiture, en proie à des ennuis de boîte de

Clark et Chapman, les images bientôt familières d'une belle complicité. Jim va gagner ce week-end son premier Grand Prix. (Photo Bernard Cahier)

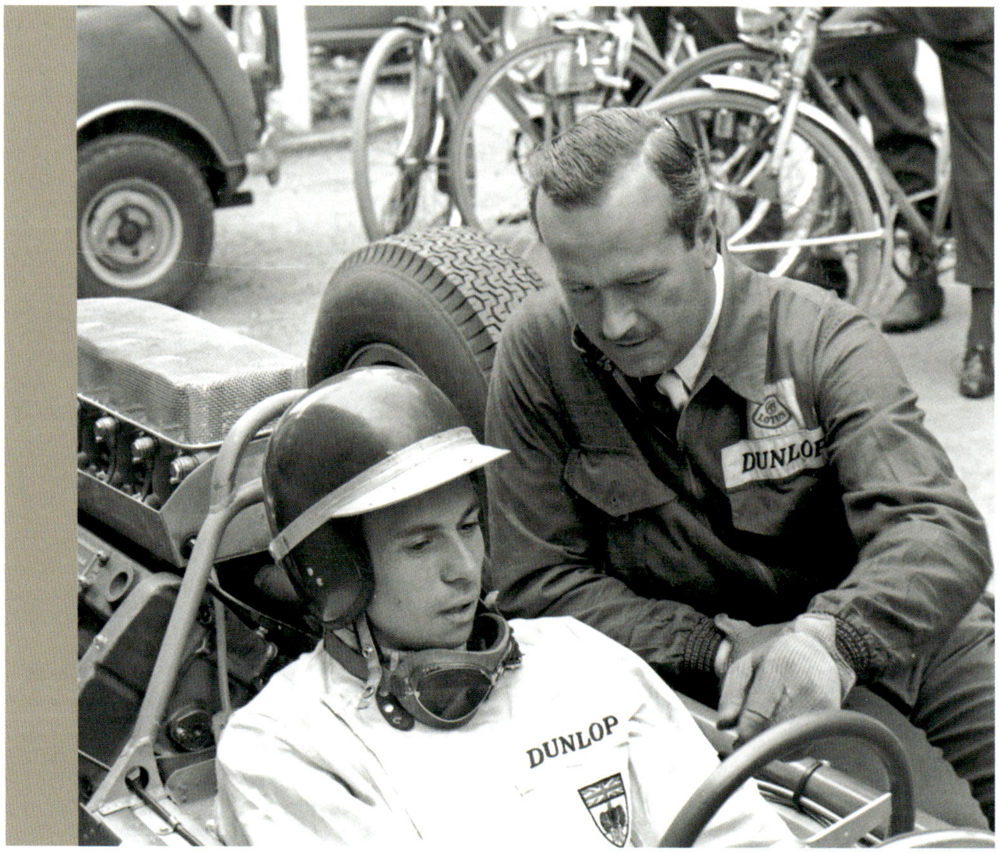

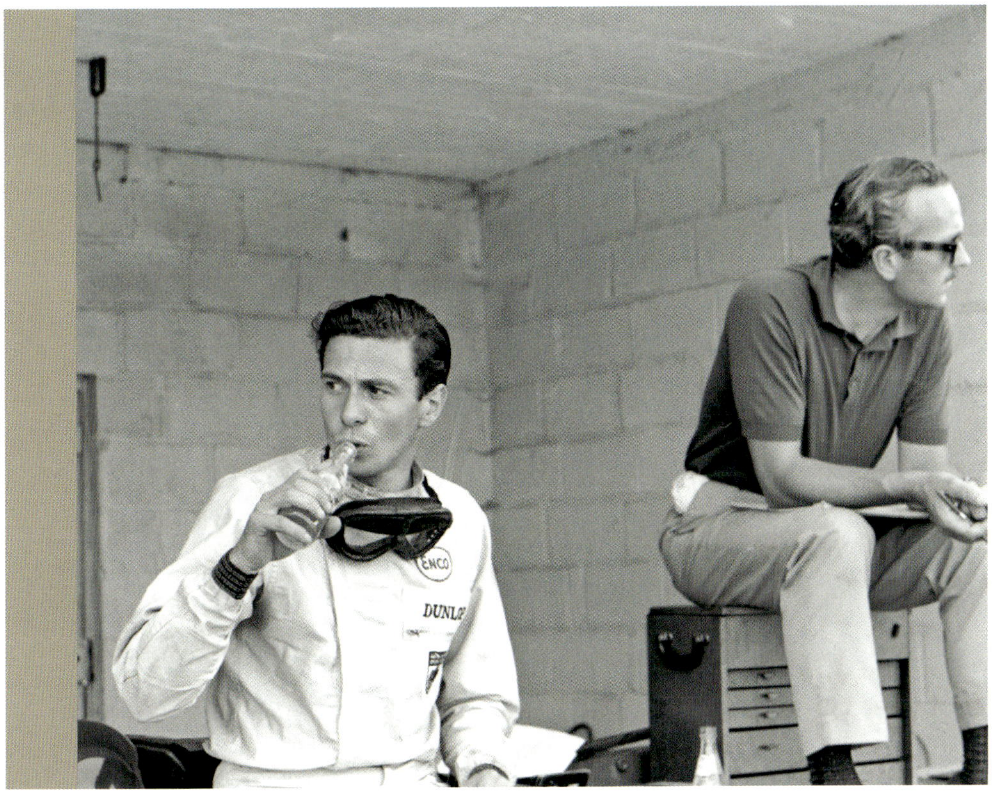

Ci-contre et ci-dessous
Une vue magnifique de Spa-Francorchamps un jour de Grand Prix, sa foule, son cadre grandiose. (Archives Rickartz-Völker)

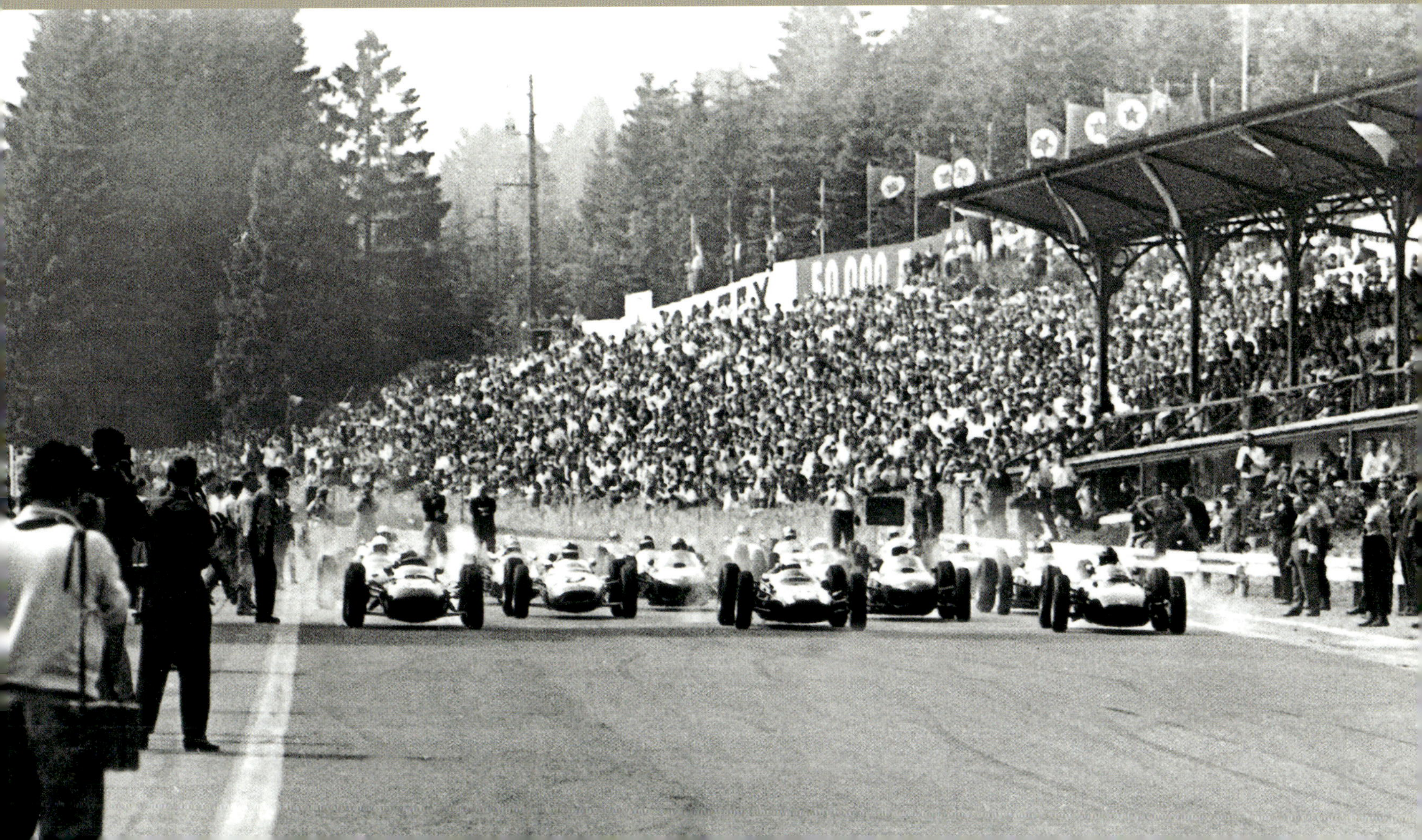

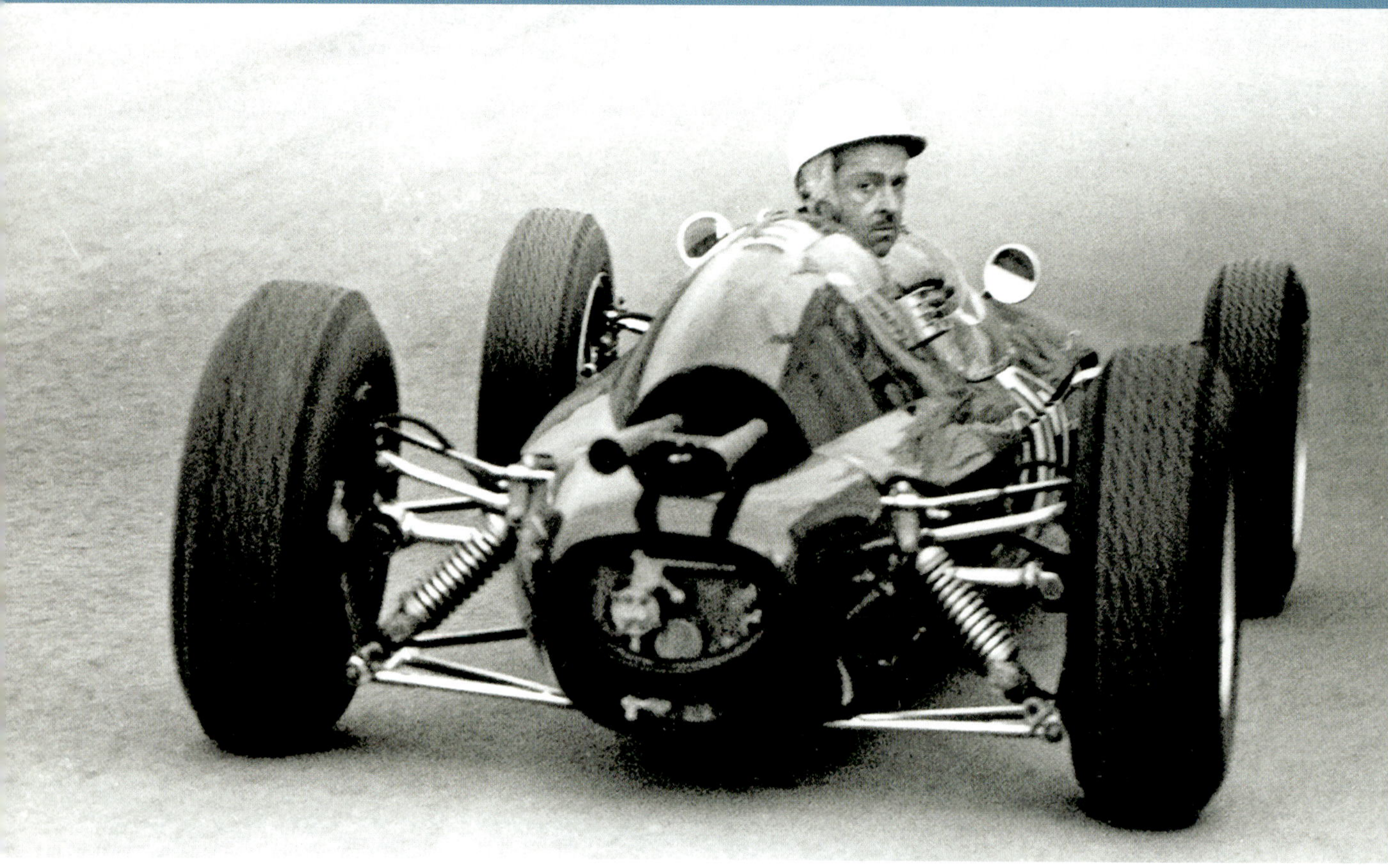

Maurice Trintignant, sur la Lotus bleu nuit de Rob Walker semble soucieux. La course lui donnera raison. (Archives Rickartz-Völker)

Résultat

1er : Clark (Lotus) en 2 heures 7 minutes 32 secondes
2e : Graham Hill (BRM) à 44 secondes
3e : Phil Hill (Ferrari) à 2 minutes 6 secondes 3/10
4e : Ricardo Rodriguez (Ferrari) à 2 minutes 6 secondes 4/10
5e : Surtees (Lola), à 1 tour
6e : Brabham (Lotus), à 2 tours
7e : de Beaufort (Porsche), à 2 tours
8e : Trintignant (Cooper), à 2 tours
9e : Bianchi (Lotus), à 3 tours
10e : Siffert (Lotus), à 3 tours
11e : Campbell-Jones (Lotus), à 16 tours
Meilleur tour en course par Clark (Lotus) à 215,449 km/h.

Abandons

- Baghetti (Ferrari) au 4e tour, allumage
- Ireland (Lotus) au 9e tour, suspension
- Gregory (Lotus-BRM) au 13e tour, retiré après vérification de sa suspension
- McLaren (Cooper) au 20e tour, moteur
- Maggs (Cooper) au 22e tour, boîte de vitesses
- Ginther (BRM) au 23e tour, transmission
- Taylor (Lotus), accident ; Mairesse (Ferrari), accident au 26e tour

vitesses, ne résistera pas à l'accrochage dramatique du vingt-cinquième tour avec la Ferrari du Belge Willy Mairesse devant laquelle elle s'est mise en léger travers dans la remontée vers la Source. L'Anglais s'en sort indemne, mais le fougueux "Wild Willy", choqué, est sérieusement brûlé au visage dans l'incendie de sa voiture. Taylor racontera plus tard que la Ferrari de Mairesse, en la heurtant légèrement, a miraculeusement remis dans l'axe de la route sa Lotus qui partait en dérapage, limitant ainsi la gravité de l'accident ! Clark remporte son premier Grand Prix, devant la BRM de Graham Hill, enfin fiable, et les deux Ferrari de Phil et Ricardo, qui se livrent une jolie bataille et ne sont séparées que par un dixième de seconde seulement à l'arrivée.

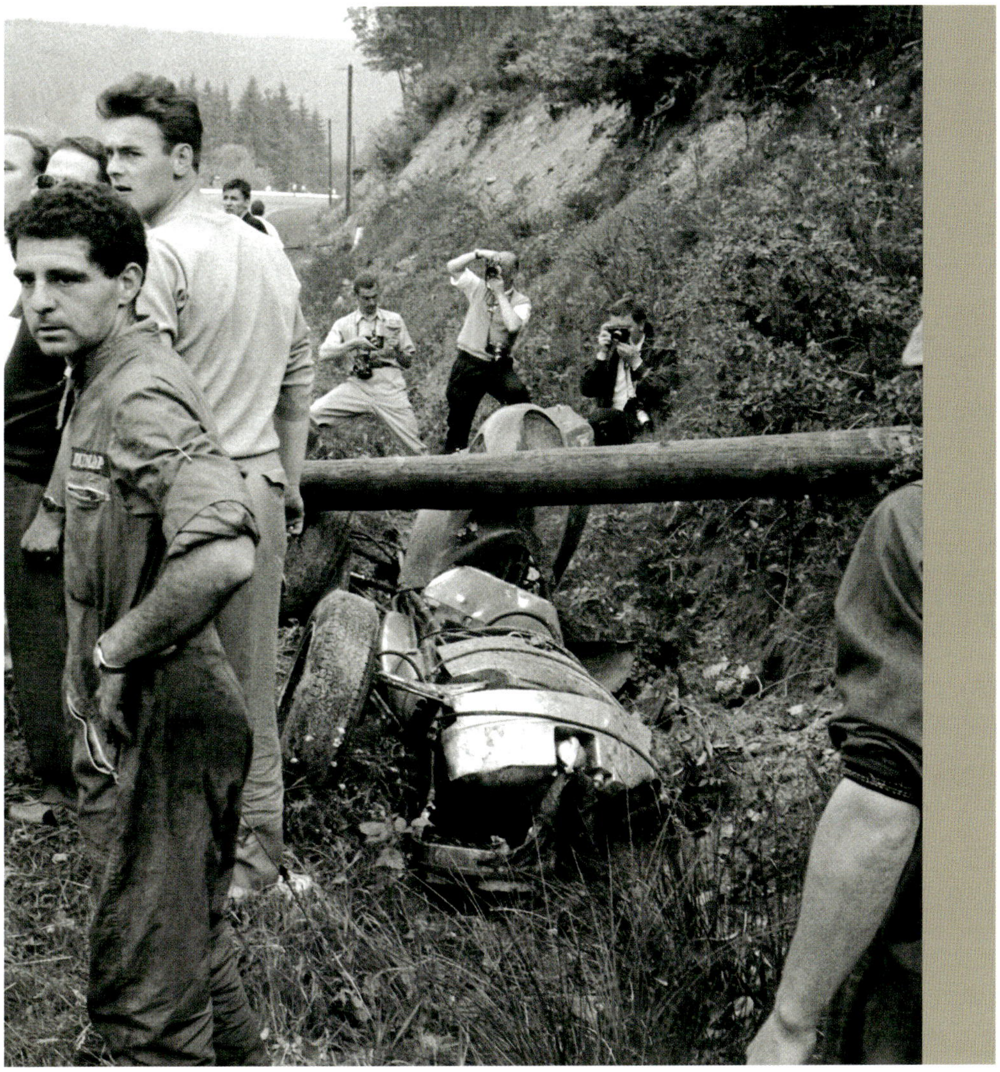

La Lotus de Taylor et la Ferrari de Mairesse se sont accrochées. De quel bois étaient faits ces jeunes garçons pour affronter autant de dangers sur des voitures aussi fragiles ? (Photo Robert Daley, Klemantaski collection)

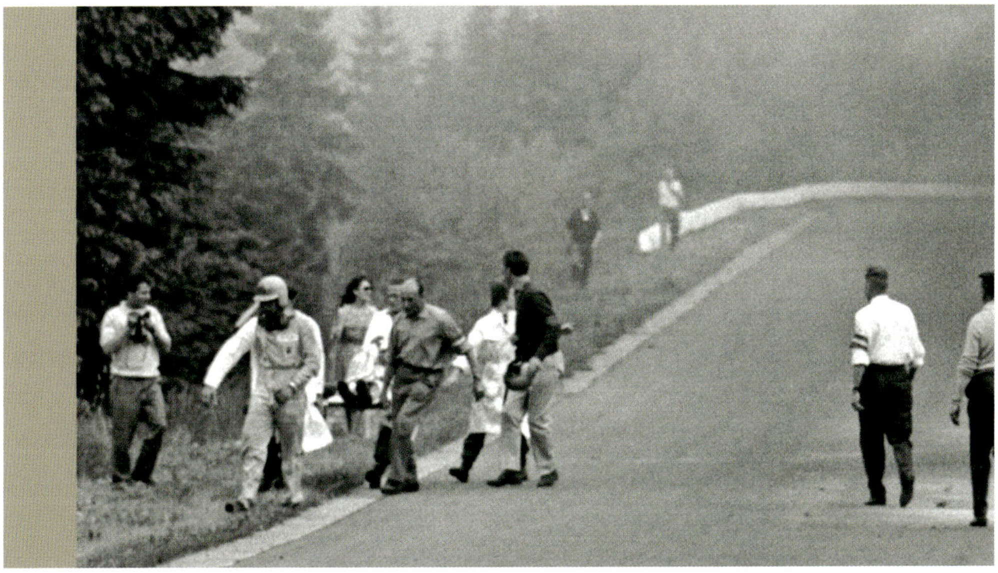

"Wild Willy", sérieusement brûlé, est évacué sur un brancard. Il est accompagné par son frère d'infortune, Trevor Taylor, miraculeusement sur ses deux pieds, quand on voit l'état de sa Lotus mutilée et reposant dans un fossé sous le poteau télégraphique qu'elle a déraciné. (Photo Robert Daley, Klemantaski collection)

1963

Un an plus tard, Jim Clark confirme son talent, dominant la piste, les adversaires et les éléments. Image typique de Spa-Francorchamps, si beau sous le soleil : le ciel est bas en ce 9 juin, engluant la forêt dans une chappe floconneuse et blanchâtre. Il a plu avant la course alors qu'on installe la grille... et, en fin de course, le ciel noir va s'ouvrir et inonder le circuit. Jimmy, parti de la troisième ligne, a doublé tout le monde au baisser du drapeau en empruntant la piste de décélération, car il avait soupçonné que Mairesse, bouillant sous son casque, piaffant d'en découdre et d'en démontrer devant son public, allait rester collé à sa première ligne, les roues arrière de sa Ferrari patinant horriblement ! Jim aborde le raidillon en tête. On ne le reverra plus ! Graham, encore une fois ici en pole position, s'accroche comme il peut. Les autres sont loin. Mairesse, à l'attaque, part en tête-à-queue à la Source, et lorsque la BRM de Hill casse sa boîte au dix-huitième tour, la course se transforme en une procession.

À sept tours de la fin, une pluie de mousson transforme la piste en un milieu aquatique auquel les voitures sont peu habituées. On tourne à plus de sept minutes au tour, sans jamais passer la cinquième vitesse, avec pour seul objectif de rester sur la route, comme parviendra à le faire Settember, parti en toupie sur sa Scirocco dans la descente de Masta. Gurney croit avoir assuré la place de dauphin. Dans le dernier tour, Clark lui prend un tour. Le grand Dan n'a aucune raison de résister. Hélas, il n'a pas vu dans les petits rétroviseurs ronds de sa Brabham la Cooper de McLaren, tapie derrière la Lotus de Jimmy, et Bruce passe, enlevant sur le fil la deuxième place à Gurney. Clark sera sacré champion du monde à la fin d'une saison magnifique.

Résultat

1er : Clark (Lotus) en 2 heures 27 minutes 47 secondes 6/10
2e : McLaren (Cooper) à 4 minutes 54 secondes
3e : Gurney (Brabham), à 1 tour
4e : Ginther (BRM), à 1 tour
5e : Bonnier (Cooper), à 2 tours
6e : de Beaufort (Porsche), à 2 tours
7e : Maggs (Cooper), à 5 tours
8e : Settember (Scirocco-BRM), à 8 tours
Meilleur tour en course par Clark (Lotus) à 213,187 km/h.

Abandons

- Taylor (Lotus) au 6e tour
- Baghetti (ATS), transmission
- Mairesse (Ferrari), moteur au 8e tour
- Ireland (BRP) au 10e tour, boîte de vitesses
- Amon (Lola), moteur ; Brabham (Brabham), panne électrique au 12e tour
- Phil Hill (ATS) au 14e tour, transmission
- Hall (Lotus), accident ; Siffert (Lotus), accident au 17e tour
- Graham Hill (BRM), boîte de vitesses ; Bianchi (Lola), accident au 18e tour
- Surtees (Ferrari), moteur au 20e tour

1964

En 1964, notre Écossais volant gagne encore, mais avec l'aide de la chance. Sa Lotus 25, devenue 33, ne domine plus. Les Brabham de Gurney et de "Black Jack" encadrent la BRM de Graham Hill sur la première ligne. Surtees, leader éphémère, a crevé un piston. Gurney survole la course. Après avoir dû ravitailler en eau, Clark navigue loin du trio de ses copains Dan, Graham et Bruce. Le moteur de la Lotus a souffert d'un surrégime dans l'aspiration de la BRM. À trois tours de l'arrivée, Gurney s'arrête aux stands, sa Brabham, qu'on a entendue "ratatouiller" à la Source, a soif. Pas de bidon de carburant à proximité ! Vert de rage, le grand Dan repart, suicidaire, et s'immobilise à Stavelot dans la dernière boucle, après avoir descendu Masta en roue libre. La BRM de Graham passe, mais s'arrête dans sa traversée de la forêt, vers la Carrière, réservoirs à sec ! Bruce va enfin gagner à Spa, lui si souvent placé sur cette piste (deuxième en 1960 et 1963). L'écho du Climax se fait entendre du côté du Club-House. La Cooper se traîne péniblement jusqu'à la Source, alternateur en rideau et batterie à plat, et se laisse glisser en roue libre dans la descente au bout de laquelle le Néo-Zélandais aperçoit le drapeau à damiers et John Cooper, la casquette à la main, prêt à la lancer vers les cieux. La foule, debout, pousse mentalement la petite Cooper alors que dévale comme une torpille la Lotus verte à bande jaune de Clark. Encore quelques mètres de supplice pour Bruce et son boss John, mais la Lotus de Clark passe sur le fil et Jimmy gagne… sans le savoir ! C'est son coéquipier Arundell qui lui apprendra la surprenante nouvelle lorsqu'il viendra le chercher après la course, du côté de Stavelot où il est lui aussi tombé en panne dans son tour d'honneur et où il converse avec Gurney, le grand perdant d'une course qu'il a complètement dominée !

Résultat

1er : Clark (Lotus) en 2 heures 6 minutes 40 secondes 9/10
2e : McLaren (Cooper) à 2 secondes 4/10
3e : Brabham (Brabham) à 47 secondes 7/10
4e : Ginther (BRM) à 1 min. 59 secondes 8/10
5e : Graham Hill (BRM), à 1 tour
6e : Gurney (Brabham), à 1 tour
7e : Taylor (Lotus), à 1 tour
8e : Baghetti (BRP-BRM), à 1 tour
9e : Arundell (Lotus), à 4 tours
10e : Ireland (BRP-BRM), à 4 tours
Meilleur tour en course par Gurney (Brabham) à 221,465 km/h

Abandons

- Surtees (Ferrari), moteur ; Amon (Lotus-BRM), moteur au 4e tour
- Bonnier (Brabham-BRM), souffrant des vertèbres cervicales au 9e tour
- Bandini (Ferrari) au 12e tour, moteur
- Phil Hill (Cooper) au 14e tour, moteur
- Siffert (Brabham-BRM), soupapes ; Pilette (Scirocco-BRM), moteur ; Peter Revson (Lotus-BRM), disqualifié pour aide extérieure au 15e tour

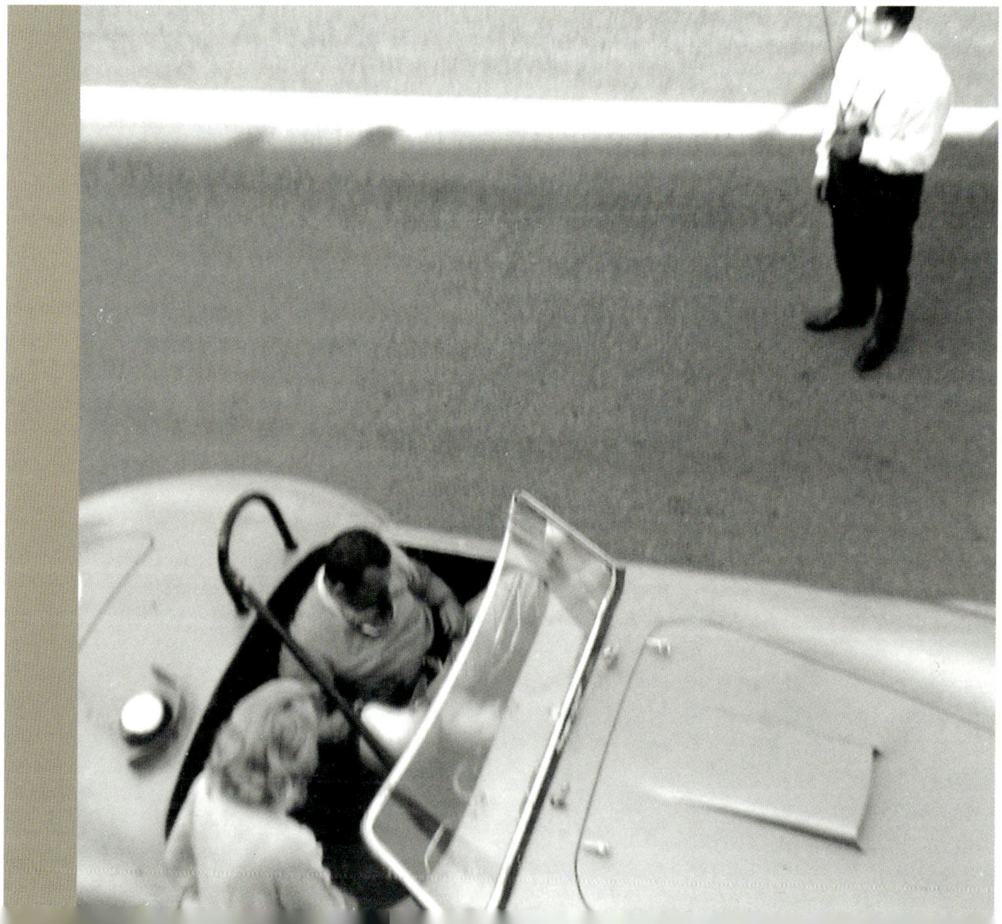

Une Cobra va s'élancer pour les essais des 500 Kilomètres de Spa-Francorchamps 1964. (Photo Patrick Sinibaldi)

Double page suivante
De la casse en haut du raidillon lors des 500 Kilomètres 1964 : la Porsche 904 GTS de Léon Dernier, dit "Eldé", n'ira pas plus loin ! (Photo Bernard Cahier)

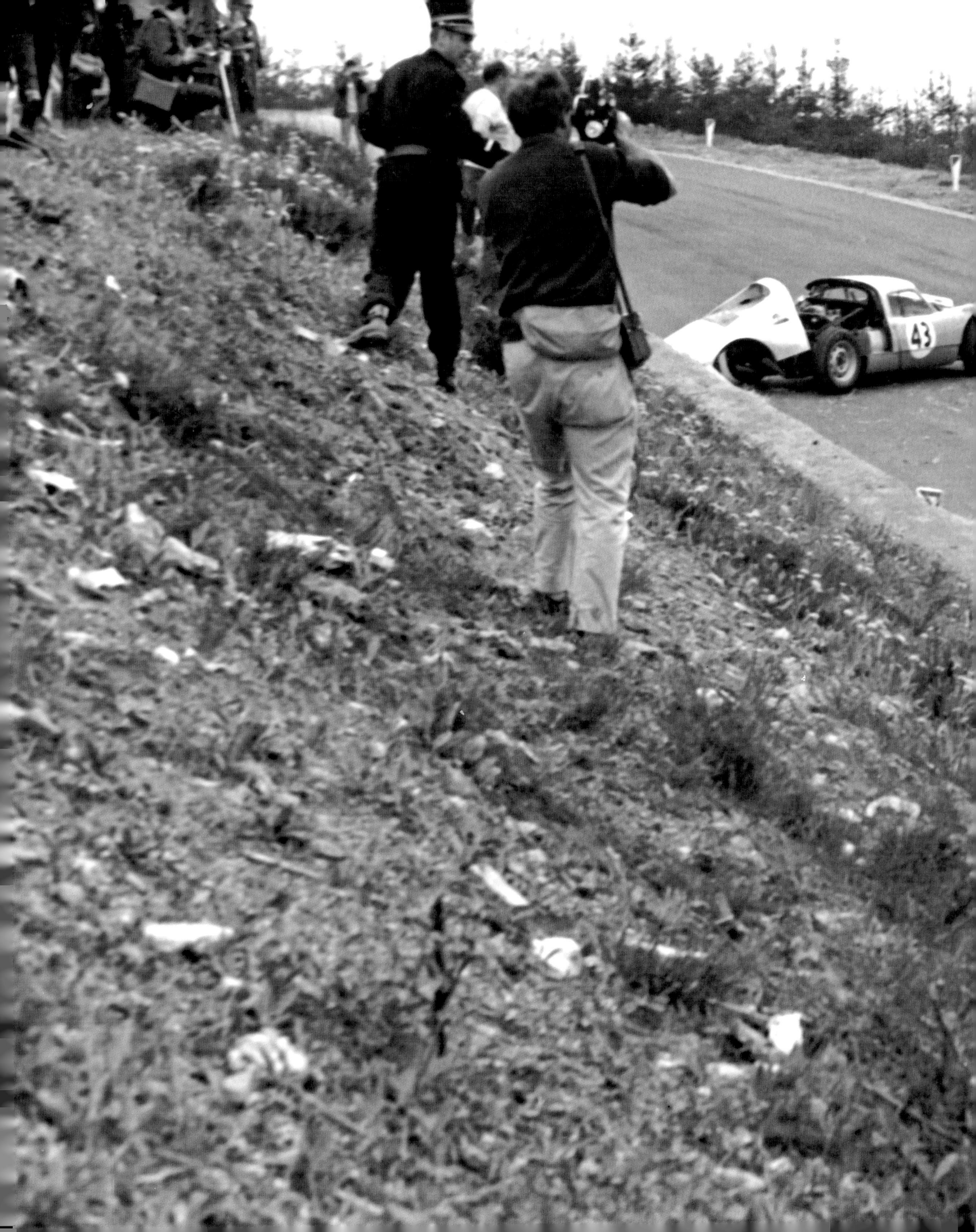
43

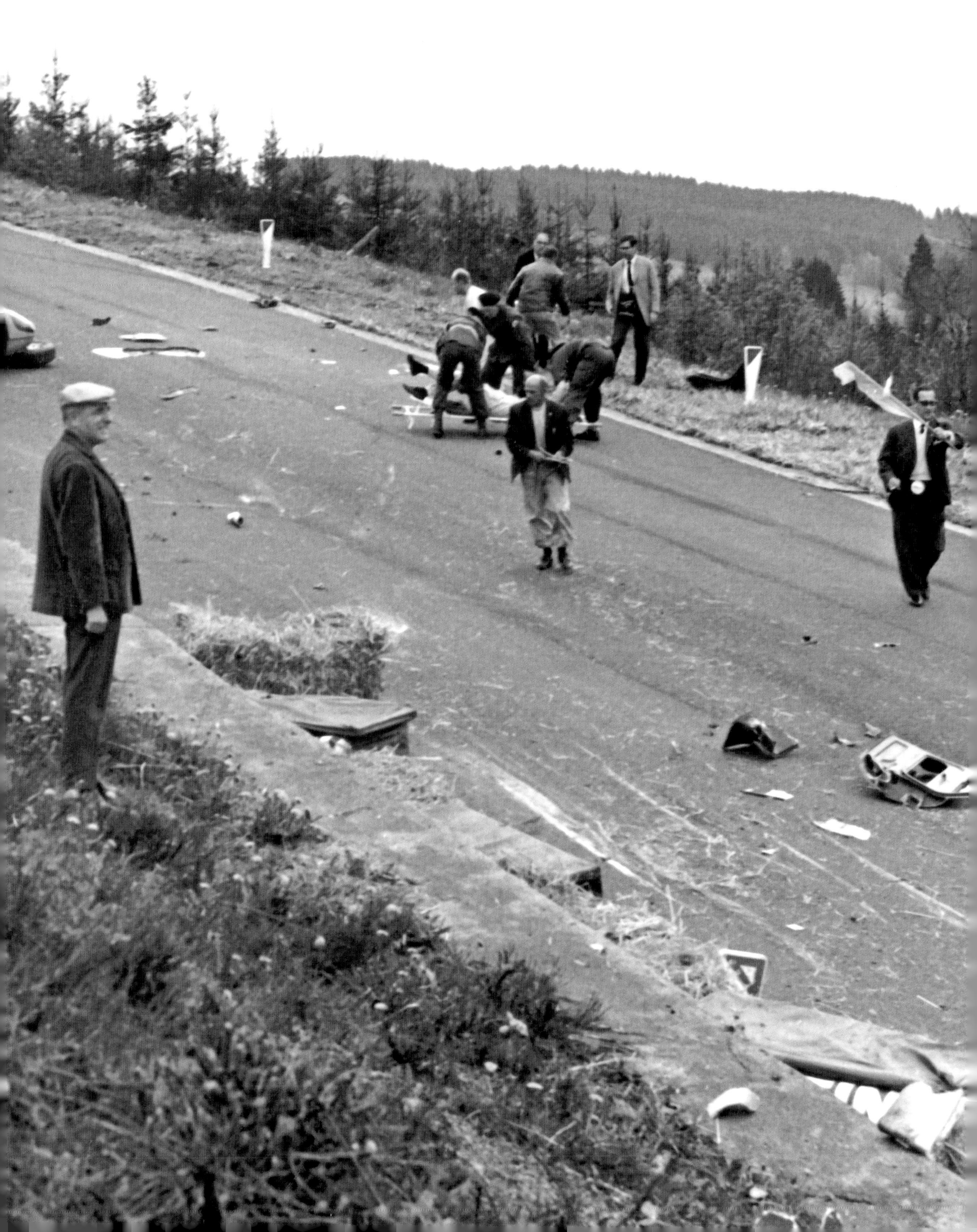

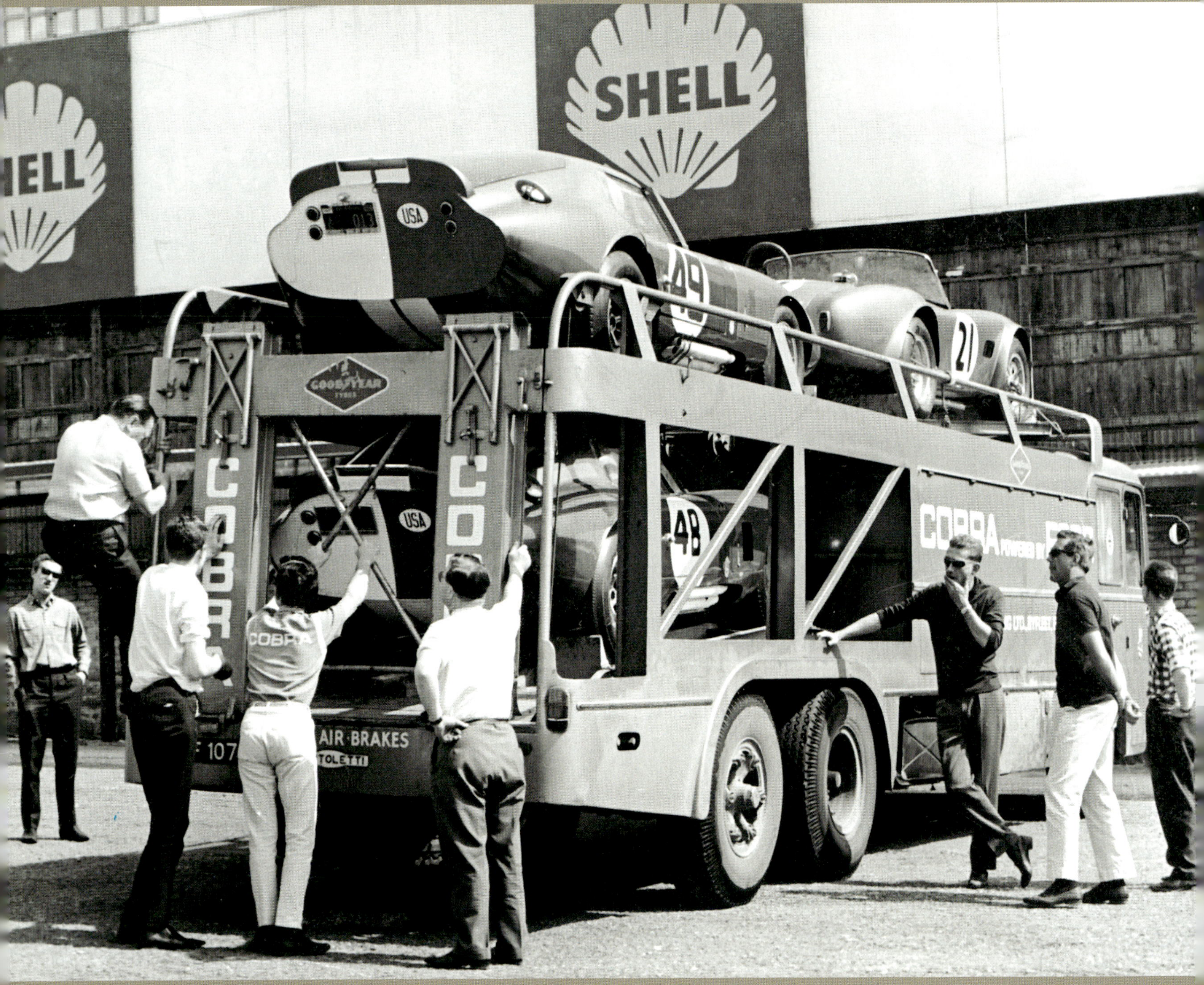

Le camion des Cobra Daytona
en 1965. (Photo Van Bever)

1965

Le 13 juin 1965, Jim Clark complètera sous la pluie un quarté unique. Ce jour-là, les petites monoplaces de 1,5 litres "naviguent à vue" dans le crachin, le froid et la brume. Le hasard, cette fois, n'est pour rien dans la victoire de Jimmy. Seul Jackie Stewart, le nouveau venu, n'est pas doublé, finissant dans le déluge à 44 secondes 8/10 de "son pays". La fragile Lotus 25 a tracé sa route à 190 kilomètres/heure à travers les hauts sapins dont les cimes semblent comme plantées dans le ciel bas. Clark, au toucher de cristal, fait un merveilleux numéro de funambule, laissant loin les autres, malgré quelques petits ennuis d'embrayage en fin de

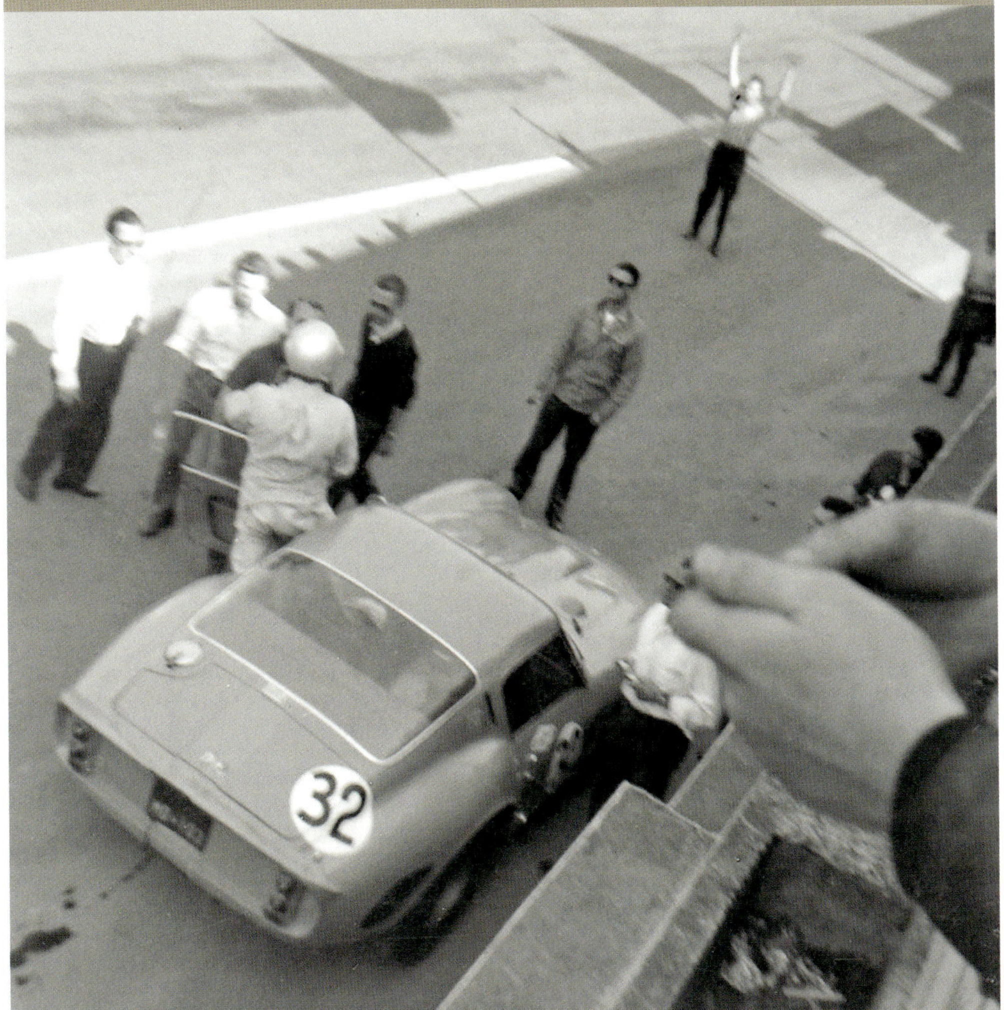

Une Ferrari 250 GTO aux stands, pendant les essais des 500 Kilomètres de 1964. (Photo Patrick Sinibaldi)

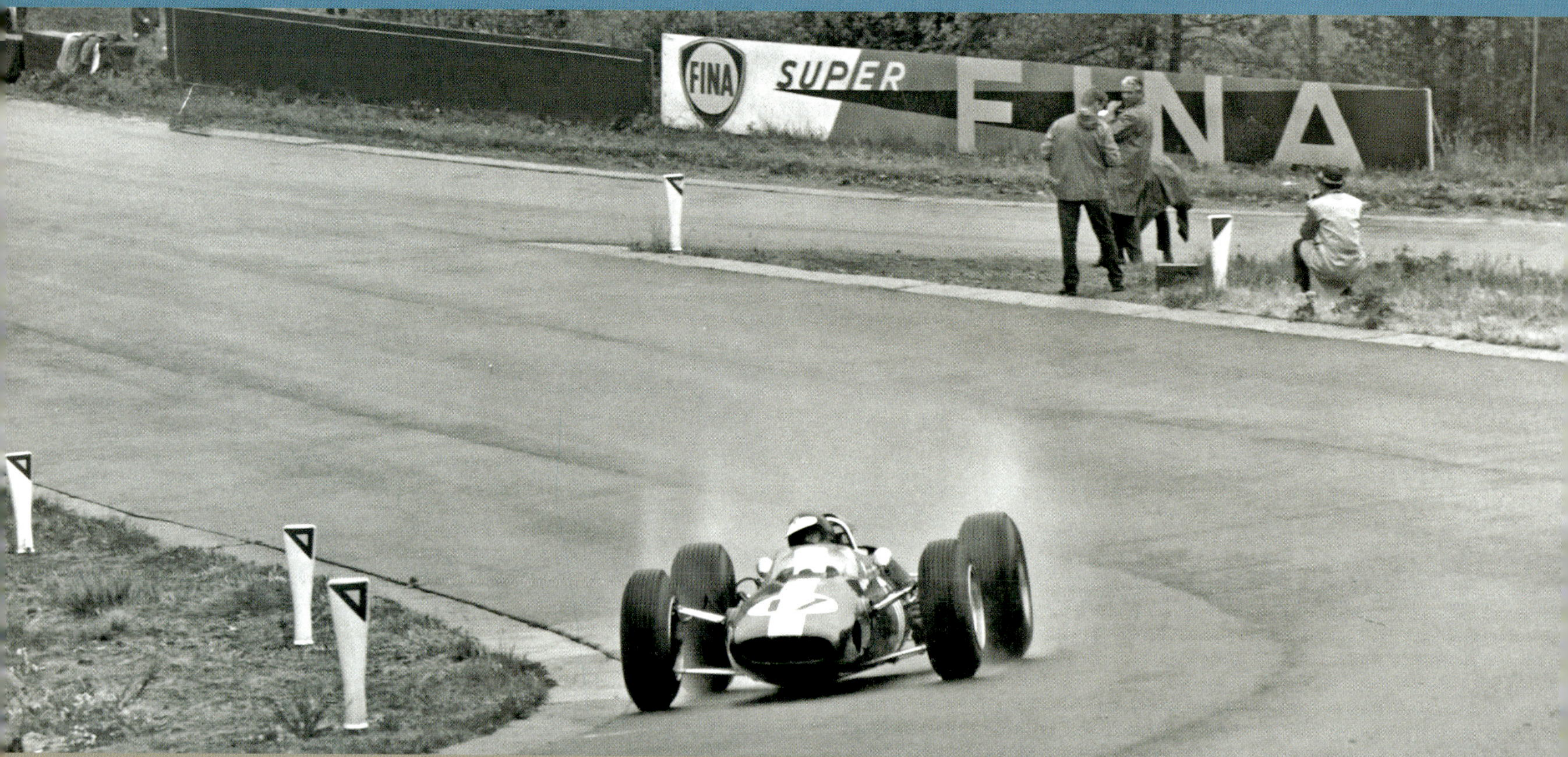

Jimmy le funambule gagne son quatrième Grand Prix d'affilée, sur une piste qui lui inspirait du ressentiment pour y avoir perdu trop d'amis, dira-t-il plus tard. Il maîtrisera sa peur, ajoutant la bravoure à son talent exceptionnel. (Photo Bernard Cahier)

Résultat

1er : Clark (Lotus) en 2 heures 23 minutes 34 secondes 8/10
2e : Stewart (BRM) à 44 secondes 8/10
3e : McLaren (Cooper), à 1 tour
4e : Brabham (Brabham), à 1 tour
5e : Graham Hill (BRM), à 1 tour
6e : Ginther (Honda), à 1 tour
7e : Spence (Lotus), à 1 tour
8e : Siffert (Brabham-BRM), à 1 tour
9e : Bandini (Ferrari), à 2 tours
10e : Gurney (Brabham), à 2 tours
11e : Rindt (Cooper), à 3 tours
12e : Bianchi (BRM), à 3 tours
13e : Ireland (Lotus-BRM), à 5 tours
14e : Attwood (Lotus-BRM), à 6 tours
Meilleur tour en course par Clark à 200,711 km/h.

Abandons

- Gardner (Brabham-BRM) au 3e tour, allumage
- Surtees (Ferrari) au 6e tour, moteur
- Bucknum (Honda), transmission ; Bonnier (Brabham), allumage au 10e tour
- Gregory (BRM) au 13e tour, suspensions

course. Dick Attwood détruit complètement la Lotus-BRM du Team Parnell au vingt-septième tour, McLaren finit troisième, pour changer de ses habituels deuxièmes rangs, et Honda marque son premier point en championnat du monde grâce à Richie Ginther. Après l'arrivée, l'effort surhumain de maîtrise et de concentration se lit sur le visage du jeune vainqueur, marqué par l'angoisse, les yeux cernés, profondément enfoncés dans leurs orbites.

En ce début des années 1960, pendant que Clark domine Spa dans sa frêle et fragile Lotus verte à laquelle il ne fait plus aucune infidélité, d'autres garçons s'amusent à se faire peur sur de grosses, de très grosses voitures de toutes les couleurs lors des épreuves sport, Grand Prix de Spa, puis 500 Kilomètres et plus tard 1 000 Kilomètres de Spa-Francorchamps. En 1960, l'épreuve principale est réservée aux voitures de sport jusqu'à 1 600 cc de cylindrée. Paul Frère pilote la Porsche RS 60 de Carel Godin de Beaufort, vainqueur un an plus tôt, mais refusé par les autorités spadoises avec lesquelles il s'est querellé lors de la remise des prix ! Aux essais, Frère tourne 3 secondes plus vite que la Lotus de Jimmy Blummer, son plus dangereux adversaire. Le jour de la course, la pluie commence à tomber une heure avant le départ. Rien d'inhabituel ! Rien d'inhabituel non plus dans le caractère capricieux des averses, qui se déplacent de tour en tour d'un point à un autre du long circuit. Beaucoup se font surprendre : dès le premier tour, la Lotus de Jimmy Blummer part en tête-à-queue à Burnenville, entraînant la Lola de Bob Hicks dans quelques figures éliminatoires, la Cooper Monaco de Tony Marsh est peu à l'aise sur le mouillé, de sorte qu'à la mi-course, la cause est entendue. La Porsche de Christian Goethals, deuxième, est déjà à plus d'une minute. Frère, transi et trempé, passe en vainqueur la ligne devant des tribunes à moitié vides.

En 1963, un autre Belge s'impose à tous dans les 500 Kilomètres de Spa-Francorchamps, retenus pour le championnat du monde des marques. Il a dominé avec maestria la piste, ses concurrents et sa voiture, la sublime Ferrari 250 GTO de l'écurie Francorchamps que Jacques Swaters vient à peine de recevoir. Pour ce faire, "Wild Willy" a repoussé tous les assauts des autres GTO, pilotées par Joseph Siffert et Pierre Noblet.

Un an plus tard, Ferrari gagne encore la catégorie grand tourisme grâce à la GTO de Mike Parkes. En ce beau printemps 1964, les Ardennes voient revenir massivement les troupes américaines, sous les

Le départ du Grand Prix de Belgique 1965. Spa éternel, sous le soleil ou sous la pluie, la même impression d'écrasante grandeur. Hill précède Clark, Stewart, Siffert, la Honda blanche de Ginther, Surtees, Gurney... Bref, que du beau monde ! (Photo Bernard Cahier)

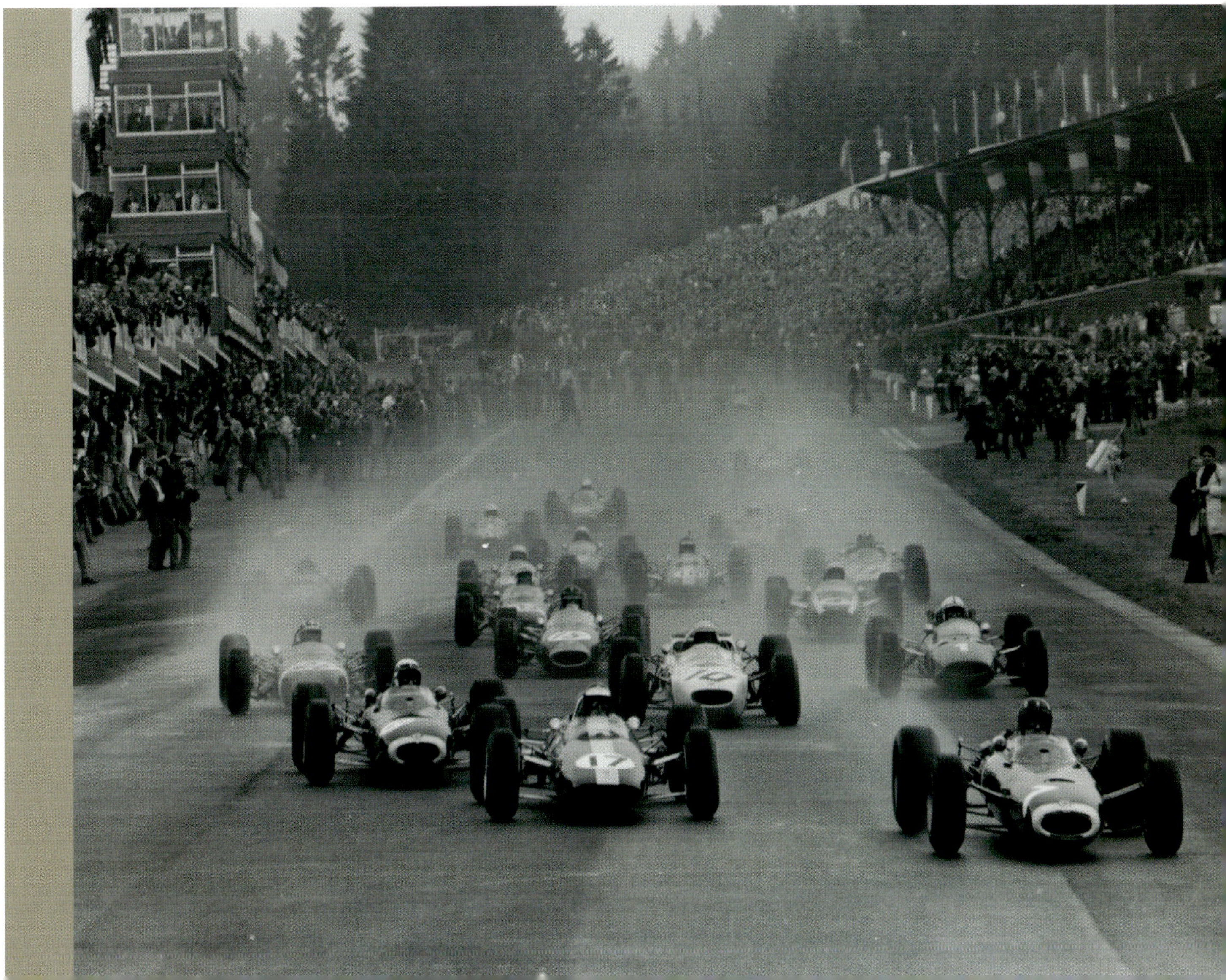

Le départ de l'épreuve d'endurance 1965 : Mairesse précède Parkes. (Photo Van Bever)

ordres du général texan Carroll Shelby, troisième ici même lors du tragique Grand Prix de Spa 1958. Les coupés Daytona sont là, qui visent le titre en championnat du monde grand tourisme, et le grand Carroll présente aussi ses monstrueux roadsters AC Cobra 427, équipés d'un V8 7 litres tout droit sorti des courses de la Nascar. Au plan humain, l'équipe américaine a fière allure, avec Phil Hill, sur un coupé Daytona, et Ireland, Bondurant et Schlesser sur les Cobra.

Hélas pour l'intérêt de la course, qui voit quarante-cinq voitures au départ (vingt-six classés), Phil Hill est rapidement trahi par sa mécanique, et les Cobra manquent singulièrement de punch. La route est dégagée pour les Ferrari 250 GTO, plus puissantes que le modèle de 1963, et montrant de plus une belle fiabilité, seul Lucien Bianchi devant abandonner sur surchauffe moteur. L'usine de Maranello prend les trois premières places avec Parkes, Guichet et Bandini, David Piper place sa belle GTO verte en quatrième position et le Belge Langlois complète le triomphe de la marque italienne, sixième derrière la Porsche d'Edgar Barth, bien isolée. Seule consolation dans le camp américain, le record du tour de Phil Hill et la neuvième place de la seule Cobra à l'arrivée, celle de Bob Bondurant.

17 mai 1964 : 500 Kilomètres de Spa-Francorchamps

1er : Parkes (Ferrari 250 GTO)
2e : Guichet (Ferrari 250 GTO)
3e : Bandini (Ferrari 250 GTO)
4e : Piper (Ferrari 250 GTO)
5e : Barth (Porsche 904 GTS, 1re GT div. 2)
6e : Langlois (Ferrari 250 GTO)

On accueille avec joie, dans les Ardennes, la renaissance des 24 Heures, si populaires en leur temps. Ces courses seront dominées dans un premier temps par les Porsche 911, puis par les BMW, après un court intermède assuré par les Ford Capri.

Le 16 mai 1965, le Grand Prix de Spa se court encore une fois sur 500 kilomètres. Un an après leur déroute, les Cobra sont de nouveau présentes, mieux préparées. Phil Hill fait la pole sur la Cobra Daytona, sans aucun doute la GT la plus rapide du moment. Le pilote californien confirmera avec le meilleur tour en course, mais ne sera pas plus heureux qu'en 1964.

Parkes a d'abord pris le commandement, mais doit s'arrêter quatre longues minutes aux boxes lors du douzième tour, sur ennuis d'allumage. Après un bon départ, la Cobra de Whitmore est victime d'une collision et abandonne. Une autre Cobra, celle de Bondurant, fait un arrêt précoce aux stands, mais finira quand même cinquième.

Parkes retardé, Mairesse passe, sur cette 250 LM qui n'a pas été homologuée en grand tourisme. Quelques semaines avant son triomphe aux 24 heures du Mans aux mains de Gregory et Rindt, la mal-aimée va gagner à Spa une belle course, en gardant 1 minute 45 secondes d'avance sur Piper.

En grand tourisme, et pour la troisième place au classement général, Ben Pon, sur Porsche 904, et Peter Sutcliffe, sur Ferrari 250 GTO, se livrent un féroce combat. Après de nombreuses attaques, le Hollandais aura raison de la résistance du Britannique.

On déplore deux accidentés graves : Roy von Vost, sur Porsche 914 ; et Tony Hegbourne, sur Alfa GTZ.

15 mai 1965 : Grand Prix de Spa

1er : Mairesse (Ferrari 275 LM)
2e : Piper (Ferrari 275 LM)
3e : Pon (Porsche 904 GTS 1er en GT div. 2)
4e : Sutcliffe (Ferrari GTO 1er en GT div. 3)
5e : Bondurant (Cobra Ford Daytona)
6e : Salmon (Ferrari 250 GTO)

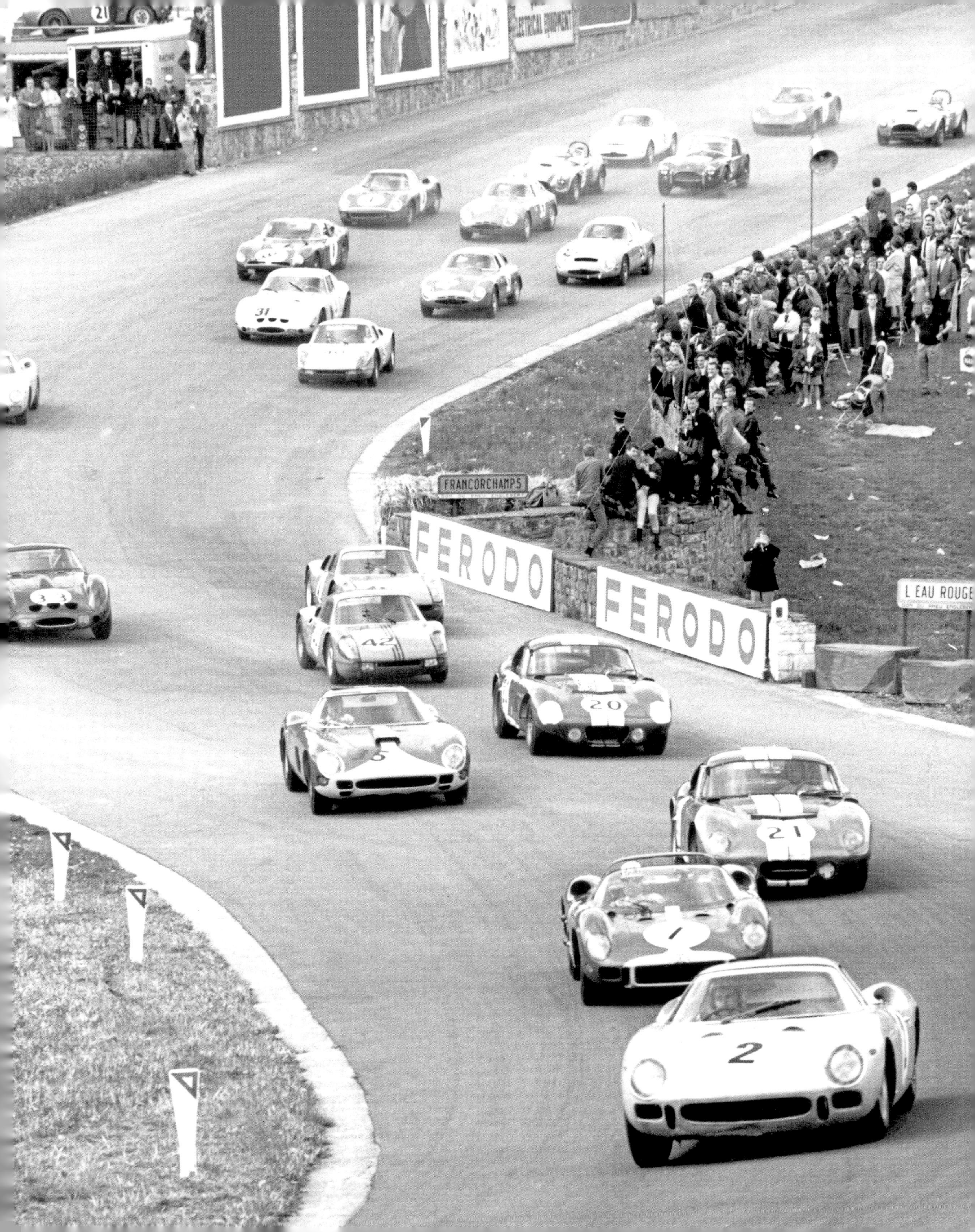
FRANCORCHAMPS
FERODO
FERODO
L EAU ROUGE

1966 : SPA, STEWART ET SÉCURITÉ

Le 22 mai 1966, Stewart gagne le Grand Prix de Monaco. Comme ce fut souvent le cas par le passé, la course destinée aux voitures de sport et grand tourisme de Spa-Francorchamps a lieu le même jour.

Elle est passée au format 1 000 kilomètres et présente, malgré la concurrence monégasque, un plateau magnifique sur lequel les Ferrari et les Ford GT 40 se taillent la part du lion.

La grande foule est là alors que s'alignent les voitures, plus belles les unes que les autres. D'ailleurs, a-t-on vu et reverra-t-on de plus belles automobiles que dans ces années-là ? L'unique prototype 1966 Ferrari, 330 P3 V12 de 4 litres, affichant 420 à 430 chevaux, est confié à la paire Parkes-Scarfiotti, alors que l'écurie nationale belge aligne le proto 1965 aux mains de Bianchi et Beurlys. Un moment bons quatrièmes, les Belges abandonneront, radiateur percé. Bien seul donc, le prototype 1966 de Maranello réussira à prendre d'emblée la tête et à contenir jusqu'au bout les ambitions de l'armada Ford, le seul prototype américain de 7 litres, une Ford Mk II ou GT 40 "modifiée" engagée par Alan Mann, antenne sportive de Ford en Angleterre, finissant à un tour, au terme des soixante et onze tours de l'épreuve. On retiendra de cette course peu animée les débuts de l'aventure Matra, avec l'apparition de la MS 620.

22 mai 1966 : 1 000 Kilomètres de Spa-Francorchamps

1er : Parkes-Scarfiotti (Ferrari 330 P3)
2e : Gardner-Whitmore (Ford Mk II)
3e : Revson-Scott (Ford GT 40)
4e : Sutcliffe-Redman (Ford GT 40)
5e : Amon-Ireland (Ford GT 40)
6e : Attwood-Guichet (Ferrari Dino 206 S)

Trois semaines plus tard, la météo semble moins clémente pour les formules 1 : le ciel est menaçant sur la cuvette de l'Eau rouge. Un vent frisquet fait claquer les drapeaux au-dessus des tribunes. La grande foule est là, comme d'habitude. Devant elle, quinze formules 1 sont disposées sur la grille de départ. Le plateau est maigrelet en cette première saison de Formule 1 3 litres, mais le cinéma est là. Toute l'équipe de John Frankenheimer a investi les installations du circuit pour les besoins du tournage du film *Grand Prix*. Une caméra est fixée sur la voiture de Phil Hill, équipée pour l'occasion d'un moteur Indy. L'ancien champion du monde partira en fond de grille, derrière ses petits camarades dont il va filmer les aventures. Et quelles aventures ! Comme il a été si souvent dit, la météo changeante, voire capricieuse, est un élément à intégrer dans les spécificités fondamentales du circuit : les conditions atmosphériques peuvent varier du tout au

Bandini et Ginther cherchent leur chemin dans la brume. (Photo Bernard Cahier)

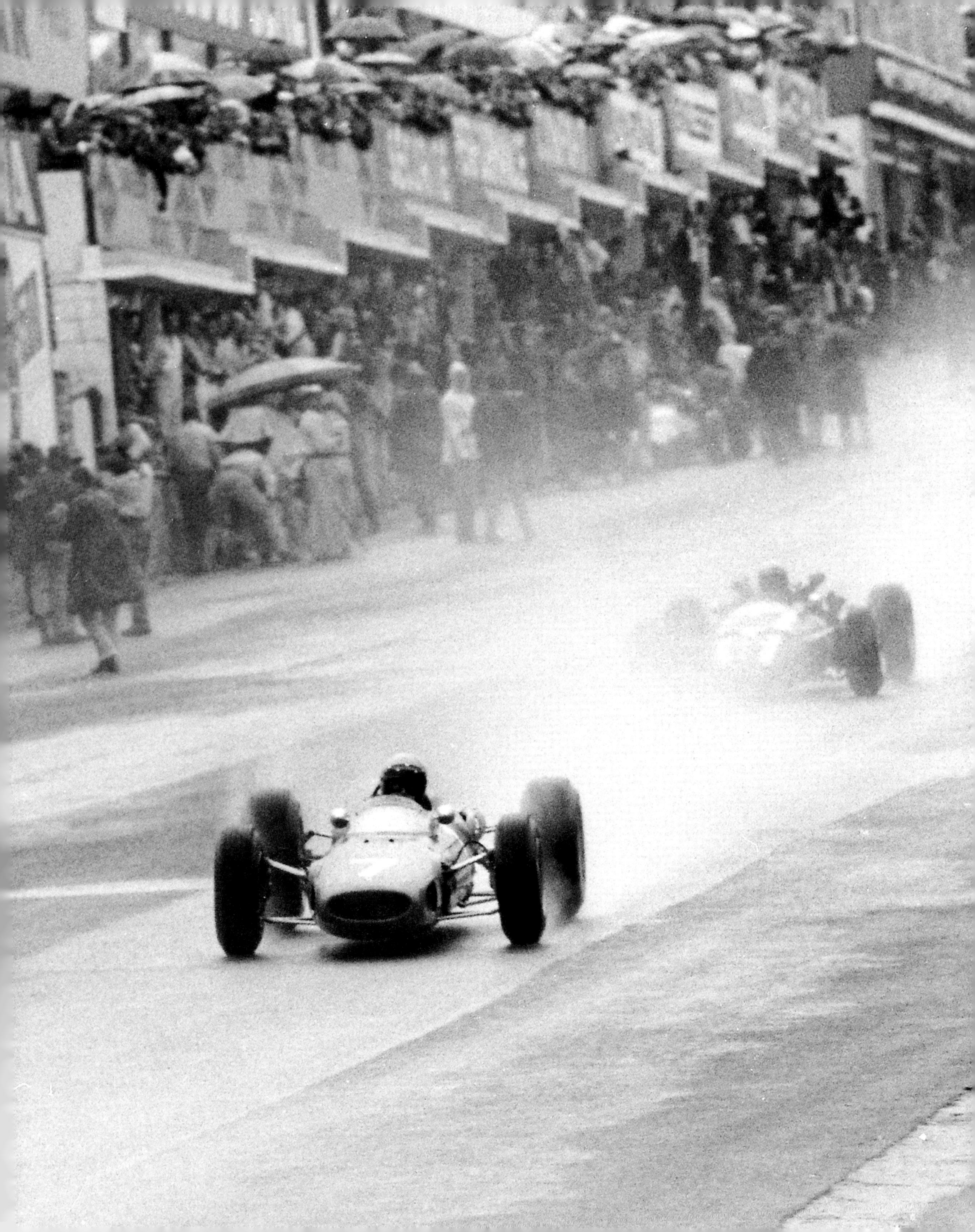

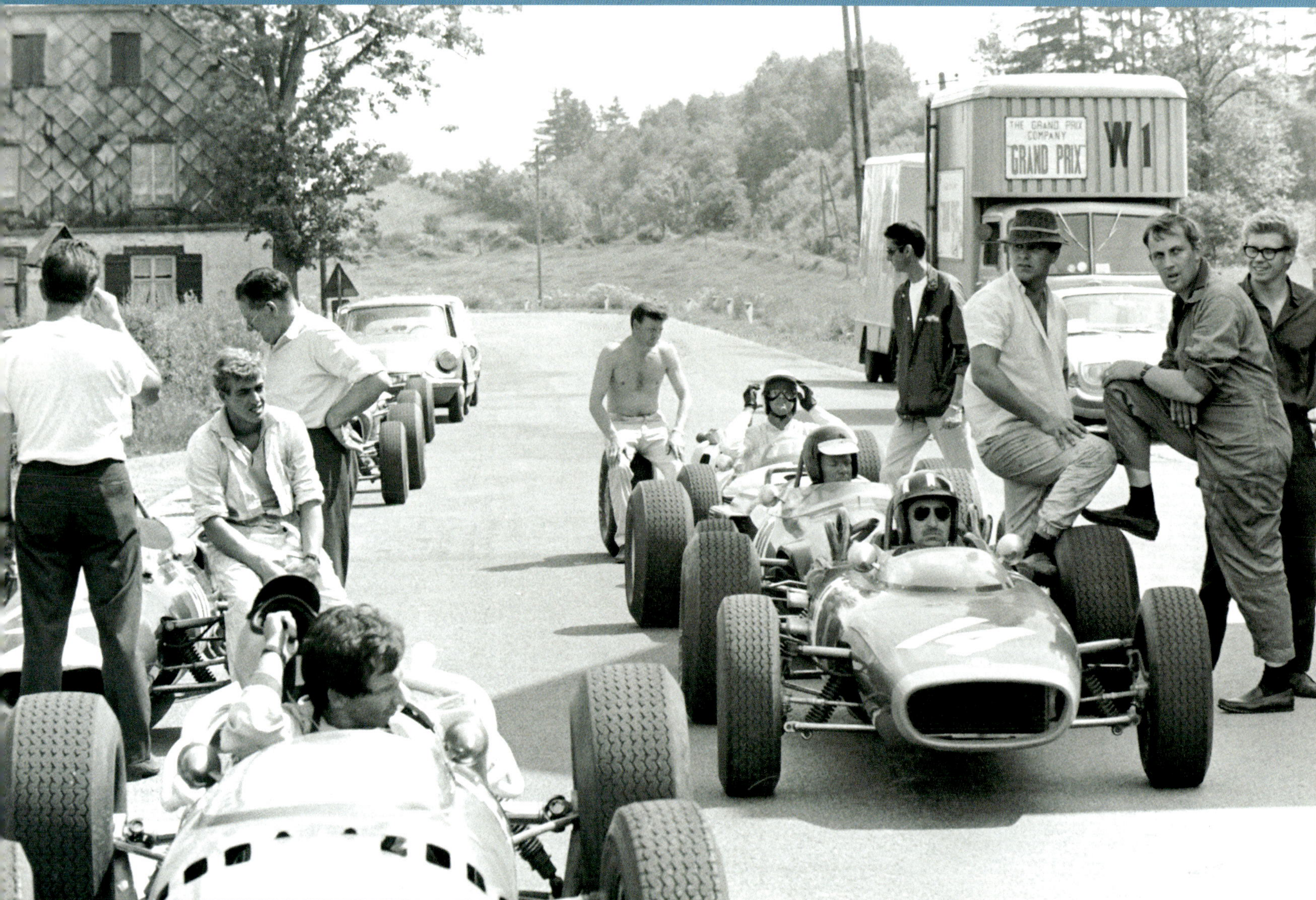

Hollywood dans les Ardennes. John Frankenheimer tourne son *Grand Prix* qui immortalisera le désastre du premier tour de ce Grand Prix de Belgique 1966. Beltoise, au premier plan, et Schlesser, avec le casque de Graham Hill (et la moustache !) s'apprêtent à tourner. (Photo Bernard Cahier)

tout d'un moment à l'autre de la course comme d'un point à l'autre du circuit. Le Grand Prix de Belgique 1966 sera de cette particularité l'expression ô combien caricaturale dont le film *Grand Prix* donne d'ailleurs, merci Phil, une idée aussi juste qu'effrayante.

Le départ est donné. Le drapeau belge s'abaisse sur une piste sèche. Surtees s'élance sans le savoir pour son dernier Grand Prix au volant d'une voiture de la Scuderia, car, entre Ferrari et lui, le torchon brûle. Il a réalisé le meilleur temps des essais, 7 secondes plus vite que les petites 1500 l'année précédente, et 3 secondes plus vite que son suivant immédiat, le jeune autrichien Jochen Rindt sur la lourde et moins puissante Cooper-Maserati.

Big John prend le meilleur envol tandis que Clark fait exploser son moteur Climax alors qu'il est encore à portée d'oreille des stands ! Il a eu le nez creux, l'ancien motard, qui a fait monter des pneus "retaillés pluie" sur sa 312. À Burnenville, un orage terrible éclate. Une averse torrentielle inonde la piste en quelques instants. La visibilité... Quelle visibilité ?

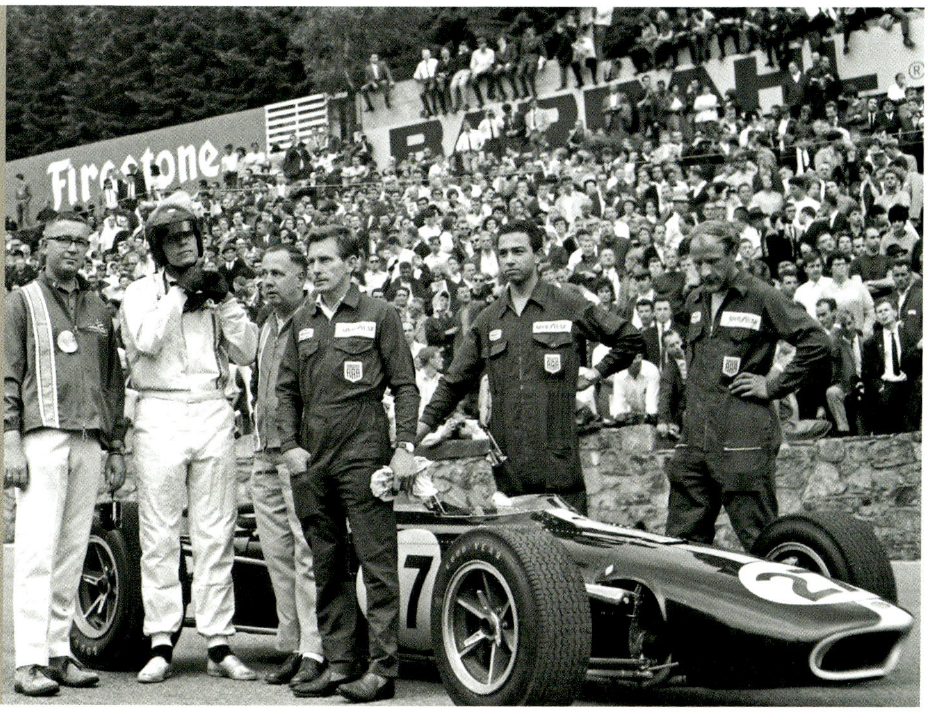

Dan Gurney et l'équipe du All American Racers posent devant leur bébé, la toute neuve Eagle, encore modestement équipée du Climax à quatre cylindres. (Photo Bernard Cahier)

La Cooper-Maserati rouge du vétéran suédois Joakim Bonnier part en toupie devant un groupe de ses copains interloqués. Non, ce n'est pas de Jo, ce genre de facéties, lui, le vénérable membre fondateur de la Grand Prix Drivers Association. Le temps de réaliser que c'est du sérieux et la Lotus-BRM de Mike Spence, la Cooper-Maserati T 81 de Joseph Siffert et la Brabham BT 22 de Dennis Hulme partent dans le décor, ces deux dernières s'accrochant dans le chaos. Le Néo-Zélandais déclarera plus tard : "Ce Grand Prix m'a détourné à jamais de la course automobile sous la pluie." La voiture de Bonnier est en équilibre sur un muret, à moitié au-dessus du vide. Dans de telles conditions, attaquer la vertigineuse descente de Masta, c'est comme plonger dans le tourbillon d'une chasse d'eau. Le passage du siphon, le fameux "S" de Masta, est affreusement périlleux : cette chicane "naturelle" qui louvoie entre les fermes va devenir le cimetière de l'armada BRM. Stewart, qui a échappé au carnage de Burnenville après un départ médiocre, navigue – oui, c'est bien le mot – navigue donc à 165 nœuds, pardon, à 260 kilomètres/heure à l'abord du "Masta Kink", deuxième derrière Surtees. Un véritable ruisseau coupe la route. Sa voiture part en aquaplaning, déracine un poteau télégraphique et atterrit sur un abri à bois dans la cour d'une ferme, en contrebas de la piste. Graham Hill, qui le suit, part au même endroit dans la même série de figures libres, mais parvient à immobiliser sa BRM intacte au bord de

Dans la tourmente de Malmédy, ils sont tous les trois sortis de la piste à haute vitesse. Sur leur visage, alors qu'ils regagnent les boxes, se lisent divers sentiments : gravité chez Bonnier, soulagement chez Siffert, insouciance chez Spence ? Peut-être. (Photo Bernard Cahier)

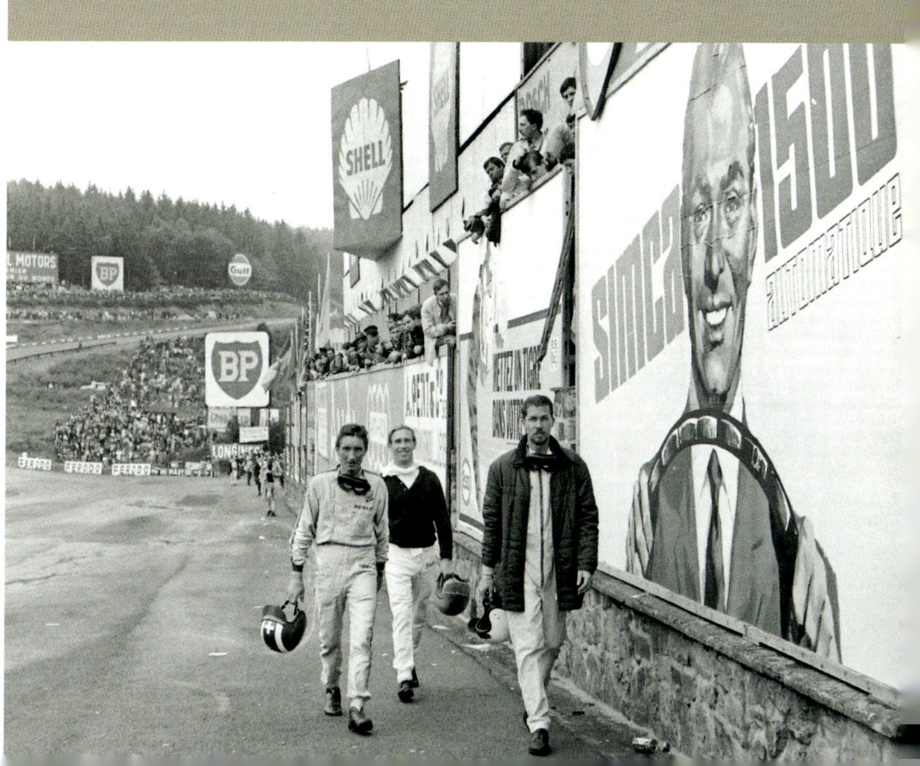

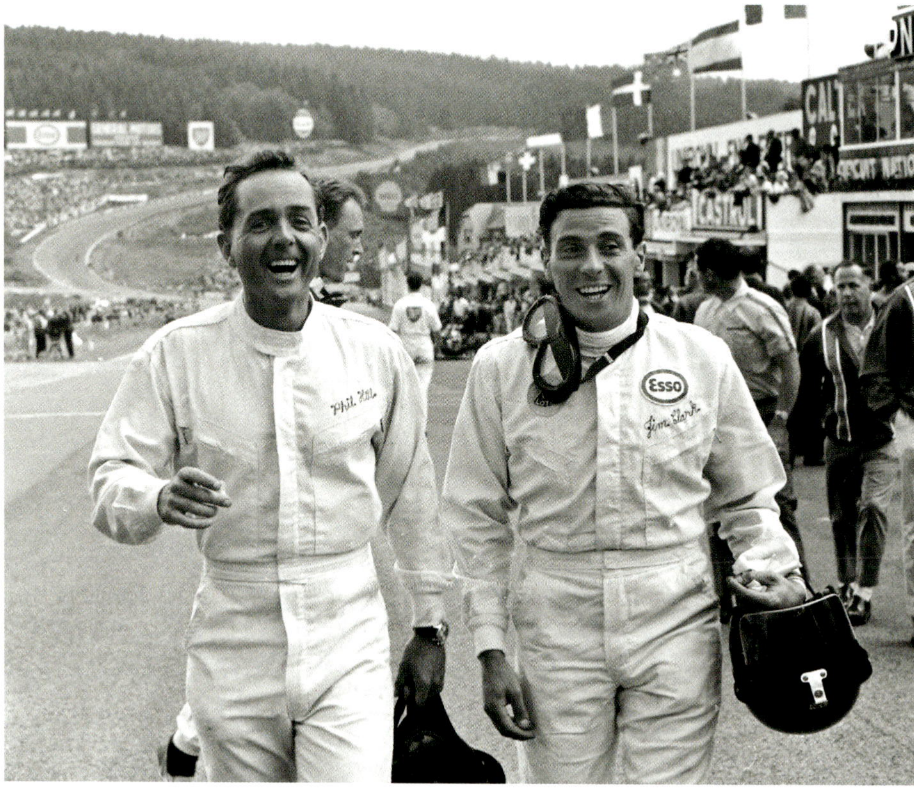

Phil (Hill), Dan (Gurney), en partie caché par Hill) et Jim (Clark), trois figures de légende dans un cadre historique. (Photo Bernard Cahier)

la route. Par miracle, il n'a rien touché, bien aidé en cela par son jeune coéquipier passé avant lui et qui a proprement déblayé le terrain ! L'Américain Bob Bondurant, le troisième homme de l'équipe de Bourne, est également sorti. Bob et Graham aperçoivent la voiture de Jackie, curieusement incurvée en banane, qui gît dans le foin. Une horrible odeur d'essence émane de l'ensemble. Leur équipier est prisonnier de la carcasse démantibulée, coincé par le volant tordu sous la violence du choc. Le tableau de bord sera retrouvé plus tard à 200 mètres du point d'impact. Des réservoirs éventrés, le carburant se déverse dans la monocoque qui se transforme en une baignoire mortelle alors que la pompe à essence est toujours en état de marche. Une étincelle et…

Après vingt-cinq minutes d'efforts fébriles, à l'aide de l'outillage de fortune fourni par un fermier voisin, ils parviennent à extraire l'Écossais de sa BRM mutilée et de sa combinaison détrempée par l'essence et l'allongent dans une grange à fourrage, sous les yeux horrifiés d'une volée de nonnes surgies de nulle part et qui veulent lui remettre sa combinaison pour couvrir son anatomie pourtant bien endommagée ! Il se plaint du dos et de l'épaule.

Un peu plus loin, Rindt, rescapé, perd le contrôle de sa Cooper-Maserati et part en une interminable suite de tête-à-queue, mais repart presque sans temps mort, et indemne, au terme de ce ballet aquatique.

Devant une foule muette, Surtees et sa 312 terminent le premier tour 10 secondes devant Brabham, qui précède la deuxième Ferrari de Lorenzo Bandini. Plus tard, du côté de la Source, se fait entendre le chant grave du douze-cylindres Maserati des Cooper de Richie Ginther et de Jochen Rindt. Suivent la Cooper bleue de Guy Ligier, équipée du moteur Maserati, la sublime Eagle de Dan Gurney, équipée du modeste Climax à quatre cylindres, et enfin la Cooper de Phil Hill, équipée d'une caméra. L'ancien champion du monde, mission cinématographique accomplie, rentre aux stands bien secoué. Le film est dans la boîte, mais le récit que le Californien fait de ce premier tour de désolation fait plus penser à un film d'épouvante qu'à un documentaire sportif. On frémit dans le paddock où il ne pleut pas encore. Un qui ne tremble pas, c'est Jochen Rindt. Sa valse viennoise du premier tour n'a pas entamé sa résolution : qui prétend que les durs ne dansent pas ? Il accélère la cadence. Grâce à la plus grande maniabilité de sa Ferrari V6 de 2,4 litres, Bandini prend la tête au deuxième tour, mais est aussitôt débordé par son leader qui va se faire lui-même dépassé au quatrième tour par Rindt. Pendant les

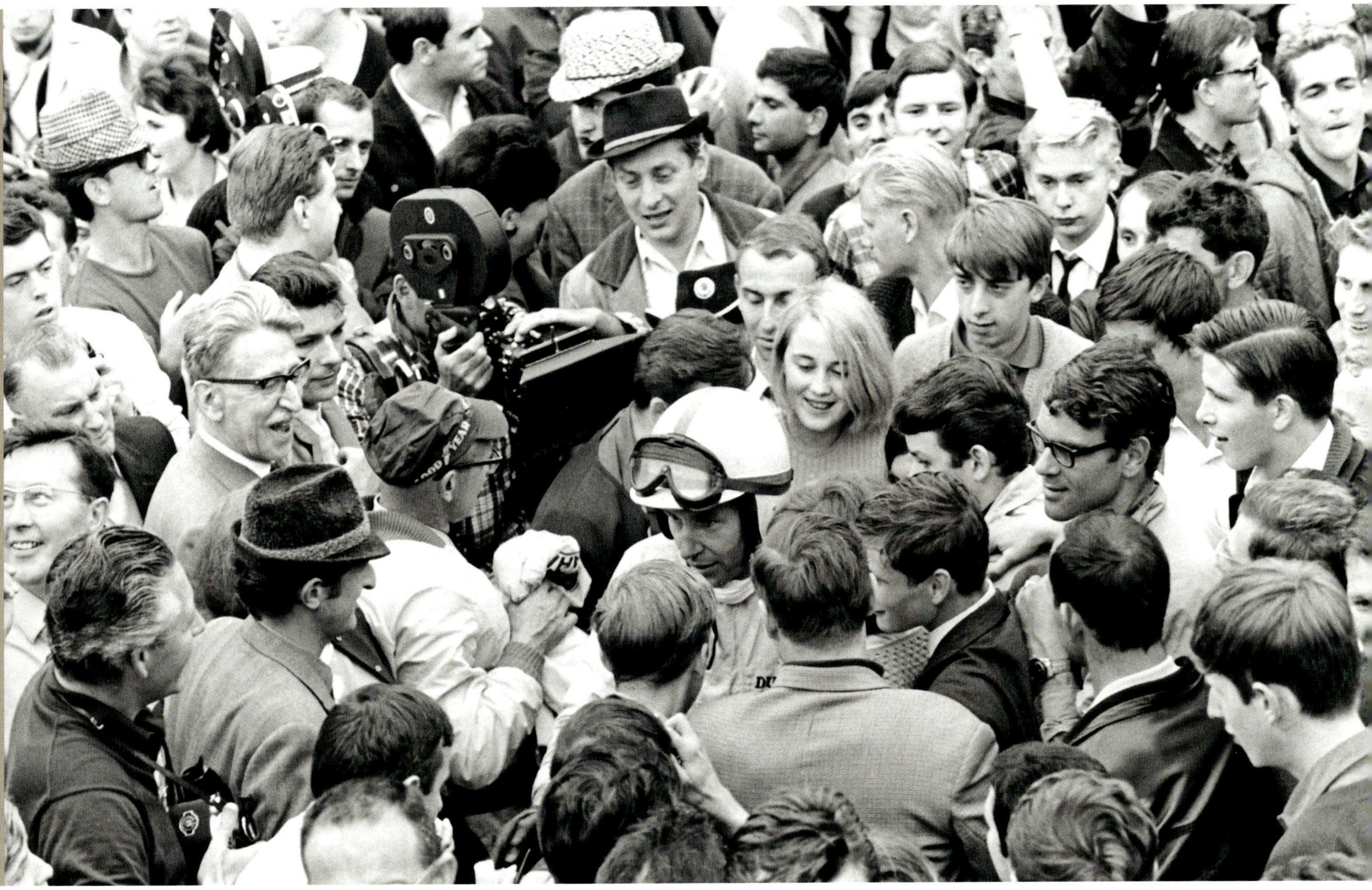

Bain de foule de "Big John" après sa victoire. (Photo Bernard Cahier)

vingt tours suivants, Jochen le généreux va montrer un magnifique panache, tirant de sa Cooper-Maserati ventrue plus qu'elle ne peut donner, pour livrer à Big John une féroce bataille des Ardennes, une de plus, pleine de classe et de bravoure. Il va pourtant finir par s'incliner, différentiel mort, et termine clopin-clopant à 40 secondes de Surtees.

Les spectateurs, hors d'haleine, viennent de vivre une des courses les plus impressionnantes de l'ère moderne des Grands Prix. Mais pas seulement, car, avec le recul, le monde de la course va retenir ce 26e Grand Prix de Belgique et ses dramatiques péripéties comme un moment crucial de l'histoire de la

Résultat

1er : Surtees (Ferrari) en 2 heures 9 minutes 11 secondes 3/10
2e : Rindt (Cooper-Maserati) à 42 secondes 1/10
3e : Bandini (Ferrari), à 1 tour
4e : Brabham (Brabham), à 2 tours
5e : Ginther (Cooper-Maserati), à 3 tours
Ligier (Cooper-Maserati) et Gurney (Eagle), non classés pour distance insuffisante.
Meilleur tour en course : Surtees (Ferrari) à 196,211 km/h.

Abandons

au 1er tour : Clark (Lotus), surrégime ; Bonnier (Cooper-Maserati), accident ; Spence (Lotus-BRM), accident ; Siffert (Cooper-Maserati), accident ; Hulme (Brabham), accident ; Stewart (BRM), accident ; Graham Hill (BRM), accident ; Bondurant (BRM), accident

compétition automobile. En ce sens, on peut dire que le Masta Kink des Anglo-Saxons ne fut pas seulement un virage, mais un tournant.

En effet, l'accident du premier tour et ses conséquences immédiates vont affecter de manière profonde et définitive la vision que Jackie Stewart avait de la course automobile, et dès lors le faire entrer en mission sécuritaire :

"Pour vous montrer à quel point étaient pauvres les structures médicales à l'époque, j'ai été allongé sur le plancher d'une ambulance Cadillac, au milieu des mégots de cigarettes. Louis Stanley (le boss de Stewart chez BRM. Ndl), Jim Clark et Helen m'accompagnèrent. L'ambulance reçut une escorte qui devait la guider jusqu'à l'hôpital de Liège, mais l'escorte sema l'ambulance qui ne connaissait pas le chemin… Grotesque ! Sur le moment, on pensait que j'avais des blessures au dos, si bien que Louis Stanley organisa mon rapatriement en Lear Jet, ce qui était plutôt tape-à-l'œil en 1966. En réalité, j'avais quatre côtes cassées, une fracture de l'omoplate et une fracture pubienne qui ne s'est jamais complètement consolidée."

Les conditions de sécurité inexistantes, tant dans les voitures que sur les circuits, frappèrent d'autant plus l'Écossais qu'il revenait juste des États-Unis où il avait couru les 500 Miles d'Indianapolis. Cette course est restée dans les mémoires pour le monumental crash du début de course qui détruisit seize voitures. Or, on ne releva pas le moindre bobo pour les pilotes, habillés de combinaisons ignifugées et maintenus par des harnais de sécurité. Les secours immédiats n'eurent à constater aucun départ de feu, les voitures étant équipées de réservoirs de carburant souples avec raccords auto-obturants obligatoires. Un contraste aussi saisissant avec les conditions précaires dans lesquelles se déroulaient les Grands Prix sur l'Ancien Continent ne pouvait qu'accélérer la prise de conscience des problèmes de sécurité. L'accident de Stewart fut sans aucun doute un facteur essentiel de son implication future dans la croisade sécuritaire de la fin des années 1960 et des années 1970, mais le terrain était prêt, chez un garçon pour qui la raison semblait par ailleurs toujours l'emporter sur la passion.

D'autant que les instances internationales, à l'aube de cette saison 1966 qui voyait apparaître la nouvelle Formule 1 de 3 litres de cylindrée, s'étaient surpassées dans l'immobilisme : une seule mesure prise dans le domaine de la sécurité, l'augmentation de 50 kilos de la limite inférieure de poids des voitures pour tenter de réduire l'impact du doublement de la cylindrée sur les vitesses atteintes. Ce qu'on peut appeler un programme minimum.

Certains, dans le milieu, redoutaient que les structures des circuits ne soient dépassées par les performances des voitures, mais beaucoup vivaient encore la course avec un fatalisme qui confinait à l'esprit de sacrifice dont les courses célébreraient le rite.

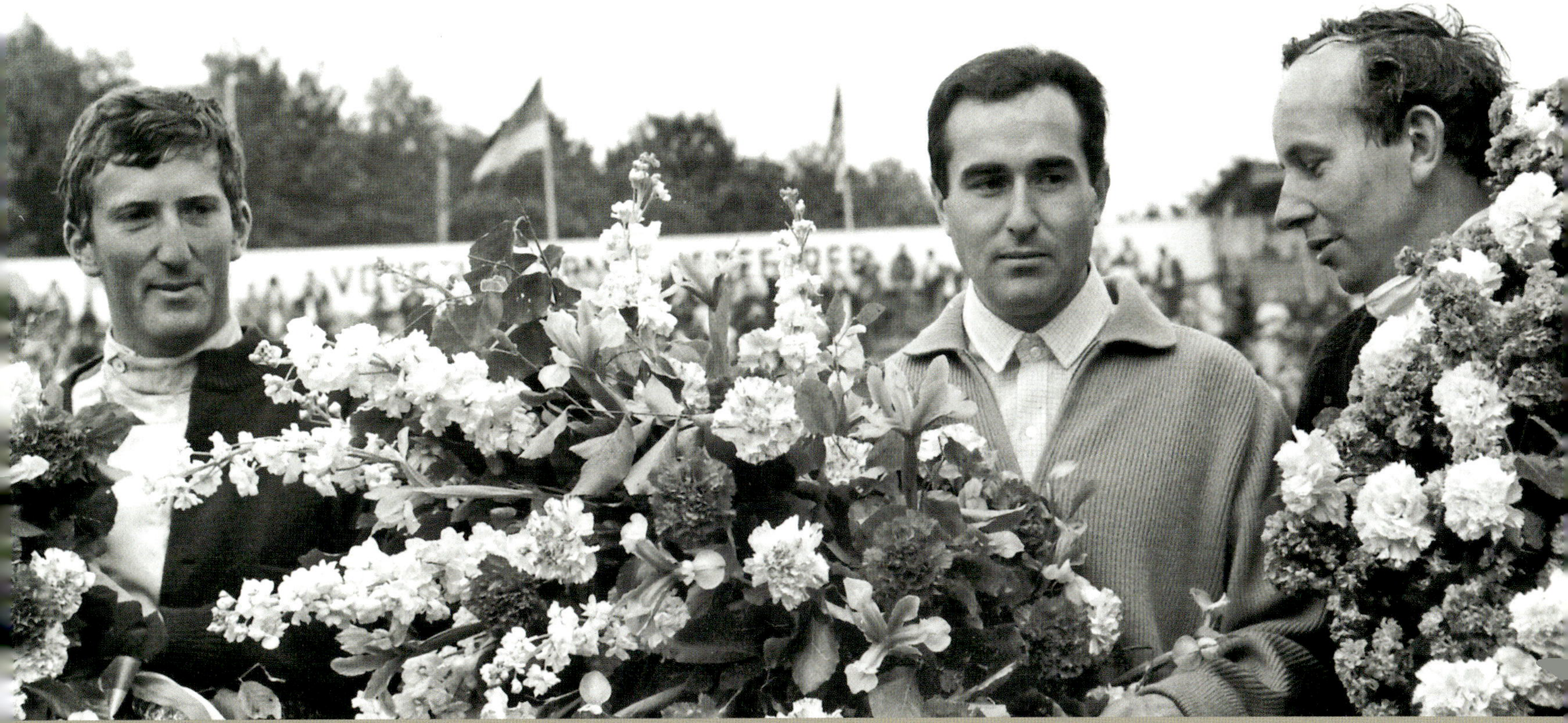

Des fleurs bien arrosées pour Rindt, Bandini et Surtees. (Photo Bernard Cahier)

"Le climat dramatique de la compétition m'enchante. Courir à 300 kilomètres/heure, c'est comme souffrir du mal d'amour", déclarait, vibrant, Peter Collins en 1958, quelques semaines avant son fatal accident du Nürburgring, lors du Grand Prix d'Allemagne.

Le public admirait et aimait ces gladiateurs pilotes, autant pour leur talent que pour leur bravoure, car le danger était partout présent dans les années 1950 et 1960 (et 1970...).

Pour Stewart, "mourir en course n'est pas une fatalité, [...] les pilotes devraient être payés pour montrer leur habileté et pas seulement leur courage dans ce qui ressemble maintenant à des conditions de course préhistoriques. [...] C'est de la folie de courir sur des circuits comme Spa, où tout ce qu'il y a comme moyens de protection sont des barbelés. [...] Il n'y a absolument aucune raison d'exposer les pilotes à des risques inutiles. Cela n'existe pas dans les autres business."

Manifestement, du romantisme échevelé, Jackie Stewart n'a gardé que la chevelure ! L'ensemble de ses déclarations lui vaudra, outre les critiques et même les menaces, l'appellation de "Milk and Water Man" par Denis Jenkinson. Quelques pilotes se montrèrent même franchement hostiles à ce qu'ils considéraient comme un avilissement de leur noble activité, une tentative d'étouffement de leur passion : Pedro Rodriguez courait sur tout et partout, affichant la plus totale indifférence pour le danger. Plus tard, le Mexicain magnifique refusera systématiquement de s'associer aux revendications du Grand Prix Drivers Association (GPDA) ou au boycott de certaines courses. Jacky Ickx, lui aussi, sera un farouche opposant à toute mesure tendant à affadir les circuits. Ils partageaient, avec d'autres, une approche de la compétition qui ressemblait plus à l'attitude des *gentlemen drivers* de la génération précédente qu'à celle du jeune loup écossais aux dents longues.

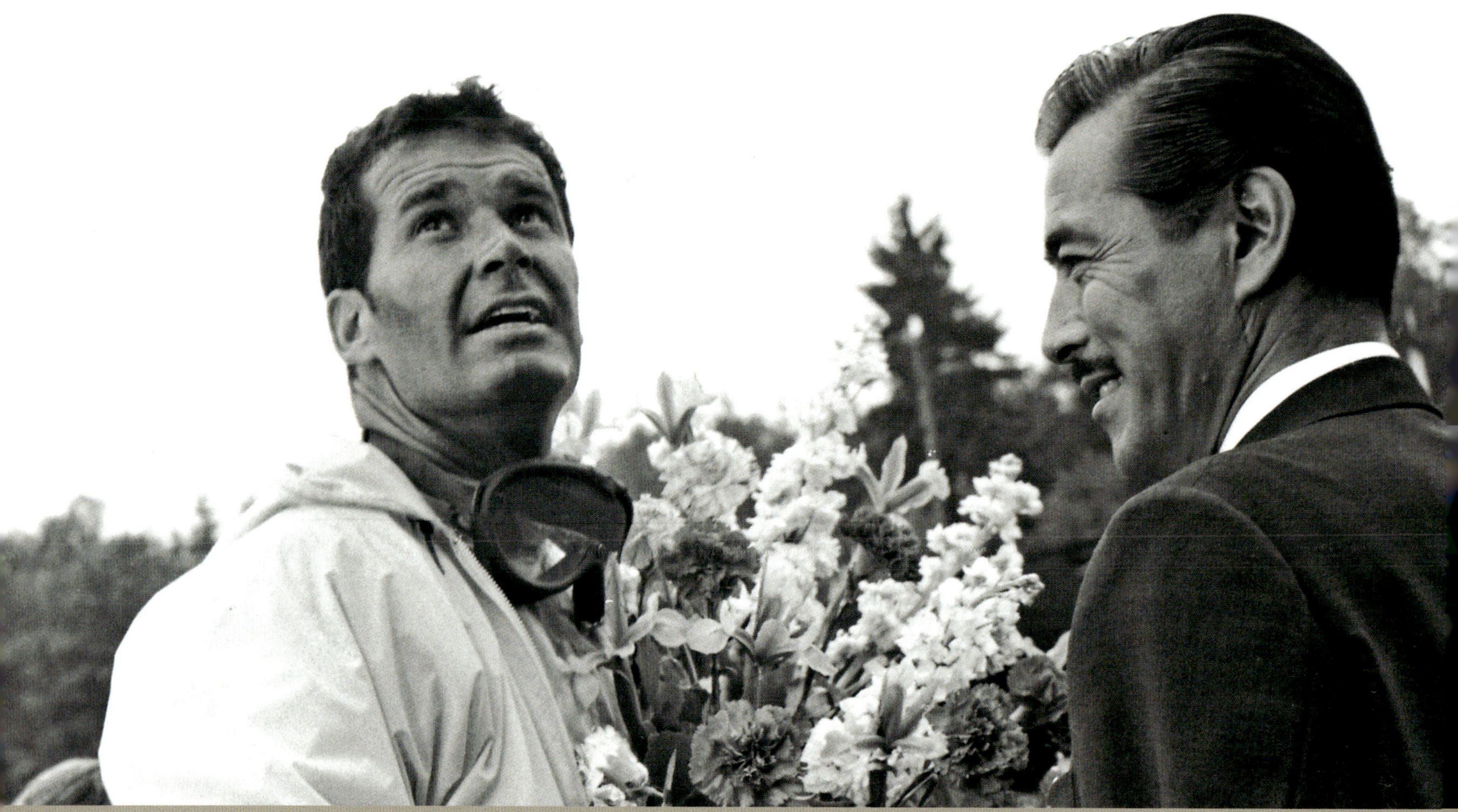

Un podium de cinéma, James Garner et Toshiro Mifune. (Photo Bernard Cahier)

Même d'autres pilotes trouvèrent qu'il en faisait un peu trop. Le vieil Innes Ireland avait déjà flairé l'arrivée du loup professionnel dans la bergerie des amateurs. Dans ses formidables mémoires *Pied à la planche* (titre original : *All Arms and Elbows*), il évoque sa rencontre avec "un de ces jeunes gars qui venait de faire sa première saison de Formule 1 comme ailier dans un *team* d'usine. Nous dînions ensemble au Lion d'or, à Reims, et il s'est mis à me poser des questions sur la compétition. Tant qu'on en est resté au chapitre de la course, des voitures et des circuits, j'étais ravi de lui communiquer mon expérience personnelle. Mais il est bientôt apparu que c'était l'argent qui l'intéressait surtout. Les questions pleuvaient : touchait-il assez comme prime de départ ? Combien pouvait-il tirer de plus de tel ou tel ? Pouvait-il exiger davantage de la société pétrolière X ? La société de pneumatiques Y ne pourrait-elle pas le payer davantage ? J'en ai eu assez. Écoute, dis-je à la fin, je cours pour la somme qu'on me donne et je suis sacrément content de le faire. Tu ferais mieux de t'adresser à un comptable." Plus tard, d'autres pilotes encore opposèrent à la froideur du calcul leur sens du panache, leur envie de piloter, sans souci du risque, peut-être même pour l'amour de ce dernier... Pourtant, le taux de mortalité en course était élevé, s'établissant autour de 10 % par saison dans les années 1950 et 1960, avant de commencer à diminuer régulièrement au cours de la décennie suivante. La liste des pilotes de Grand Prix morts en course, pour parler uniquement de ceux ayant roulé en Formule 1, à partir de 1950, est longue : Sommer, Peter Whitehead, Fagioli, Bonetto, Marimon, Ascari, Levegh, Rosier, Castellotti, Wharton, de Portago, MacKay-Frazer, Musso, Scott Brown, Collins, Lewis-Evans, Bueb, Behra, Stacey, Bristow, Schell, von Trips, Ricardo Rodriguez, de Beaufort, John Taylor, Bandini, Anderson, Clark, Spence, Scarfiotti, Schlesser, Hawkins, Geki, Raby, Lucien Bianchi, Mitter, Rindt, McLaren, Courage, Siffert, Pedro Rodriguez, Giunti, Bonnier, Williamson, Cevert…

Pour Jackie Stewart, la liste s'arrêtera là, un sombre jour d'octobre 1973, avec la disparition de son jeune coéquipier français, son François bien-aimé. Le cœur brisé, il arrête de courir, à la veille de son centième Grand Prix.

Depuis l'électrochoc mental de son accident de Spa-Francorchamps en 1966, ses menées sécuritaires ne l'ont donc pas préservé du chagrin, mais elles ont incontestablement abouti à des avancées spectaculaires dans la protection de l'intégrité des pilotes : son pragmatisme lui fera équiper sa BRM H16 d'une ceinture de sécurité sur le modèle américain ; il adoptera le casque intégral Bell introduit par Dan Gurney en 1968 et troquera le coton de ses combinaisons contre du Nomex incombustible. Pionnier de la recherche, il improvisera même, avec une couche jetable de son bébé, un masque respiratoire contre les fumées toxiques, en cas d'incendie ! Grâce à son action conjointe avec le patron de BRM, Louis Stanley, dont le poids sera déterminant, les structures médicales précaires des circuits vont faire place à une antenne médico-chirurgicale itinérante, compétente et entraînée, longtemps dirigée par le professeur Sid Watkins.

Dans le même temps, il épaule puis remplace Joakim Bonnier à la tête du GPDA. Son activisme militant de syndicaliste pur et dur déborde alors largement du simple cadre des problèmes de sécurité. Âpre au gain, il va faire éclater la notion d'équipe pour diviser le monde de la course en employeurs et employés, aux intérêts souvent contradictoires. Le premier, il confie la gestion de ses affaires, de son image, à une société spécialisée. Pour lui, la course est un métier comme un autre, ou presque. L'aspect héroïque de son métier ne l'intéresse pas, bien qu'il montre, en diverses occasions, bravoure et détermination au volant, en dehors de son immense talent, talent qu'il souhaiterait, seul, voir récompensé. La professionnalisation outrancière de la course lui doit aussi beaucoup, avec, en corollaire, le splendide isolement que connaissent aujourd'hui le monde de la Formule 1 et ses inapprochables acteurs.

Par ailleurs, si les mesures endogènes préventives de sécurité (casque intégral, harnais, combinaison Nomex, arceau, réservoirs) ont été relativement simples à mettre en place, les dispositions exigées par Stewart et le GPDA pour réduire les risques exogènes, c'est-à-dire l'aménagement des circuits et de leurs abords immédiats, se sont avérées mortelles pour de nombreuses pistes historiques du vieux continent. Ainsi sont morts d'asphyxie Reims, Solitude, Montjuich, Charade, le vieux Nürburgring et le vieux Spa-Francorchamps, autant de monuments du patrimoine mondial de la course automobile. D'autres circuits survivront, horriblement mutilés ou vidés de leur substance à force de chicanes en tout genre. Émergeront ensuite des circuits politiquement corrects, dont la froideur clinique et le manque d'intérêt technique risquent un jour d'avoir raison de la ferveur d'un public de plus en plus éloigné, physiquement et affectivement, de ses héros.

Peut-on pour autant affirmer que la volonté d'un seul homme, ou de quelques-uns, s'est imposée au plus grand nombre ? Ce qui est sûr, c'est que c'est parmi les opposants les plus farouches aux mesures ultrasécuritaires exigées par Jackie Stewart que se recrutaient les équilibristes capables d'enflammer l'imagination des foules sur des circuits "naturels" et naturellement dangereux, comme le vieux Ring et le vieux Spa-Francorchamps, qui ont vu plus qu'ailleurs, des courses entrer dans la légende de la course automobile. Or, c'est d'abord sur ces deux pistes que l'Écossais a baissé le pouce de la mise à mort.

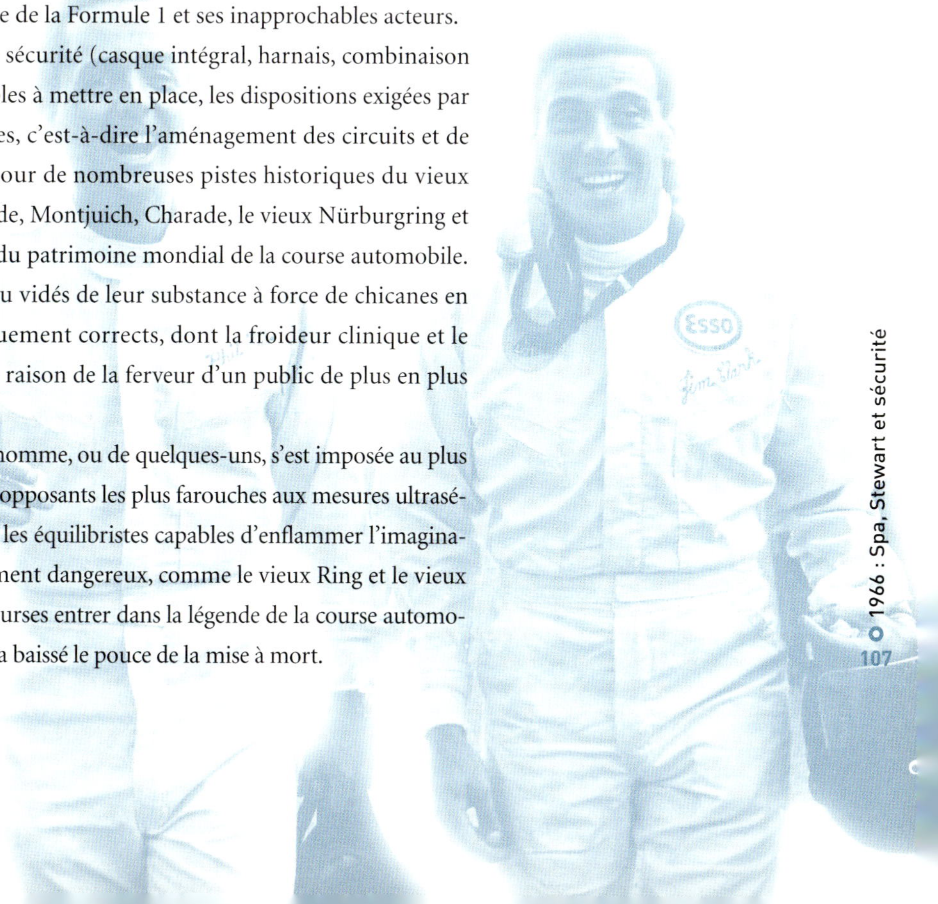

LES DERNIÈRES COURSES À SPA

Dans les mois qui suivent l'impressionnant Grand Prix de Belgique 1966, les images du premier tour font craindre pour l'avenir des courses à Spa-Francorchamps. Du coup, on se bouge pas mal dans les Ardennes à l'intersaison : le revêtement est refait, des rails de sécurité sont posés dans certaines zones à risque, de nouveaux stands sont érigés, avec étages et balcons. On murmure même que les communes de Francorchamps et de Stavelot étudient le plan d'aménagement d'une nouvelle piste. En attendant, l'ancienne est encore bien vivante et accueille toujours deux évènements majeurs du calendrier international : la course des sport, en mai, et le Grand Prix de Formule 1, en juin. La première n'a rien à envier au second en termes de prestige aux yeux du public, d'autant que les voitures de sport sont d'une sublime beauté, les batailles magnifiques et les vainqueurs souvent belges, en cette fin des *swinging sixties*.

1967

Mairesse, "Wild Willy", semblait, tout comme Pedro Rodriguez, totalement étranger à la notion de sécurité. À Spa-Francorchamps, il était chez lui, pas seulement au niveau géographique ! Amoureux de cette piste, il y avait charmé les Cobras (Shelby Daytona) pour gagner ici en 1965 au volant de la Ferrari 275 LM de son protecteur et ami Jacques Swaters. Il revient sur les lieux de ses précédents exploits en 1967 pour les 1 000 Kilomètres de Francorchamps, sur la bellissime et rarissime 412 P, peinte en jaune. Ferrari n'a construit que quatre exemplaires de ce modèle exceptionnel destinés aux clients privés les plus prestigieux de Maranello : un exemplaire pour l'écurie Francorchamps de Jacques Swaters, un pour l'écurie Filipinetti, un pour le North American Racing Team de Luigi Chinetti et un dernier pour Maranello Concessionnaires de Ronnie Hoare.

Le plateau est de haut niveau, avec Phil Hill sur la Chaparral 2F, meilleur temps aux essais, devant Jacky Ickx, autre héros local, sur la Mirage Ford de 5,7 litres de cylindrée et les Ferrari P4 d'usine de Mike Parkes et Lodovico Scarfiotti précédant Willy Mairesse. Joseph Siffert et Hans Herrmann sont quant à eux sur des Porsche 908.

Pendant les deux jours d'essais, le circuit spadois a été inondé de soleil. Malheureusement, les 1 000 Kilomètres vont se courir sous la pluie et dans le froid. Au moment du départ, tous s'élancent – sauf la Ferrari d'Attwood, collée trois minutes sur la ligne de départ – phares allumés, à travers une nébulisation glaciale. Mai, joli mois de mai, typique dans ce coin des Ardennes.

Typique aussi la farouche bataille entre les deux Belges, Willy et Jacky, en début de course, qui entre dans la longue histoire des duels au couteau que la vieille piste a vécus. Son coéquipier Beurlys craint trop de

Splendeur de Francorchamps ; le paquet est encore bien groupé dans les Combes, au début de ce superbe Grand Prix de Belgique 1967 : Clark, devant la grosse Cooper-Maserati de Rindt, la BRM de Stewart et les Ferrari de Parkes et Scarfiotti. Puis viennent la Honda de Surtees, la Cooper-Maserati de Pedro Rodriguez et la splendide Eagle du futur vainqueur, Dan Gurney. (Photo Van Bever)

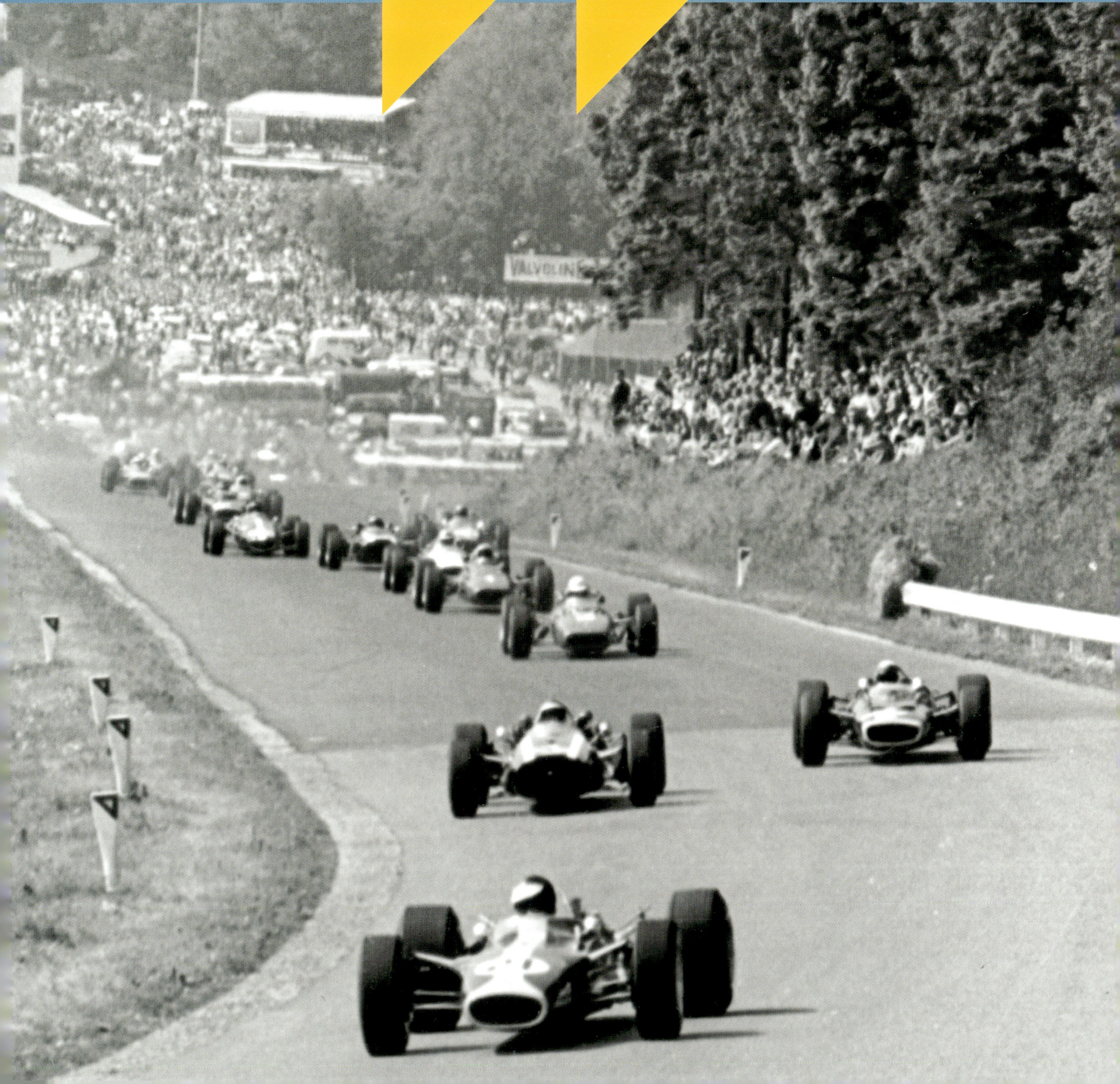

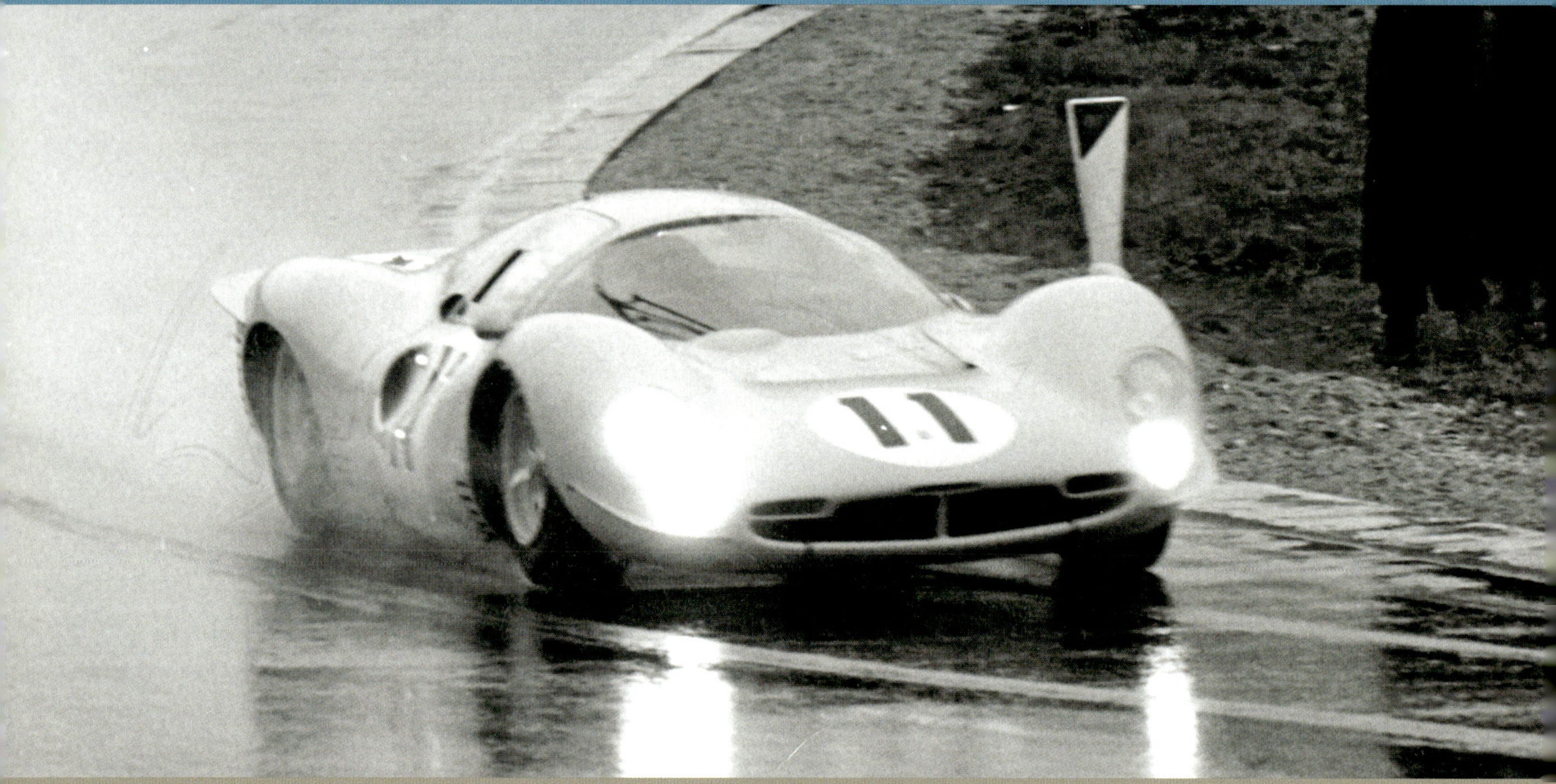

Willy Mairesse, "Wild Willy", n'avait que faire des préoccupations sécuritaires de certains. Sa sublime P4 jaune est encore entière alors qu'il tourne dans l'Eau rouge. Plus tard, surpris par le déluge, il sortira de la piste à la Carrière.
(Photo Van Bever)

sortir la sublime 412 sur la piste glissante. Il tourne entre 20 et 25 secondes moins vite que Mairesse. Contraint de refaire le retard, Willy va en faire un peu trop. Dans les éclairs et le tonnerre, il se bat magnifiquement, mais sort sous le déluge au virage de la Carrière et endommage gravement la belle.

Ickx-Thompson emmèneront finalement leur surpuissante Mirage-Gulf bleu pâle et orange de 5,7 litres à la victoire, premier succès international pour le tout jeune Jacky, vingt-deux ans, formidable funambule sur le mouillé, bientôt sacré champion d'Europe de Formule 2. Derrière, Parkes-Scarfiotti, retardés par des problèmes de boîte, sont passés par un tandem qui fera parler de lui, Siffert-Redman, sur la Porsche. Le meilleur tour ira à la Chaparral de Hill et Spence, pourtant très vite distancés.

1er mai 1967 : 1 000 kilomètres de Spa-Francorchamps

1er : Ickx-Thompson	Mirage-Ford M1
2e : Siffert-Herrmann	Porsche 910
3e : Attwood-Bianchi	Ferrari 412 P
4e : Hawkins-Epstein	Lola T 70-Mk III-Chevrolet
5e : Parkes-Scarfiotti	Ferrari 330 P4
6e : Sutcliffe-Redman	Ford GT 40 1er sport 2 litres

Un mois plus tard, les monoplaces sont de retour. Cette fois, la piste est sèche et le soleil brille. Clark surclasse toute la concurrence aux essais sur sa flambante Lotus 49 tout juste sortie du berceau. Il précède Gurney et sa magnifique Eagle bleu nuit et blanc, tous chromes dehors (échappement, bouchon de réservoir…). Au baisser du drapeau, Graham Hill met 2 minutes pour démarrer. Clark s'envole… et Parkes aussi ! À 240 kilomètres/heure, la monoplace de l'ingénieur pilote dérape sur l'huile lâchée par le BRM H16 de Stewart qui

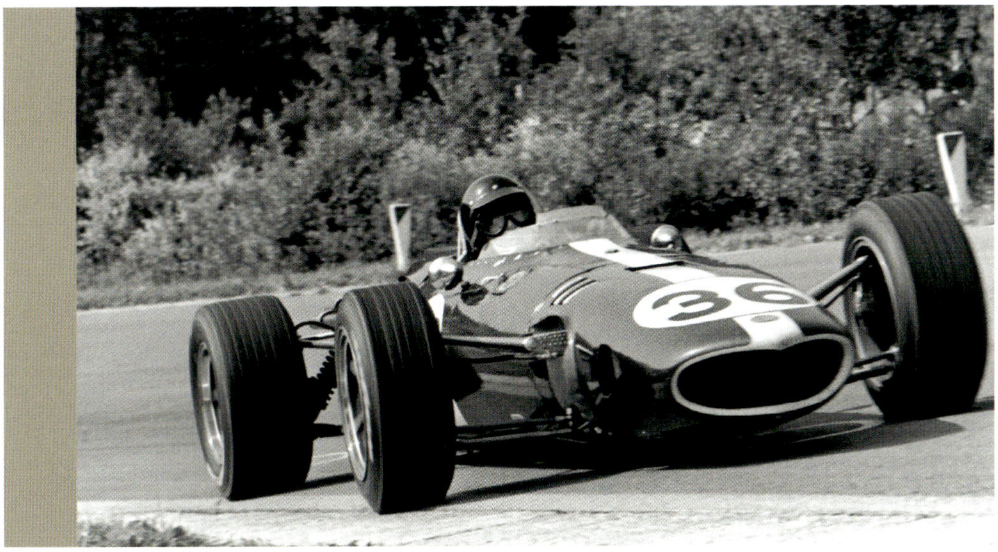

Le célèbre n° 36 du millésime 1967 : Dan et "son" Eagle-Weslake. (Photo Bernard Cahier)

le précède. Il est éjecté de sa Ferrari, partie en tonneaux entre la Carrière et Blanchimont, et gît au milieu de la route, évité de justesse par les voitures qui le suivent, sous les yeux horrifiés de son coéquipier Scarfiotti : même endroit, même faute, même sanction que son compatriote Cliff Allison en 1961. Il souffre de graves fractures aux jambes et ne reviendra jamais en Grand Prix.

La Lotus de Clark a des ennuis de bougies qui obligent l'Écossais à s'arrêter au douzième tour pour en changer une. Il repart avec un demi-tour de retard sur la BRM de Stewart qui souffre de problèmes de transmission. Jackie doit piloter toute la remontée à travers la forêt, depuis Stavelot, une main sur le levier de vitesse, car la cinquième saute ! Gurney le suit à 13 secondes, mais s'arrête quelques secondes pour faire vérifier sa jauge de carburant. Sans doute a-t-il encore en mémoire le souvenir brûlant de sa panne d'essence de 1964. Mais il va revenir sur la BRM de Stewart, la déborder au vingt et unième tour et la distancer de 5 à 10 secondes par tour pour enfin gagner à Spa, où il a si souvent été malchanceux, sur cette Eagle qu'il avait fait débuter ici même l'année précédente, alors équipée d'un très

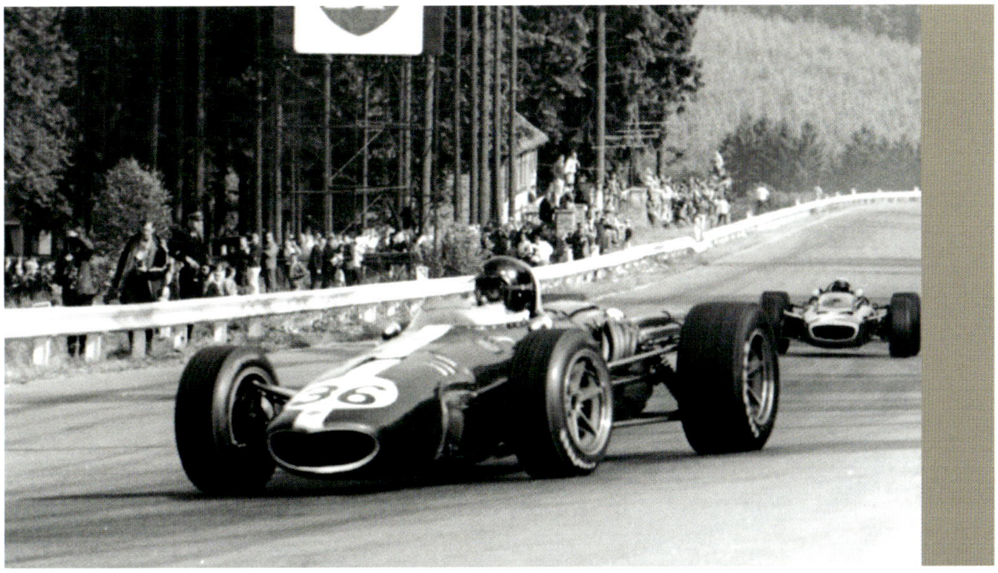

Instant décisif : Gurney vient d'imposer sa belle Eagle, tous chromes dehors, du bouchon de réservoir aux échappements, à la BRM de Stewart. Il ne sera plus rejoint. (Photo Van Bever)

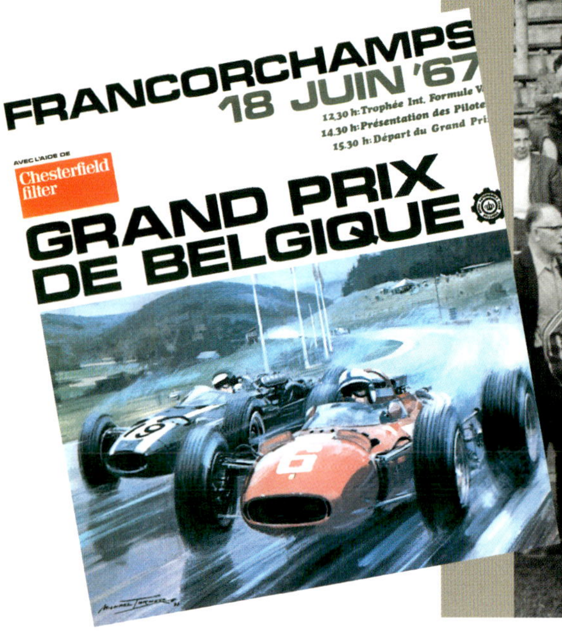

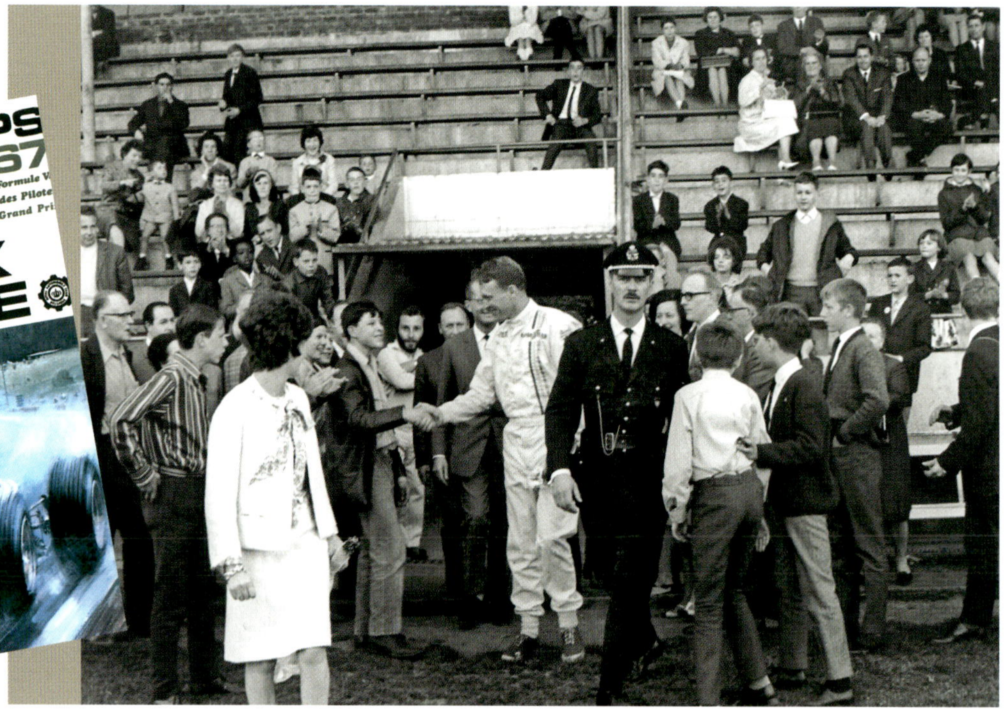

Le vainqueur, Gurney serre la main d'un jeune garçon qui doit, quarante ans plus tard, s'en souvenir encore. Autre époque. (Photo Bernard Cahier)

Page de droite
Jochen Rindt est pensif, dans le cockpit de sa Brabham, avant le départ du Grand Prix de Belgique 1968. (Photo Bernard Cahier)

modeste quatre cylindres Coventry-Climax. Cette fois, c'est une tout autre symphonie qu'émettent les tuyaux d'orgue chromés des échappements de la belle, enfin munie de son Weslake V12. Première et dernière victoire en Grand Prix de Formule 1 d'un pilote américain au volant d'une voiture américaine et, qui plus est, la sienne ! Pour lui comme pour beaucoup de ses compagnons, Spa-Francorchamps symbolisait la quintessence du rêve américain de la course à l'européenne sur circuit routier, un endroit, disait-il, capable de "séparer les hommes des petits garçons".

Chris Amon finit à une belle troisième place ce Grand Prix qui devient le plus rapide de l'histoire à 234,945 kilomètres/heure de moyenne ! Le "Kiwi volant" faisait partie des adorateurs du vieux Spa-Francorchamps, ses grandes courbes et ses très hautes vitesses. Il dira plus tard : "Spa nous inspire une peur atroce, mais un tour rapide réussi ici nous apporte plus de satisfaction que partout ailleurs." Il fera encore parler sa classe, son courage et son panache les années suivantes, des qualités qui ne seront jamais pleinement récompensées.

Résultat

1er : Gurney (Eagle) en 1 heure 40 minutes 4/10
2e : Stewart (BRM) à 1 minute 3 secondes
3e : Amon (Ferrari) à 1 minute 40 secondes
4e : Rindt (Cooper-Maserati) à 2 minutes 13 secondes 9/10
5e : Spence (BRM), à 1 tour
6e : Clark (Lotus), à 1 tour
7e : Siffert (Cooper-Maserati), à 1 tour
8e : Anderson (Brabham), à 2 tours
9e : Rodriguez (Cooper-Maserati), à 3 tours
10e : Ligier (Cooper-Maserati), à 3 tours ;
Scarfiotti (Ferrari), non classé, à 4 tours
Meilleur tour en course par Gurney (Eagle-Weslake) à 239,547 km/h

Abandons

- Parkes (Ferrari), accident ; Surtees (Honda), moteur ; Irwin (BRM), moteur au 1er tour
- Graham Hill (Lotus) au 3e tour, embrayage
- Bonnier (Cooper-Maserati) au 10e tour, moteur
- Hulme (Brabham) au 14e tour, moteur
- Brabham (Brabham) au 15e tour, moteur

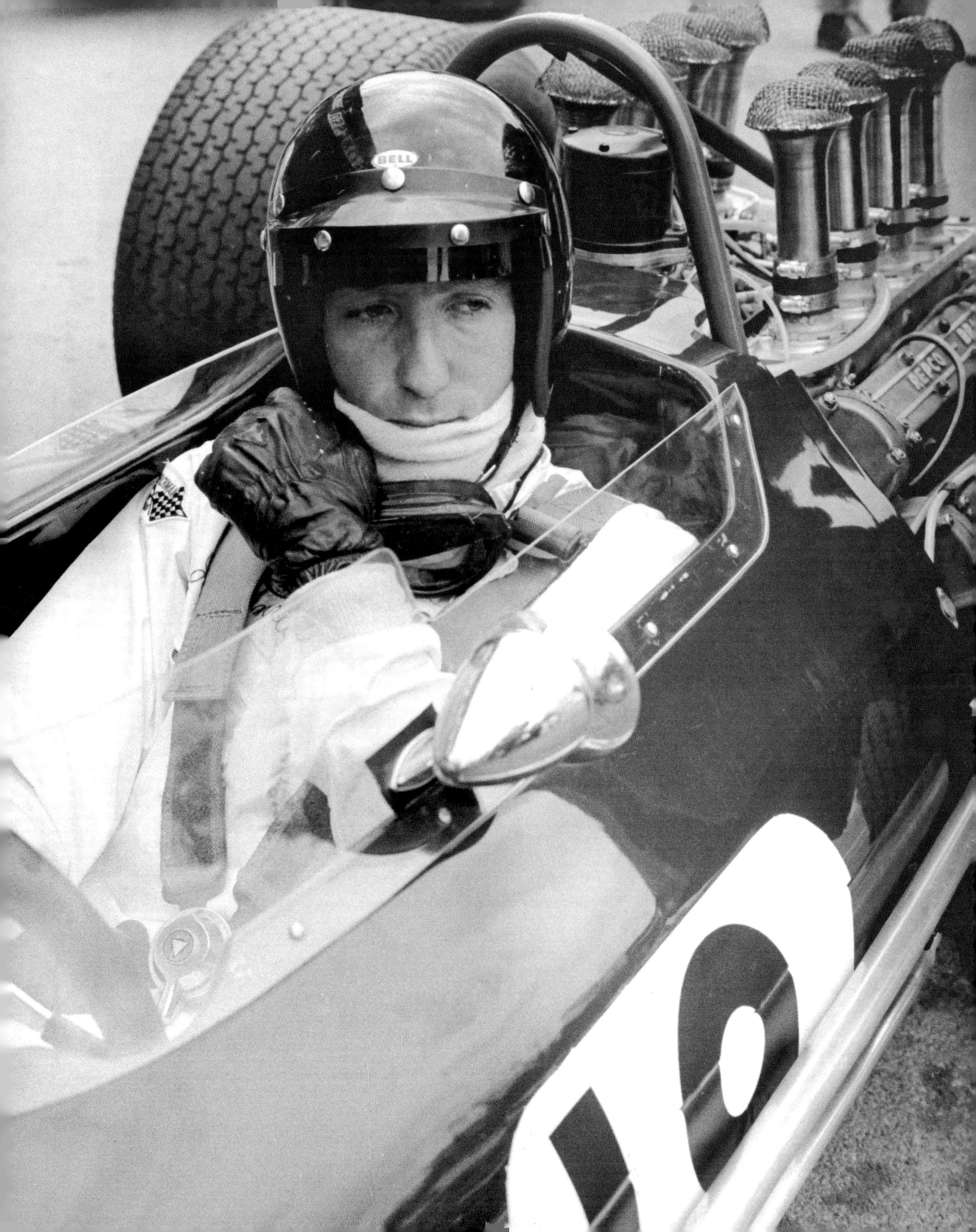
BELL
REPCO

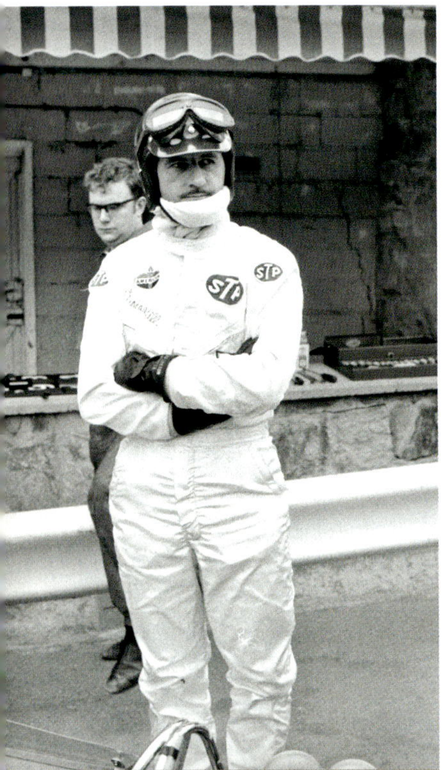

Graham Hill joue les poseurs pour son copain Bernard Cahier. (Photo Bernard Cahier)

Pedro Rodriguez, magnifique combattant, dans l'Eau rouge. Il se battra jusqu'au bout d'une course que Bruce McLaren va enfin gagner, après tant et tant de places d'honneur à Spa. (Photo Bernard Cahier)

1968

En 1968, la vieille Europe ébahie a découvert qu'elle avait une jeunesse. Elle sort à peine des turbulences du mois de mai que le grand cirque de la compétition automobile dresse son chapiteau dans les Ardennes belges et leur majestueux décor pour le premier de ses annuels rendez-vous avec le grand frisson.

La FIA, sans aucune concertation, a édicté de nouvelles règles, limitant la cylindrée à 3 litres pour les prototypes et 5 litres pour les automobiles de sport avec un seuil d'homologation fixé à cinquante exemplaires, qui vont entraîner la disparition des Ford et Chaparral, et envoyer les merveilleuses P4 au musée !

La Ford rouge et or d'Alan Mann est là, de même que la nouvelle Matra MS 630 qui montre sa vélocité en établissant le meilleur temps des essais. En course, elle cassera sa transmission.

Ickx, épaulé par une vraie pointure en la personne de Brian Redman, impose sa GT 40 à la piste, aux adversaires et aux éléments, car la pluie s'est, une fois de plus, invitée à la fête ardennaise. Le Belge n'a rencontré qu'une seule opposition, celle de Vic Elford, sur la Porsche 2,2 litres de l'usine. Très à l'aise sur la piste détrempée, l'éclectique pilote britannique a soutenu le rythme de la grosse GT 40 avant de devoir s'arrêter, dès le troisième tour, pour réparer le câble d'accélérateur. Il repart après minutes d'arrêt aux stands.

26 mai 1968 : 1 000 Kilomètres de Spa-Francorchamps

1er : Ickx-Redman (Ford GT 40)
2e : Mitter-Schlesser (Porsche 907 2,2 litres)
3e : Herrmann-Stommelen (Porsche 908)
4e : Hawkins-Hobbs (Ford GT 40)
5e : Koch-Lins (Porsche 910)
6e : Spoerry-Steinemann (Porsche 910)

Au douzième tour, Ickx double Herrmann, et au vingt-huitième Mitter. Ickx et Redman vont alors se contenter de gérer leur avance, laissant revenir Mitter dans le même tour d'une fin de course animée par Jo Schlesser, en pleine attaque, et récompensé par un record du tour à 211 kilomètres/heure.

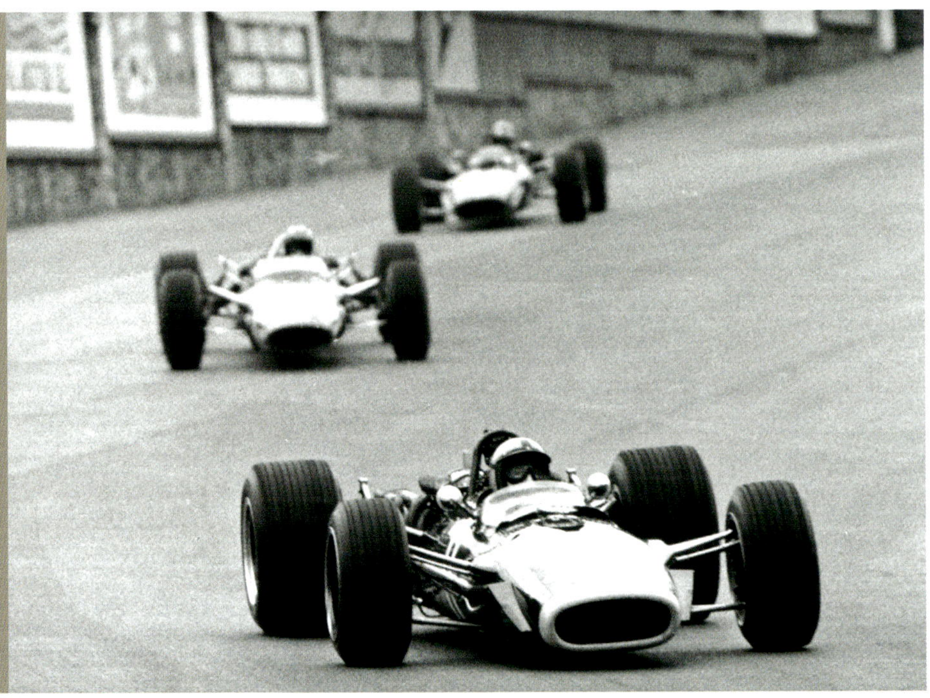

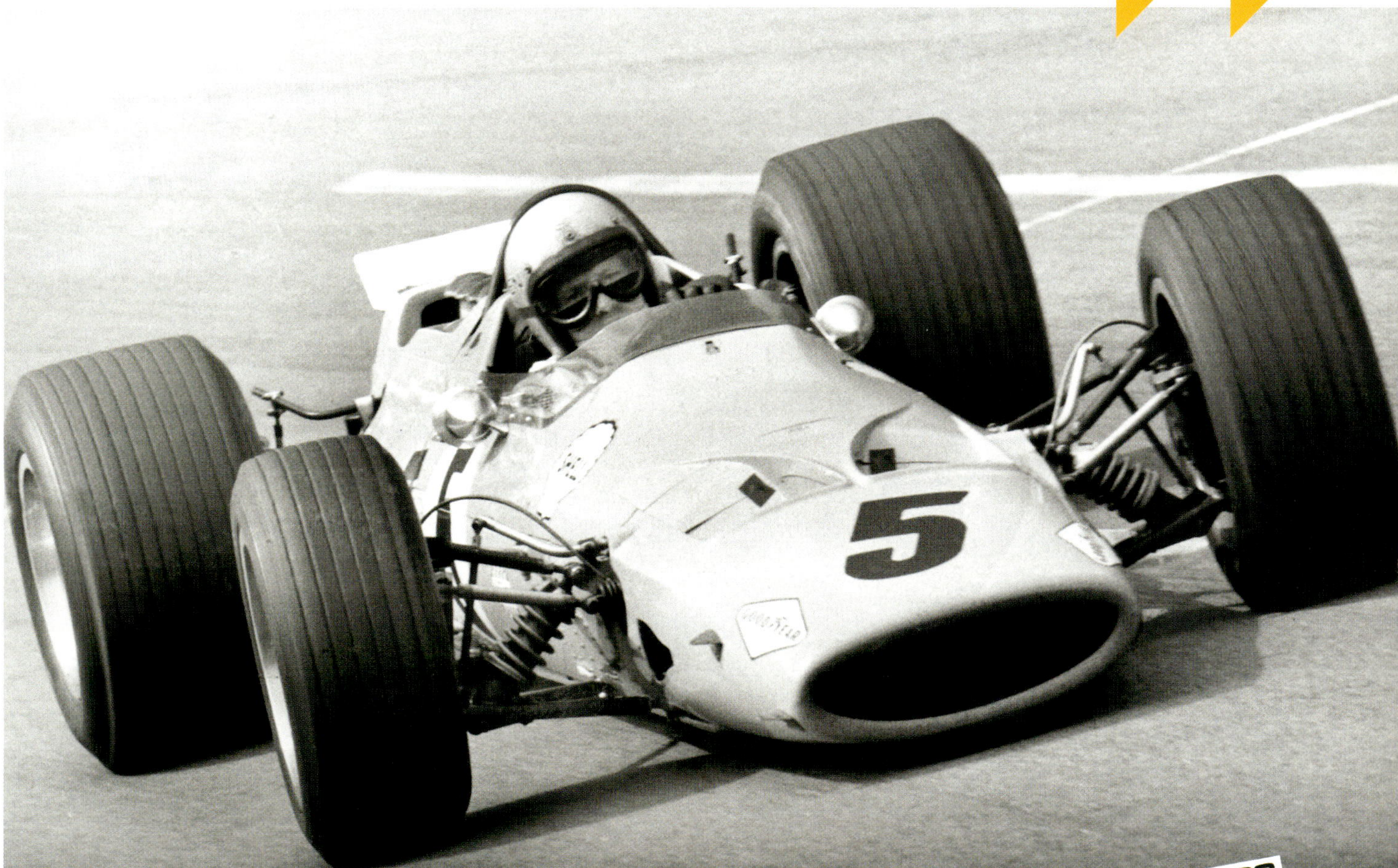

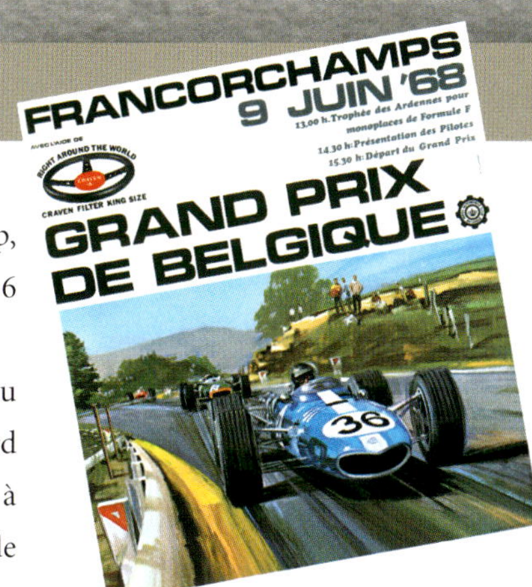

McLaren, vainqueur sur McLaren, un pilote gagne à Spa en 1968, un Grand Prix sur sa propre machine, comme Brabham l'a fait pour la première fois à Reims en 1966, comme Gurney l'a fait ici même un an plus tôt. (Photo Bernard Cahier)

Dès les essais de ce 28e Grand Prix de Belgique, Chris Amon, le "Kiwi volant", frappe un grand coup, poussant la Ferrari à ses limites extrêmes. Il "met" presque 4 secondes à la Matra-Ford de Stewart et 6 à l'autre Ferrari, pourtant aux mains de Jacky Ickx. Quelle excitante première ligne !

Tout est réuni pour faire de cette course une fête. Pourtant, en ce 9 juin, la *furia* des essais, la beauté du site, le succès populaire, rien ne parvient à dissiper l'impression de cafard qui règne, mêlée à un lourd climat de tension. Deux mois plus tôt, le 7 avril, dans une course de Formule 2 courue pas loin de là, à Hockenheim, Jimmy Clark a perdu sa fragile Lotus dans les arbres et s'est brisé la nuque. Le deuil de sa disparition n'est pas fait et les pilotes, comme le déclarera Chris Amon, se demandent comment cela a pu lui arriver, à lui, et sentent qu'ils ont à jamais perdu leur leader.

Le petit monde des Grands Prix traîne un gros chagrin, ravivé par une autre perte, celle du doué Mike Spence, le 7 mai, victime d'un contact fatal avec le muret de protection de l'anneau mythique d'Indianapolis, qu'il venait de couvrir plus vite que personne, lors des essais des 500 Miles. La sombre série n'est hélas pas terminée : la veille de ce Grand Prix de Belgique, les pilotes meurtris apprennent la mort de leur camarade Lodovico Scarfiotti. Ironie du destin, l'Italien, encore hanté par les images effrayantes qu'il avait gardées de l'accident de Parkes vers Blanchimont un an plus tôt, avait préféré faire l'impasse sur Spa pour courir une épreuve du championnat d'Europe de la montagne, à Rossfeld, où la mort l'attendait.

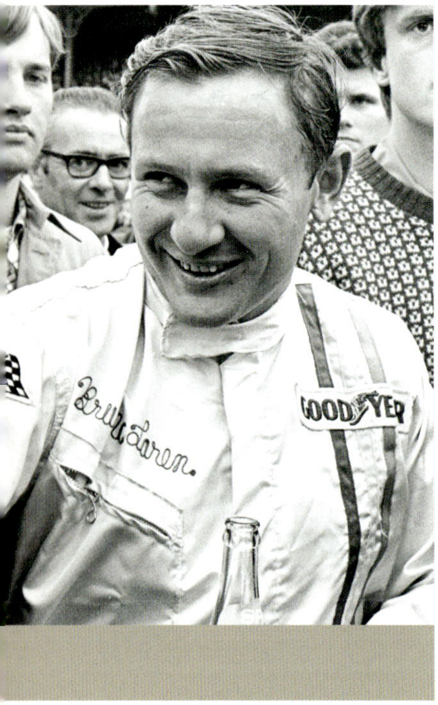

Il est heureux, le gentil Bruce.
(Photo Bernard Cahier)

Comme souvent ici, la course est marquée de nombreux coups de théâtre. Quatre pilotes prennent successivement la tête avant d'abandonner : Amon (radiateur percé au neuvième tour), qui a mené tout le début de course ; Surtees (rupture de suspension au douzième tour) ; Hulme (cardan, dix-neuvième tour) ; et Stewart (qui conduit avec un bracelet de plastique au poignet suite à son accident de Jarama en Formule 2), presque jusqu'à la fin, avant de devoir ravitailler dans l'avant-dernier tour.

Au début de la course, pendant les neuf tours que dure leur duel, Surtees et Amon font entendre au-dessus de la canopée le somptueux chant des V12 tournant à pleine puissance. Au cinquième tour, Big John établit le record du circuit à plus de 240 kilomètres/heure ! Le châssis Lola de la Honda a-t-il souffert de la surpuissance du moteur nippon ? Les suspensions cèdent au douzième tour. Puis, Ickx voit son moteur flancher sur problèmes de lubrification. Il se fait rattraper par Hulme et Stewart. La McLaren du premier a des ennuis de cardan, Stewart a le champ libre, jusqu'à sa panne d'essence à la Source, qui l'oblige à mettre quelques litres dans le réservoir dans l'avant-dernier tour. Comme en 1967, c'est un pilote constructeur qui fait triompher ici sa propre voiture. Bruce McLaren, si souvent placé à Spa, est enfin gagnant. Une victoire de couple qui, aussi bien pour Dan que pour Bruce, ne se reproduira pas. McLaren s'est longtemps battu avec Pedro Rodriguez avant d'imposer sa voiture orange à la BRM vert sombre du Mexicain, à 236,790 kilomètres/heure de moyenne, faisant de ce Grand Prix le plus rapide de l'histoire et qui reste, en ce début de troisième millénaire, toujours dans le top 10 !

On retiendra aussi de cette épreuve qu'elle vit l'apparition des premiers ailerons, au-dessus du moteur des Ferrari et des Brabham, le premier podium de Jacky Ickx et l'accident très spectaculaire de Brian Redman. Au sommet du raidillon de l'Eau rouge, la suspension avant droite de sa Cooper T 86 s'affaisse. La voiture heurte très violemment les barrières ARMCO et passe par-dessus avant d'atterrir sur le toit d'une voiture de tourisme parquée en contrebas… en zone sûre ! Chanceux de survivre à ce *Big One*, le Britannique avait gagné un mois plus tôt les 1 000 Kilomètres de Spa-Francorchamps, avec Ickx, sur la Ford GT 40 de 4,7 litres. Il racontera plus tard, portant un regard nostalgique sur cette vieille piste : "J'adorais Spa. C'était le circuit le plus difficile. Mentalement, il était très dur, tout simplement à cause des hautes vitesses en virage. Mais je tirais plus de satisfaction d'une bonne course là-bas que partout ailleurs." Il imposera son talent, largement sous-estimé, cinq fois sur le circuit ardennais, comme pour rendre hommage à cette institution qu'il aimait tant.

Résultat

1er : McLaren (McLaren) en 1 heure 40 minutes 2 secondes 1/10
2e : Rodriguez (BRM) à 12 secondes 3/10
3e : Ickx (Ferrari) à 39 secondes 6/10
4e : Stewart (Matra-Ford), à 1 tour
5e : Oliver (Lotus), à 2 tours
6e : Bianchi (Cooper-BRM), à 2 tours
7e : Siffert (Lotus), à 3 tours
8e : Beltoise (Matra), à 3 tours
Meilleur tour en course par Surtees (Honda) à 241,140 km/h

Abandons

- Bonnier (McLarenBRM) au 1er tour, roue
- Rindt (Brabham), moteur ; Graham Hill (Lotus), transmission au 5e tour
- Brabham (Brabham), pompe à essence ; Attwood (BRM), fuite d'eau ; Redman (Cooper-BRM), accident au 6e tour
- Amon (Ferrari) au 8e tour, radiateur d'huile percé
- Surtees (Honda) au 11e tour, suspension
- Hulme (McLaren) au 18e tour, transmission
- Courage (BRM) au 22e tour, moteur

1969

Pas de Grand Prix de Belgique : les assureurs n'assurent pas, les organisateurs et les constructeurs ne tombent pas d'accord, et Stewart milite ! Après une visite à Spa au printemps, il déclare n'avoir trouvé aucun changement significatif dans l'aménagement du circuit en matière de sécurité, malgré les importants travaux engagés à l'Eau rouge. Il prend la décision sans appel de ne pas faire courir les formules 1.

Les 1 000 Kilomètres sont donc le seul évènement couru sur le circuit belge. Siffert et Redman sont les favoris, après leurs succès à Brands Hatch et Monza. Ils s'alignent sur une Porsche 3 litres. Zuffenhausen a envoyé dans les Ardennes deux autres 3 litres pour Elford-Ahrens et Stommelen-Herrmann, et une 4,5 litres pour Mitter et Schutz, mais cette dernière cassera une soupape dès le premier tour.

Siffert et Redman ont dominé la course, seulement inquiétés, en début de course, par la Ferrari 312 P de Rodriguez et la grosse Lola-Chevrolet Mk III B de Hawkins et Prophet, déjà très brillante lors des essais.

Au huitième tour, Jo et Pedro, roue dans roue, fondent sur la Porsche privée de von Wendt dans la cuvette de l'Eau rouge. Jo parvient à sauter le retardataire, mais Pedro, qui veut rester au contact du Suisse, tente de doubler au début du raidillon, par la gauche, la voiture beaucoup plus lente. Contact : von Wendt sort en toupie de la route, Rodriguez continue la sienne, mais doit s'arrêter au tour suivant pour vérifier les dégâts sur la carrosserie. Plus personne ne menacera la Porsche de tête.

11 mai 1969 : 1 000 Kilomètres de Spa-Francorchamps

1er : Siffert-Redman (Porsche 908)
2e : Rodriguez-Piper (Ferrari 312 P)
3e : Elford-Ahrens (Porsche 908)
4e : Herrmann-Stommelen (Porsche 908)
5e : Bonnier-H. Müller (Lola T 70 Mk III B)
6e : Pilette-Slotemaker (Alfa Romeo 33 2,5 litres)

La Lola de Hawkins et Prophet, longtemps quatrième malgré des ravitaillements extrêmement lents, s'arrête pour le compte à Stavelot à trois tours de la fin, pression d'huile à zéro, de sorte que les trois Porsche 908 finissent groupées, seulement séparées par la 312 P de Rodriguez-Piper.

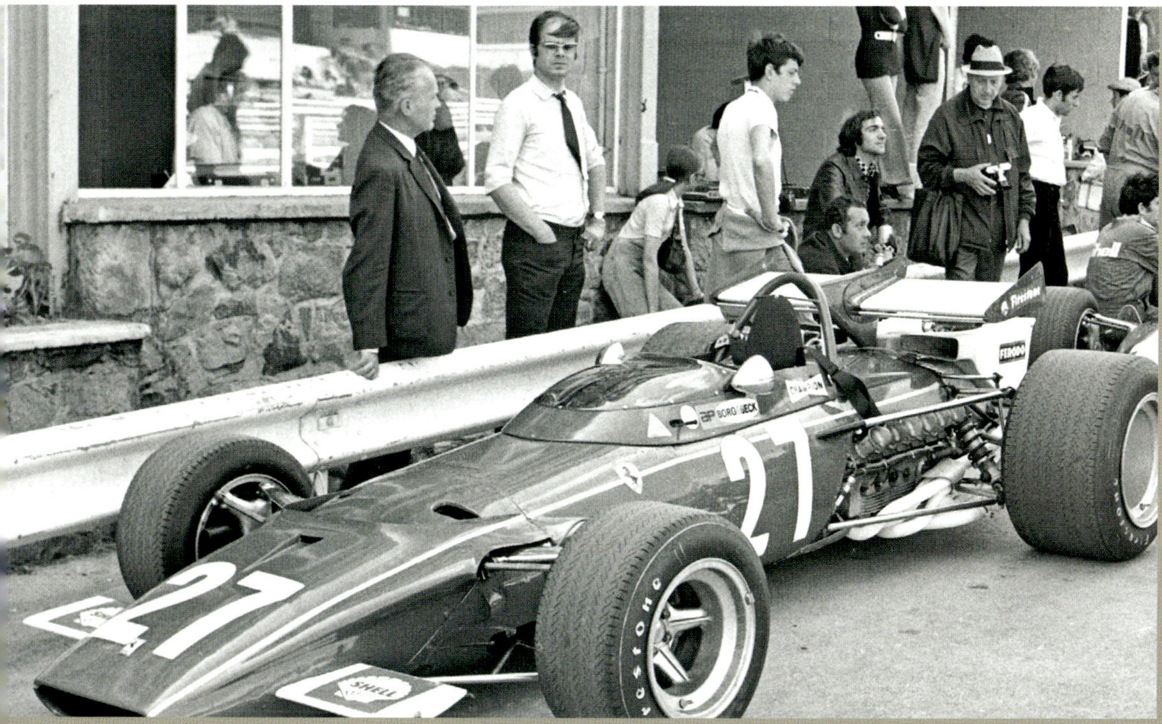

Avant les essais du Grand Prix de Belgique 1970, la très belle 312 B de Jacky Ickx attend sagement son heure. (Photo Bernard Cahier)

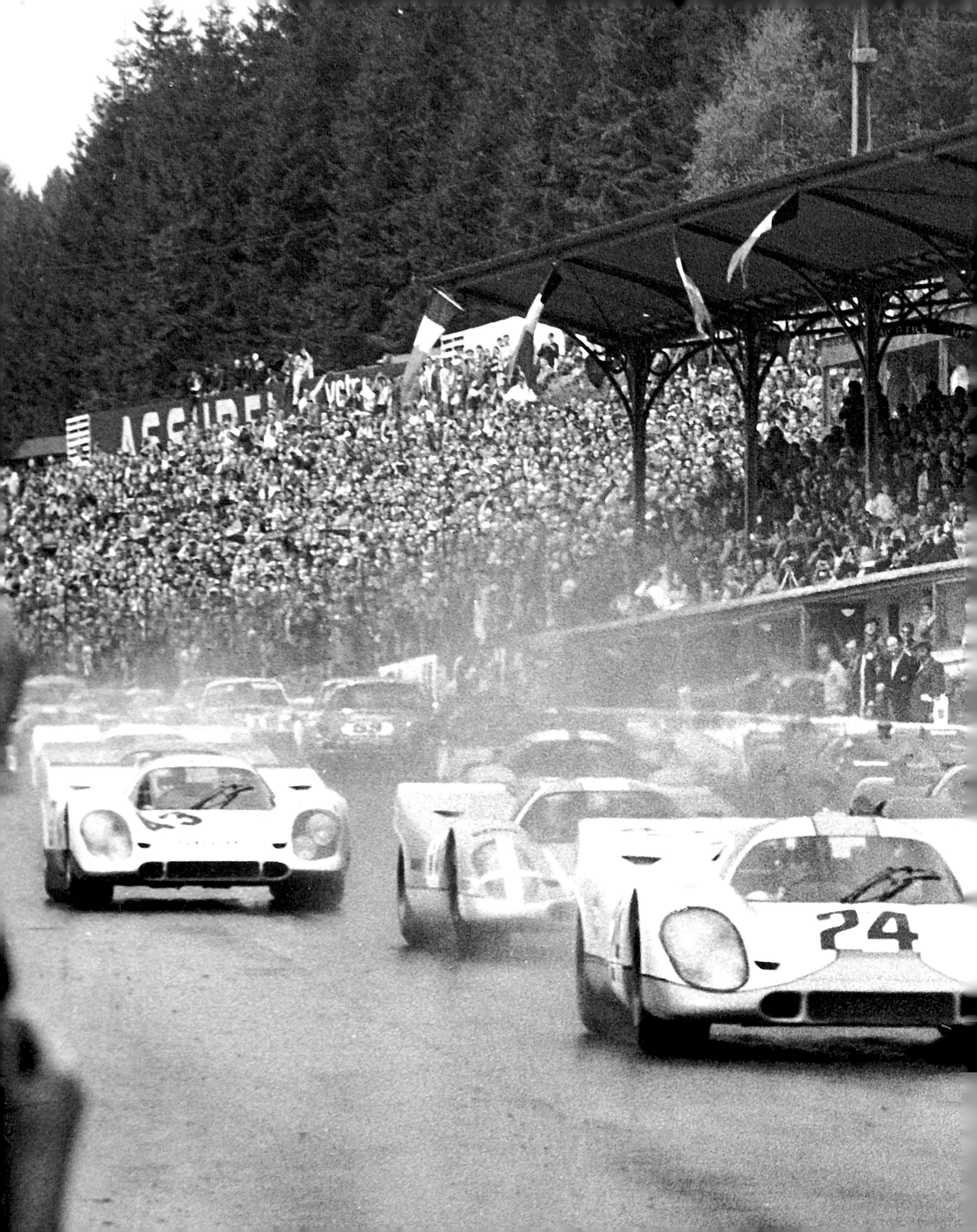
43
24

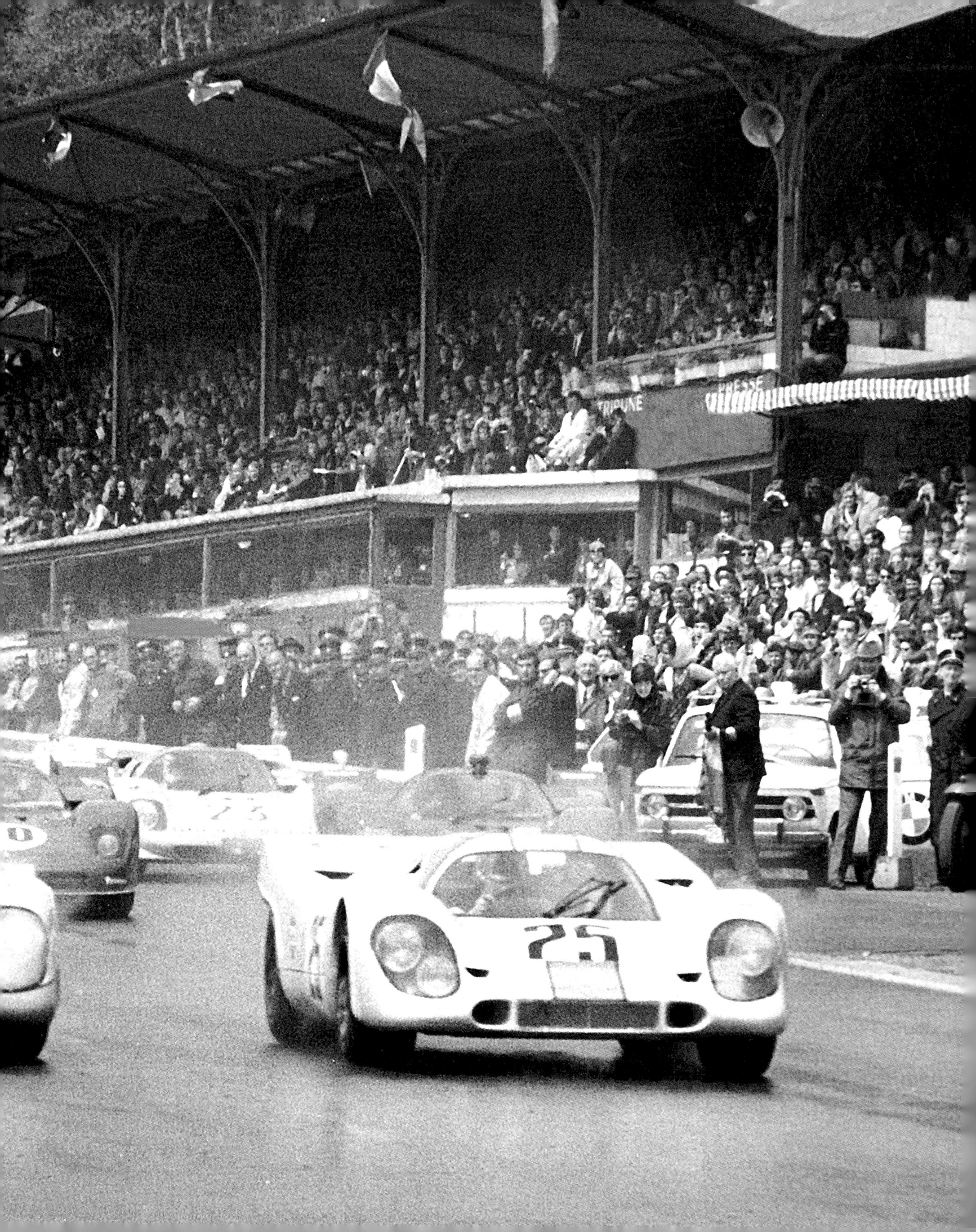
PRESSE

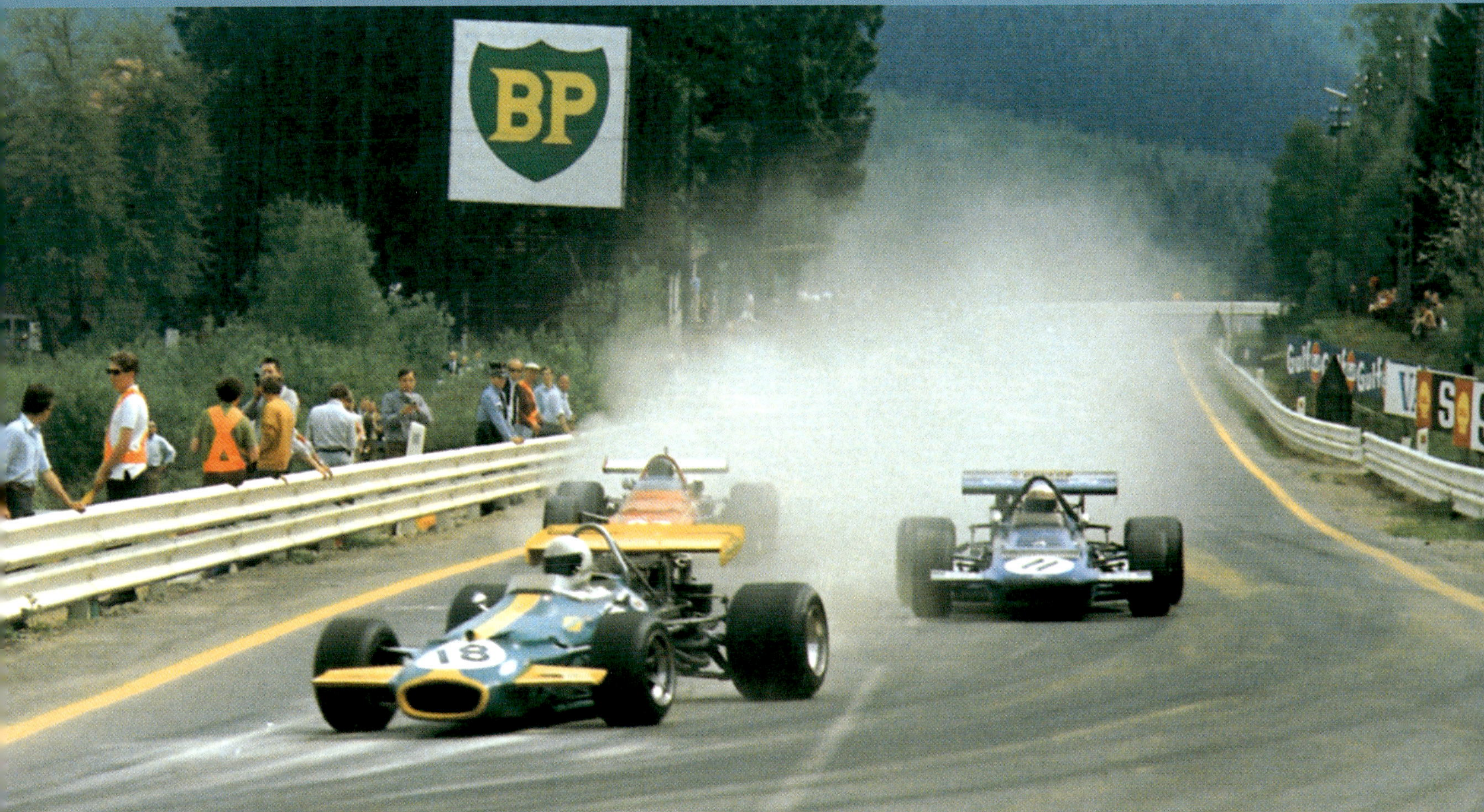

Vision inoubliable de trois formules 1 hurlantes qui surgissent des profondeurs de la forêt ardennaise ; Brabham, Stewart et Ickx soulèvent un nuage du ciment répandu sur la piste pour absorber les traînées d'huile, à l'entrée de la Source. (Archives Jean-Paul Delsaux)

Double page précédente
Image classique de deux 917 au départ ; ça va chauffer ! Trois durs amoureux de Spa s'en partageront les volants : Siffert, Redman et Rodriguez. (Photo Van Bever)

1970

Jo et Brian reconstituent le duo infernal pour vaincre à nouveau en terre ardennaise, le 17 mai 1970, lors du Grand Prix de Spa. Cette course marquera les mémoires des amateurs par l'image des deux Gulf-Porsche 917 de Seppi et Pedro, parties de la première ligne et qui abordent l'Eau rouge portière contre portière, comme soudées l'une à l'autre dans le raidillon, aucun des deux équipiers ne voulant céder un pouce de terrain. Quel frisson !

Pour ces 1 000 Kilomètres, John Wyer dispose de la grosse Bertha : la puissance des énormes 917, dotées du 5 litres et non plus du 4,5 litres, et la rapidité de ses pilotes, Siffert, Redman et Rodriguez. En face, Ferrari oppose sa 512, un peu moins puissante, et un seul pilote de pointe, Ickx. En effet, Surtees, appelé à la rescousse, ne sera jamais à la hauteur des espoirs mis en lui.

Pendant la première heure, Jo, Pedro et Jacky roulent de conserve. Les premiers ravitaillements vont scinder le groupe : Rodriguez s'arrêtant quarante-quatre secondes, Ickx cinquante-cinq secondes, et Siffert une minute et vingt-trois secondes. Le Mexicain enfonce le clou et creuse encore l'écart avant de devoir s'arrêter presque deux minutes pour déchapage partiel d'un pneu. Ickx passe en tête, remonté peu à peu par Siffert. Les mécanos de Ferrari font un boulot du tonnerre au ravitaillement et Surtees repart avec une bonne avance sur Redman, mais, entre un John peu motivé et un Brian adorateur de Spa, la suite est écrite. Rodriguez, troisième, tourne en 3 minutes 16 secondes 5/10, à 258 kilo-

16 mai 1970 : 1 000 Kilomètres de Spa-Francorchamps

1er : Siffert-Redman (Porsche 917)
2e : Ickx-Surtees (Ferrari 512 S)
3e : Elford-Ahrens (Porsche 917)
4e : Giunti-Vaccarella (Ferrari 512 S)
5e : Van Lennep-Laine (Porsche 908 Spider)
6e : Herrmann-Attwood (Porsche 917)

mètres/heure ! Hélas, Kinnunen, qui l'a relayé, s'immobilise, loin des stands, sur rupture de transmission. Une dernière averse en fin de course, histoire de garder la main spadoise, et Siffert-Redman gagnent encore, devant Ickx, qui a fait l'essentiel des soixante et onze tours.

Trois semaines plus tard réapparaissent les formules 1 après deux ans d'absence, et, comme en 1968, dans la tristesse. Deux jours avant son arrivée en Belgique, la caravane des Grands Prix a perdu une de ses figures : Bruce McLaren s'est tué à Goodwood en essayant sa voiture Canam, et son équipe, désemparée, déclare forfait pour ce 29e Grand Prix de Belgique. Une autre absence, par rapport aux inscrits du Grand Prix deux ans auparavant, est douloureusement ressentie : le milieu automobile belge et le public pleurent Lucien Bianchi, mort un an plus tôt lors des essais préliminaires du Mans.

Les organisateurs ont placé une chicane à Malmédy dans l'espoir de ralentir les concurrents. Rodriguez y sera chronométré à 301 kilomètres/heure ! Des glissières de sécurité sont installées dans les derniers jours pour satisfaire les exigences de Stewart qui semble vouloir la peau de la vieille piste belge.

Il signe pourtant le meilleur chrono des essais en 3 minutes 28 secondes, devant Rindt et Amon, laissant les douze cylindres à 2 secondes (Ickx), 3 secondes (Rodriguez) et 4 secondes (Beltoise). Cette fois, les revendications des militants sécuritaires ont été prises en compte. Même Jacky Ickx s'est rangé de leur côté : lui, le roi du mouillé, signe une déclaration des pilotes exigeant que la course soit

Jean-Pierre Beltoise, bon troisième d'un beau Grand Prix 1970 sur sa Matra V12. (Photo Bernard Cahier)

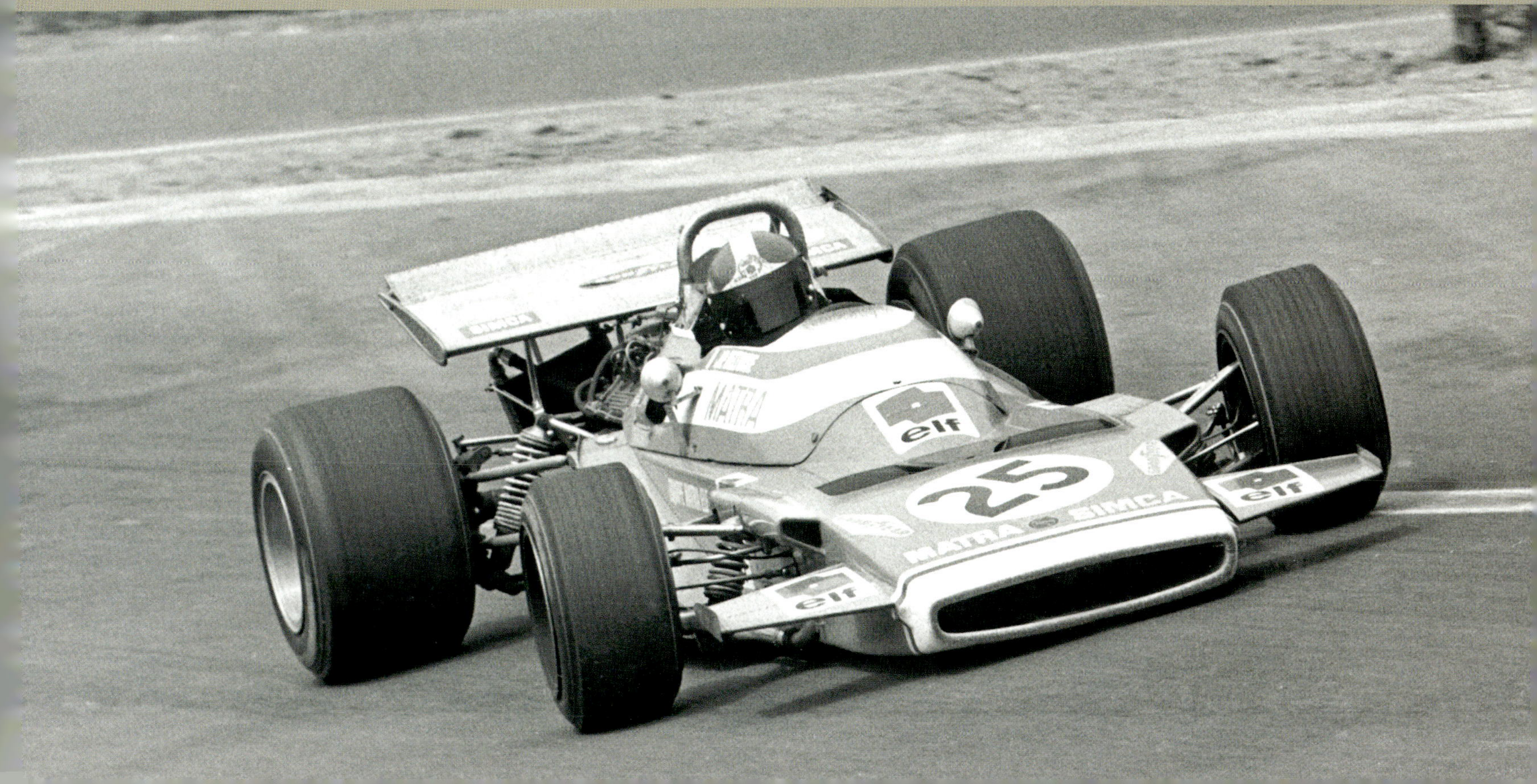

retardée ou interrompue en cas de pluie, jusqu'à ce que le temps s'améliore. Devant la détermination affichée par les pilotes, le Royal Automobile Club de Belgique accepte. Ce faisant, les organisateurs prennent un risque considérable vis-à-vis de leur public et des médias, mais vont être récompensés par un grand soleil, posé tout le week-end au-dessus du triangle d'or de Francorchamps-Malmédy-Stavelot.

Clin d'œil de l'histoire, c'est le seul pilote à s'être désolidarisé de ses collègues de travail en déclarant accepter de partir dans n'importe quelle condition météorologique, et même sous le déluge, qui s'impose dans ce qui va devenir le dernier Grand Prix de Formule 1 couru sur l'ancienne piste de Spa-Francorchamps. Pedro Rodriguez, le téméraire, au volant de sa belle et compacte BRM P 153 à l'élégante et toute nouvelle livrée Yardley, passe sous les damiers 1 seconde et 6/10 devant la March de Chris Amon, autre grand valeureux, seul pilote à avoir résisté aux moteurs V 12 sur ce circuit qui leur va si bien, Jean-Pierre Beltoise finissant très beau troisième, dans les tonalités suraiguës de son Matra V 12.

Le début de course a vu Jackie Stewart, Chris Amon et Jochen Rindt se détacher légèrement d'un groupe de quatre emmené par Pedro Rodriguez, suivi de Jacky Ickx, Jack Brabham et Jean-Pierre Beltoise. La bataille en tête a été magnifique, mais Rindt puis Stewart ont été lâchés par leur mécanique. Lors de ce week-end ardennais, la Lotus 72 de l'Autrichien a cassé un roulement de roue avant-gauche, comme Moss dix ans plus tôt. Jochen se confie à son copain Bernie Ecclestone : "Cette foutue voiture est dangereuse, un jour, elle me tuera…"

Black Jack casse son embrayage. Un drapeau noir est montré à Ignazio Giunti dont la Ferrari perd de l'huile. Ignazio s'arrête quelques instants pour réparer et repart, alors que Jacky Ickx, troisième, perd

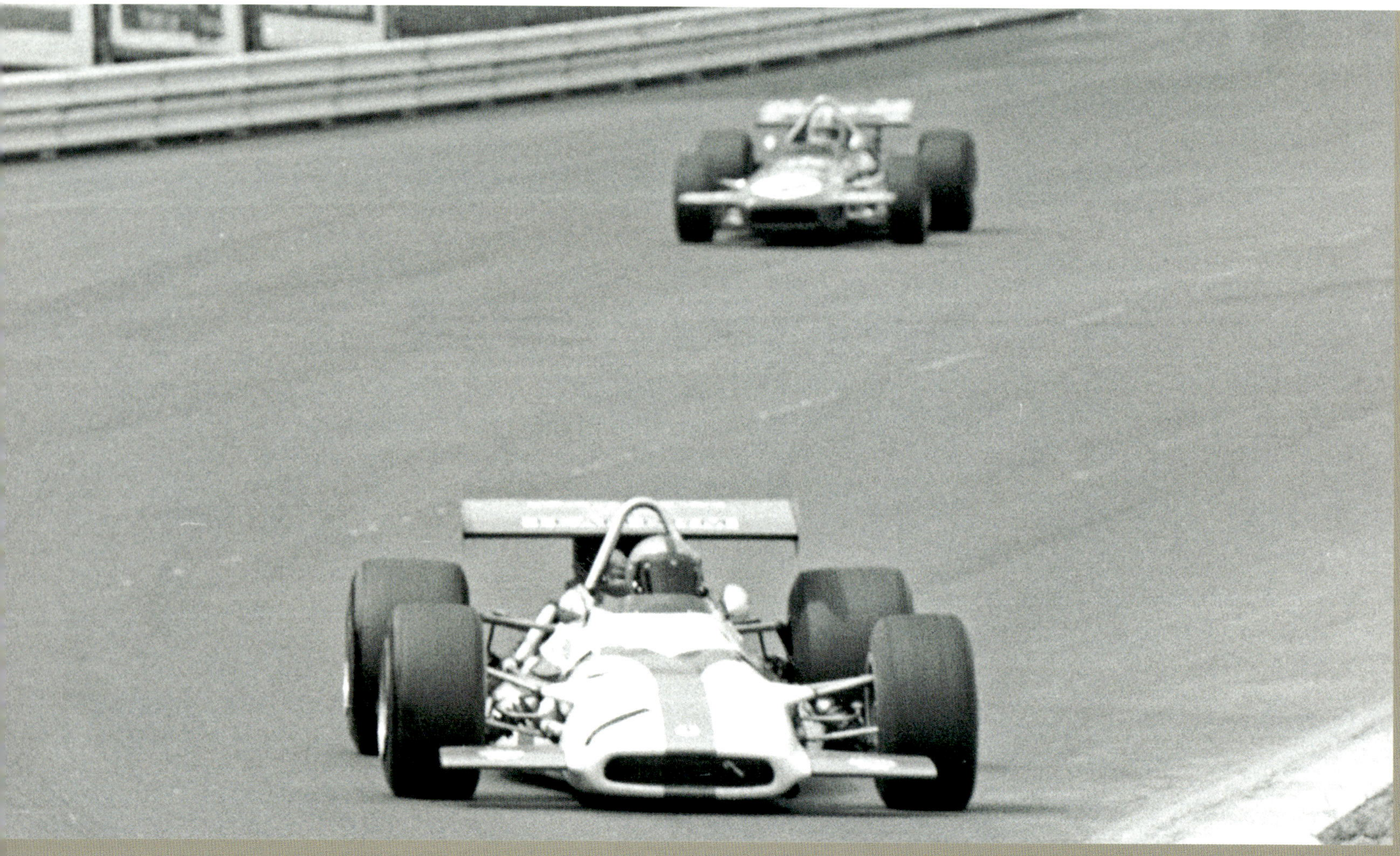

Pedro le magnifique impose sa classe et sa jolie BRM P 153 dans le dernier Grand Prix de Formule 1 couru à Spa-Francorchamps. (Photo Bernard Cahier)

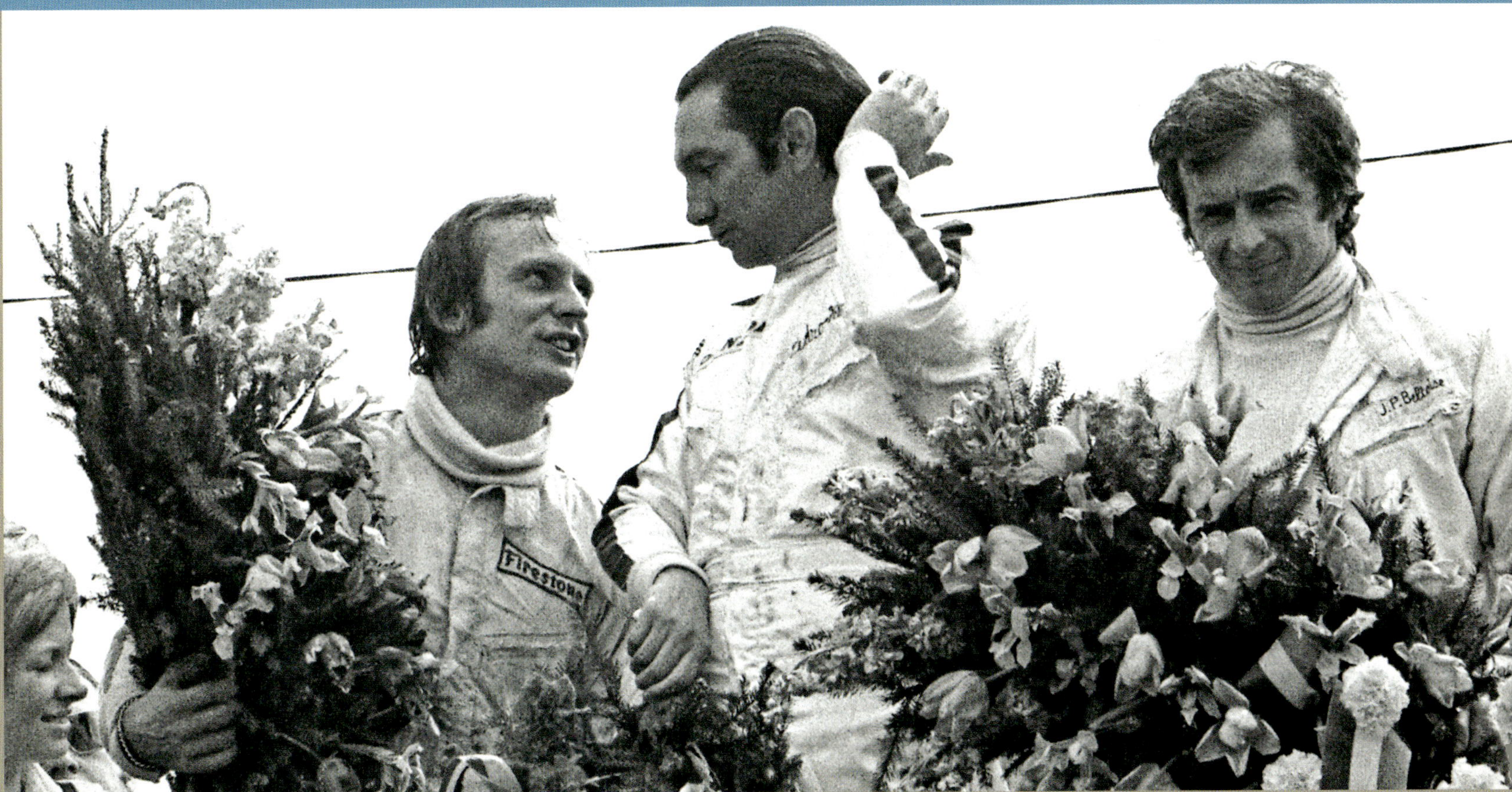

Chris Amon, deuxième, fait acte d'allégeance au roi Pedro. (Photo Bernard Cahier)

deux tours à faire réparer une canalisation d'essence. Pedro va alors magistralement contrôler Chris. Ce dernier aime sans doute un peu moins la bagarre que son adversaire du jour. Il ne tentera jamais vraiment de prendre le commandement.

Cette victoire est la plus belle du Mexicain. Le petit chéri de toute l'équipe BRM déclare après la course, sans fausse modestie, n'avoir pas vraiment été inquiet bien qu'il ait eu en permanence le museau sans grâce de la March du Néo-Zélandais dans ses rétroviseurs, car il ne prenait que 10 300 tours au lieu des 10 500 possibles.

Il a couvert les vingt-huit tours, soit 394,800 kilomètres, en 1 heure 38 minutes et 9 secondes 9/10, à la moyenne de 241,308 kilomètres/heure. Ce Grand Prix de Belgique devient le Grand Prix le plus rapide jamais couru, jusqu'au 5 septembre 1971 où, à Monza, Peter Gethin gagnera le Grand Prix d'Italie à 242,616 kilomètres/heure.

Jusqu'en ce début de XXIe siècle, ces deux Grands Prix restent les deux plus rapides de l'histoire.

Tim Parnell était le directeur de course de BRM à l'époque. Plus de trente ans après, son regard s'illumine à l'évocation de ce 7 juin 1970 : "C'était un spectacle fascinant que de voir surgir la BRM de Pedro, *flat out*, de la profondeur de la forêt de sapins au virage du Club-House, longtemps précédée par le hurlement croissant du moteur."

Cette vision miraculeuse d'une formule 1 affrontant l'ogre ardennais sera la dernière. Au lendemain de cette somptueuse course, le circuit de Spa-Francorchamps sera définitivement rayé de la carte des Grands Prix.

Résultat

1er : Pedro Rodriguez (BRM) en 1 heure 38 minutes 9 secondes 9/10
2e : Amon (March) à 1 seconde 2/10
3e : Beltoise (Matra) à 43 secondes 7/10
4e : Giunti (Ferrari) à 2 minutes 38 secondes 5/10
5e : Stommelen (Brabham) à 3 minutes 31 secondes 8/10
6e : Pescarolo (Matra), à 1 tour
7e : Siffert (March), à 2 tours
8e : Ickx (Ferrari), à 2 tours
Non classé : Peterson (March), à 8 tours
Meilleur tour en course par Amon (March) à 244,744 km/h.

Abandons

- Bell (Brabham), levier de vitesses ; Courage (De Tomaso), moteur au 5e tour
- Oliver (BRM) au 8e tour, moteur
- Rindt (Lotus) au 11e tour, piston
- Miles (Lotus) au 14e tour, suspension
- Stewart (March) au 15e tour, moteur
- au 20e tour Brabham (Brabham), embrayage et Graham Hill (Lotus), moteur

Après la triste et définitive fermeture du circuit aux formules 1, au terme de ce magnifique Grand Prix de Belgique 1970, on pourrait croire qu'en toute logique les sport et prototypes, encore plus rapides, devraient, elles aussi, renoncer au vertige de Burnenville, de la grande descente de Masta, de Stavelot, des Carrières, de l'enchaînement Blanchimont-Club-House et des montagnes russes entre la Source et Eau rouge… Erreur !
Les 1 000 Kilomètres vont survivre cinq années au Grand Prix de Formule 1 !

Après 1970

En 1971, les protos Ferrari et Alfa ne peuvent rien contre les monstrueuses 917 de John Wyer, toujours aux mains de Rodriguez et Siffert, bien secondés par Oliver et Bell. Jo et Pedro s'échappent dès le premier tour. Derrière, c'est le vide, meublé par Ickx, sur sa 312 PB, et Pescarolo, sur l'Alfa Romeo 33/3. Entre les deux hommes de tête, c'est la bataille du chronomètre : Pedro crève le mur des 260 kilomètres/heure sur un tour, mais Jo aura, dans ce domaine, le dernier mot avec 260,842 kilomètres/heure !

La Porsche de Kauhsen-Joest, comme enfouie dans la cuvette de la Source, lors des 1000 Kilomètres 1971. (Photo Van Bever)

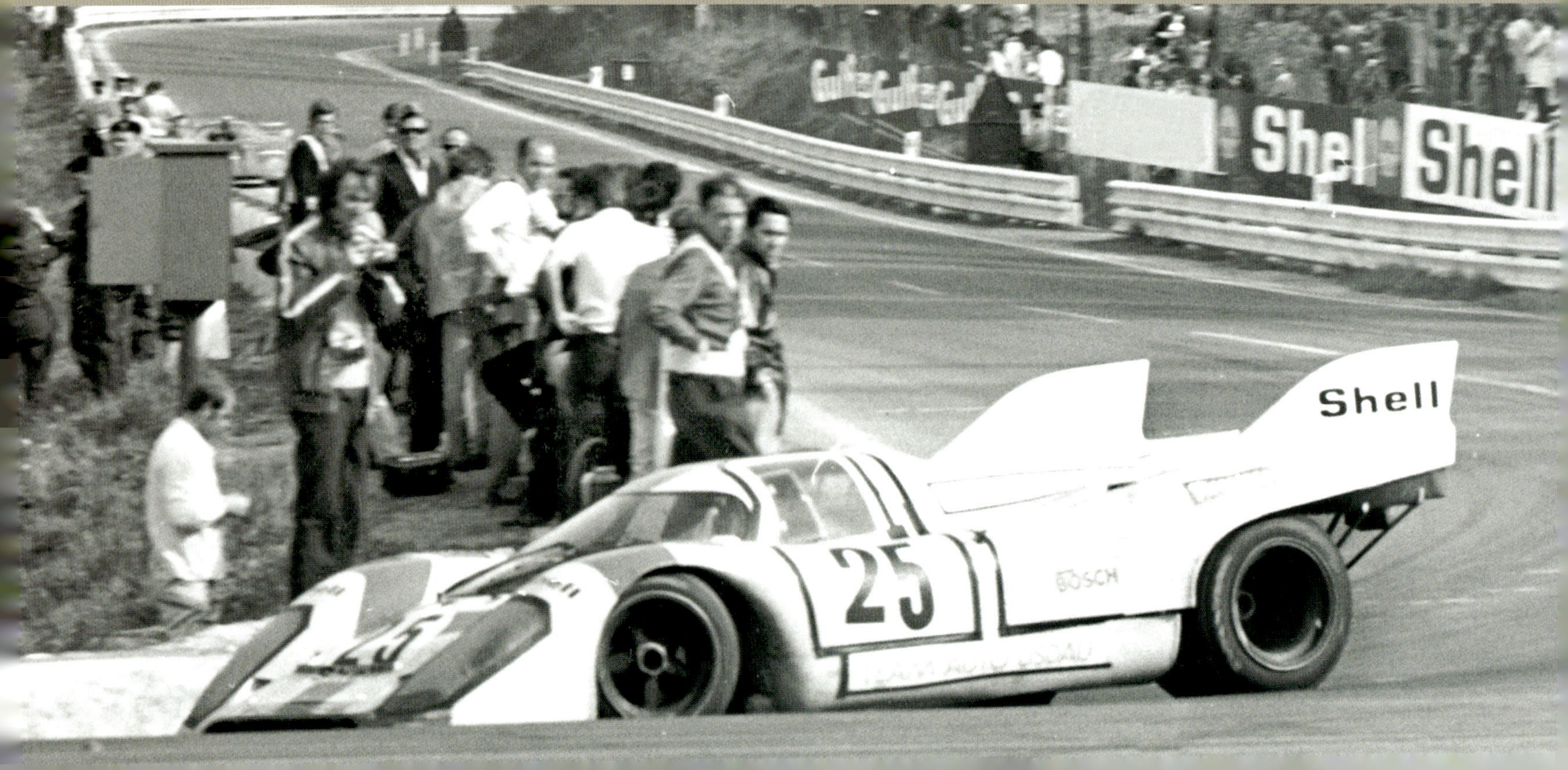

9 mai 1971 : 1 000 Kilomètres de Spa-Francorchamps
1er : Rodriguez-Oliver (Porsche 917) 2e : Siffert-Bell (Porsche 917) 3e : Pescarolo-De Adamich (Alfa 33/3) 4e : Joest-Kauhsen (Porsche 917) 5e : Chasseuil-Ballot-Lena (Porsche 908/2) 6e : Pilette-Gosselin (Lola T 70 Mk III B)

La foule est énorme, tenue en haleine par nos deux virtuoses, roue dans roue. Ils passent le relais à leurs équipiers pour la fin de course. Dans le dernier tour, à la Source, Oliver a deux longueurs d'avance sur Bell. Les deux 917 plongent en mugissant dans la descente, devant la foule debout. Derek se colle dans l'aspiration et tente de déborder. Il échoue d'un souffle.

En 1972, le règlement a ramené à 3 litres la cylindrée des catégories sport. Les voitures sont des formules 1 carénées et les courses se transforment en Grands Prix prolongés. Ferrari gagne toutes les épreuves dans lesquelles ses 312 PB sont engagées, sans réelle opposition, d'autant que son rival transalpin, Alfa Romeo, est paralysé par des grèves qui l'empêchent notamment de venir à Spa.

Ickx s'échappe dès le baisser du drapeau, Schenken et Redman à ses trousses, mais doit ensuite rentrer aux boxes pour un long arrêt. Redman passe Regazzoni, qui a relayé le Belge. Ce dernier fondra plus tard sur Merzario, qui a succédé à Redman dans la voiture de tête. Bien peu en forme, le petit cow-boy de chez Marlboro !

Ickx fait une démonstration de pilotage, prenant un tour aux autres rouges avant de passer le volant à Rega. Le Tessinois crève, loin des stands, et revient sur la jante. Redman passe et l'emporte.

Il racontera plus tard une croustillante anecdote sur cette piste qu'il aimait et ses particularités : "J'avais pris le commandement, mais Peterson, un de mes coéquipiers chez Ferrari, se rapprochait. Depuis mon accident aux Combes, je prenais une trajectoire particulière à cet endroit, y entrant tôt pour me donner un peu plus d'espace, au cas où. Lorsque j'y arrivai, je vis une activité inhabituelle aux abords de la piste, ce qui signifie toujours qu'un accident, ou autre chose, vient de se produire, et je ralentis pour prendre le virage. Il commençait à pleuvoir sur cette portion du circuit, et l'effervescence que j'avais ressentie était due à la foule dans laquelle s'ouvraient les parapluies. Ronnie ne s'en est pas sorti, entrant trop vite dans le virage et droit dans les rails. Nous avons gagné."

Autres faits marquants de ces 1 000 Kilomètres, la superbe troisième place d'une Chevron B 21, la victoire d'une De Tomaso Pantera en grand tourisme et les belles courses de Bell-Van Lennep et de Larrousse-De Fierlant.

6 mai 1972 : 1 000 Kilomètres de Spa-Francorchamps
1er : Redman-Merzario (Ferrari 312 PB) 2e : Ickx-Regazzoni (Ferrari 312 PB) 3e : Hine-Bridges (Chevron B 21) 4e : Bell-Van Lennep (Mirage M6 Ford) 5e : Larrousse-De Fierlant (Lola T 280 Ford) 6e : Humble-May (Chevron B 19)

Un an plus tard, les essais de l'épreuve ardennaise voient une Matra incendiée, et tout juste réparée à temps pour la course, grâce à un magnifique travail des mécanos de l'équipe française, et le retrait de l'Alfa Romeo après une violente sortie de route.

Le jour de la course, vingt-huit voitures s'alignent au départ, un départ fulgurant de la Matra d'Henri Pescarolo. En deux tours, elle prend 5 secondes à la Ferrari de Jacky Ickx et Brian Redman, grâce à sa meilleure tenue de route.

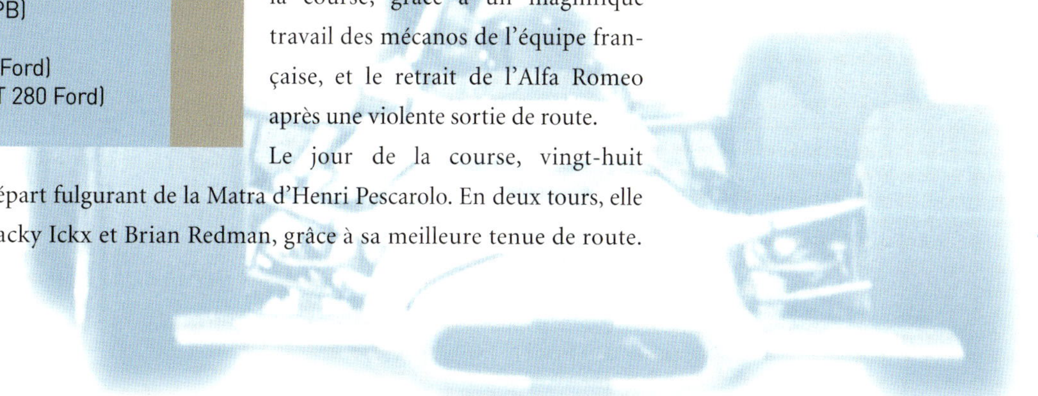

Pourtant, les voitures françaises, aux mains de Pescarolo-Larousse et d'Amon-Hill, vont rapidement se montrer sous-vireuses : elles sont rappelées aux boxes pour changement des quatre roues, car elles ont toutes deux tendance à déjanter de la roue avant gauche, celle qui subit de loin le plus d'appuis, des appuis parfois longs, sur la piste belge.

Au trente-septième tour, Ickx, alors au commandement, rentre à pied aux stands : peu avant la Source, une canalisation d'huile s'est rompue. La Mirage de Bell-Hailwood cueille alors une victoire offerte sur un plateau par les défaillances de ses adversaires, d'autant que la deuxième Ferrari, aux mains de Merzario, a cassé elle aussi une canalisation d'huile. Elle reprenait 2 secondes au tour à la Mirage de tête avant de perdre cinq minutes pour réparer.

7 mai 1973

1er : Bell-Hailwood (Mirage M6 Ford)
2e : Ganley-Schuppan (Mirage M6 Ford)
3e : Pescarolo-Larrousse (Matra MS 670 B)
4e : Merzario-Pace (Ferrari 312 PB)
5e : H. Müller-Van Lennep (Porsche Carrera RS)
6e : Santos-Mendoza (Lola T 292 Ford)

Les 1 000 Kilomètres 1974 vont-ils couronner encore la paire britannique Bell-Hailwood, sur la Mirage ? Elle est en tout cas favorite, avec le tandem Ickx-Jarier, sur la Matra MS 670 C.

Le premier choc pétrolier a asséché les finances des milieux de l'automobile, et le plateau est un peu maigrelet, essentiellement constitué d'anciennes 908 et de Carrera RSR.

Léon Sven, comme Toto Roche, aime abaisser son drapeau peu après l'apparition du panneau "trente secondes". Beaucoup de pilotes se laissent surprendre. Pas Jacky Ickx, qui s'engouffre en tête dans Eau rouge devant la Gulf de Bell. La Matra ne sera plus jamais inquiétée, d'autant que ses deux principaux rivaux ont des problèmes dès le début de la course.

Au quatrième tour, Bell s'arrête pour faire vérifier le manomètre de pression d'essence, repart, attaque Ickx, sort, et rentre à nouveau aux boxes pour faire changer son capot avant froissé. Au cinquième tour, Pesca a déjà abandonné, le moteur de la deuxième Matra en surchauffe. Pourtant, le temps est très froid et pluvieux. Du coup, dès le sixième tour, la Chevron 2 litres de Schuppan-Lepp est deuxième, passant partout à fond ! Elle précède alors la Carrera Proto de Van Lennep-Müller et la Ligier de Migault, mais ne finira pas, arrêtée par des problèmes d'allumage.

La Matra l'emporte, ne prenant jamais plus de 11 000 tours/minute sur les 11 400 autorisés, grâce au montage de rapports longs, et se limitant même si possible à 10 500. Ickx a assuré les deux tiers de la course, mais Jarier, tout jeune champion d'Europe de Formule 2 et bientôt baptisé "Godasse de plomb", qui découvrait le vieux Spa-Francorchamps, a démontré sa vélocité. Après avoir eu quelques réticences envers cette vieille piste, sous l'influence de son aîné Jean-Pierre Beltoise, qui avait refusé de venir courir ici, il confiera après la course : "Spa-Francorchamps est un très beau circuit de pilotage, et je suis heureux d'avoir pu le connaître, même s'il n'a plus l'agrément de la Grand Prix Drivers Association."

6 mai 1974

1er : Ickx-Jarier (Matra MS 670 C)
2e : Bell-Hailwood (Mirage Groupe 7 Ford)
3e : H. Müller-Van Lennep (Porsche Carrera Turbo)
4e : Fitzpatrick-Loos (Porsche RSR, 1re en GT)
5e : Heyer-Keller (Porsche RSR)
6e : Finotto-Mohr (BMW 3.0 CSL, 1re en Tourisme)

La déclaration de Jarier ressemble à une épitaphe. Oui, il est heureux d'avoir connu ce circuit, déclare-t-il. Il n'ose ajouter : "avant la fermeture définitive de ce monument historique du sport automobile mondial".

En ce 4 mai 1975, un petit plateau est réuni, après le désistement de dernière minute de la Mirage de Jochen Mass, pour une course réduite à 750 kilomètres. Les deux Alfa Romeo du Willy Kauhsen Racing Team sont favorites, aux mains de Ickx et Merzario et de Pescarolo et Bell.

Le ciel est menaçant alors qu'on place les voitures sur la grille de départ. Le choix des pneumatiques est difficile : mixtes ? pneus pluie ? Ickx choisit des mixtes. Une averse terrible inonde certaines portions du circuit dès le début de la course, obligeant le jeune Belge à un sensationnel numéro d'équilibriste. Son chassé-croisé avec l'autre Alfa, celle de Pescarolo, partie en pneus pluie, anime les premiers tours.

Derrière, la Ligier rencontre vite des problèmes mécaniques, de même que la Porsche Turbo de Müller et la Porsche 908/3 de Joest-Casoni, si bien qu'une voiture de tourisme va finir troisième de ces derniers 1 000 Kilomètres de Spa-Francorchamps, la BMW 3.0 CSL de Peltier et S. Müller.

Merzario prend le volant au trentième tour. Il va perdre près de 20 secondes au tour sur l'Alfa sœur ! À bord de celle-ci, Pescarolo fixera à jamais le record de la piste sur un tour à 262 kilomètres/heure.

Les moteurs se sont tus sur la forêt ardennaise. Beaucoup parmi les concurrents et le public pressentent que ces 1 000 Kilomètres marquent la fin de la grande histoire des courses sur ce circuit, commencée très exactement un demi-siècle auparavant.

Pourtant, le site va encore connaître quelques soubresauts agoniques jusqu'en 1978, date des dernières 24 heures de Spa-Francorchamps.

Cette épreuve, très populaire, réservée aux voitures de tourisme, va faire vibrer encore trois années durant les spectateurs de Spa-Francorchamps auprès desquels elle reste très populaire.

Depuis sa renaissance en 1964, elle a été dominée par les Porsche 911, puis par les BMW 30 CSI, 30 CSL et 530 I, avec un court intermède des Ford Capri.

Des noms connus ont ornés les tableaux d'inscription des 24 heures : Lauda, Mass, Hezemans, Quester, Stück, Andruet, Chasseuil, Ballot-Lena, Zecolli, De Fierlant, Birrell, Ragnotti, Facetti, Soler-Roig, Vaccarella, Hahne, Ickx, Aaltonen, Munaron, De Adamich, Wolleck… Pas de la petite bière, comme on le dirait du côté de l'abbaye de Stavelot !

Spice et Teddy Pilette remporteront en 1978, à 180 kilomètres/heure de moyenne sur leur Ford Capri, l'une des plus belles éditions de ces 24 heures de Spa-Francorchamps, comme un bouquet final offert à la vieille piste et la célébration de la naissance d'une nouvelle piste qui est déjà dans tous les esprits, au cœur du triangle magique Francorchamps-Malmédy-Stavelot.

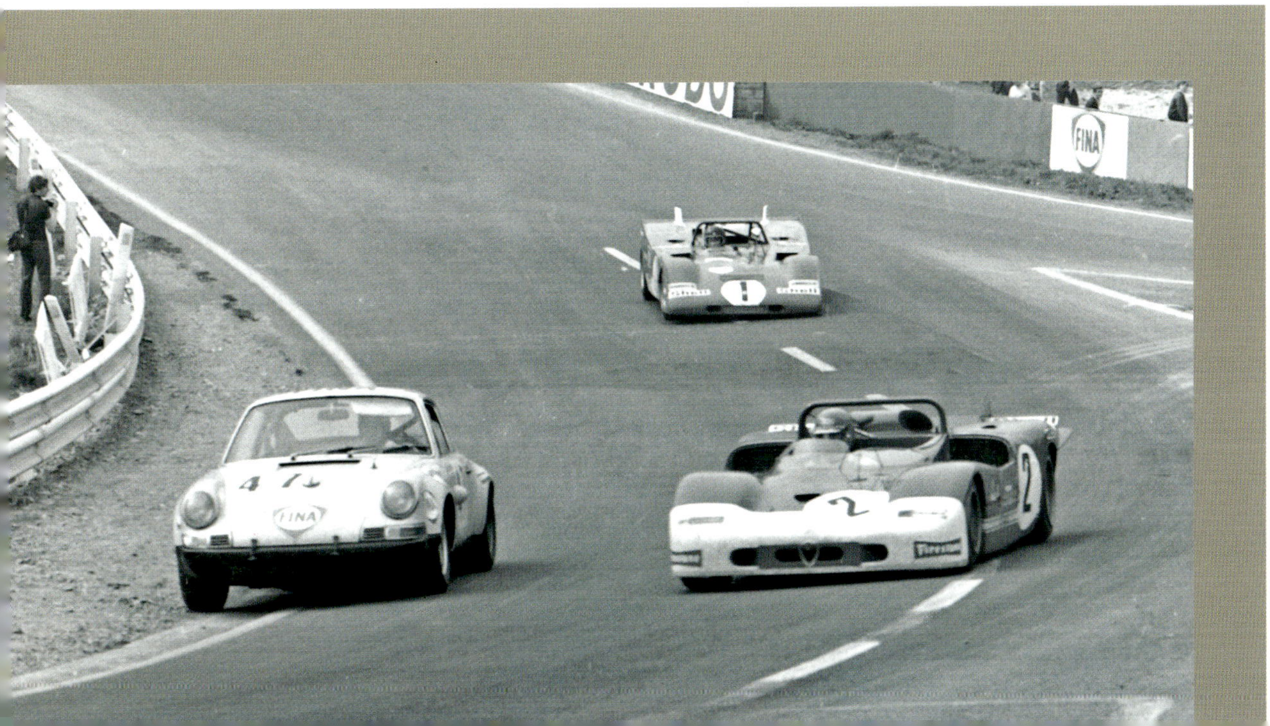

L'Alfa Romeo de Pescarolo-De Adamich et la Ferrari d'Ickx-Regazzoni doublent la Porsche de Gaban-Braillard. (Photo Van Bever)

SPA-FRANCORCHAMPS, D'HIER À AUJOURD'HUI

Oui, longtemps j'ai rêvé à Spa… Spa-Francorchamps et son circuit mythique. Le triangle magique Francorchamps-Malmédy-Stavelot faisait alors écho, dans mon esprit enfiévré, à celui de Gueux-Muizon-Thillois, autre trépied fameux, autre "support intime de tous mes fantasmes de sport automobile" (voir *Circuit de Reims*, aux éditions E-T-A-I).

Adolescent, j'avais accès à la merveilleuse machine à remonter le temps de H.G.Wells. C'était un outil sûr, pratique et très économique d'exploration de l'espace et du temps, alors que la philosophie kantienne m'était, dans le même domaine, de bien peu de secours!

Cette formidable machine exigeait, pour donner sa pleine mesure, un carburant à très haute performance: l'imagination. Je n'en manquais pas. De sorte que ma première visite imaginaire à cette piste de légende a bientôt cinquante ans, l'âge d'un pilote de Grand Prix qui, dès sa première saison, affrontait crânement le circuit ardennais. *Le Grand Défi*, tel était le titre de la première aventure de Michel Vaillant. De fait, la piste belge constituait bien pour tous les pilotes "le" grand défi de la saison, érigeant année après année le Grand Prix de Belgique en l'un des deux sommets de la saison, un honneur incontesté, partagé pour toujours, dans la mémoire collective des fidèles, avec le Grand Prix d'Allemagne couru sur le vieux Nürburgring voisin.

Ces pistes jumelles ne se ressemblaient guère, mais avaient un point commun: elles constituaient la quintessence de la course sur circuits routiers, appelée "*road racing*" par les milieux de l'automobile américains. Elles étaient très loin des ovales d'outre-Atlantique, ou des aérodromes désaffectés britanniques sur lesquels se dessinèrent bon nombre de circuits, après le second conflit mondial.

J'avais d'autres sources que la lecture passionnée des aventures de Michel Vaillant pour nourrir la flamme de mon imagination. À la même époque, la vision de quelques images d'archives du Grand Prix de Belgique 1939 fit sur mon jeune cerveau une profonde impression: les monstrueuses Auto-Union et Mercedes, sous le couvert forestier, fantômes de métal passant à haute vitesse dans un nuage de brume, l'acier dépoli de leur carrosserie ajoutant encore à l'aspect fantasmagorique de leur apparition dans la pluie et le brouillard, puis l'accident de Seaman, sont des images définitivement ancrées dans ma mémoire.

Ensuite, me fut offert le livre de Paul Frère *La Course continue* et son récit de ce fameux Grand Prix de Spa 1958, dont la lecture fut un moment fondateur de ma passion pour la course automobile et ses circuits de légende. Presque à la même époque, j'eus la joie de découvrir enfin "pour de vrai" cet endroit qui m'avait tant fait rêver. C'était en mai 1964, à l'occasion des essais des 500 Kilomètres de Spa pour voitures de sport.

Spa de toujours, Spa pour toujours. L'auteur a pris cette photo de l'équipe Cobra aux stands en 1964, lors de son premier contact physique avec cette piste mythique et si souvent rêvée. (Photo Patrick Sinibaldi)

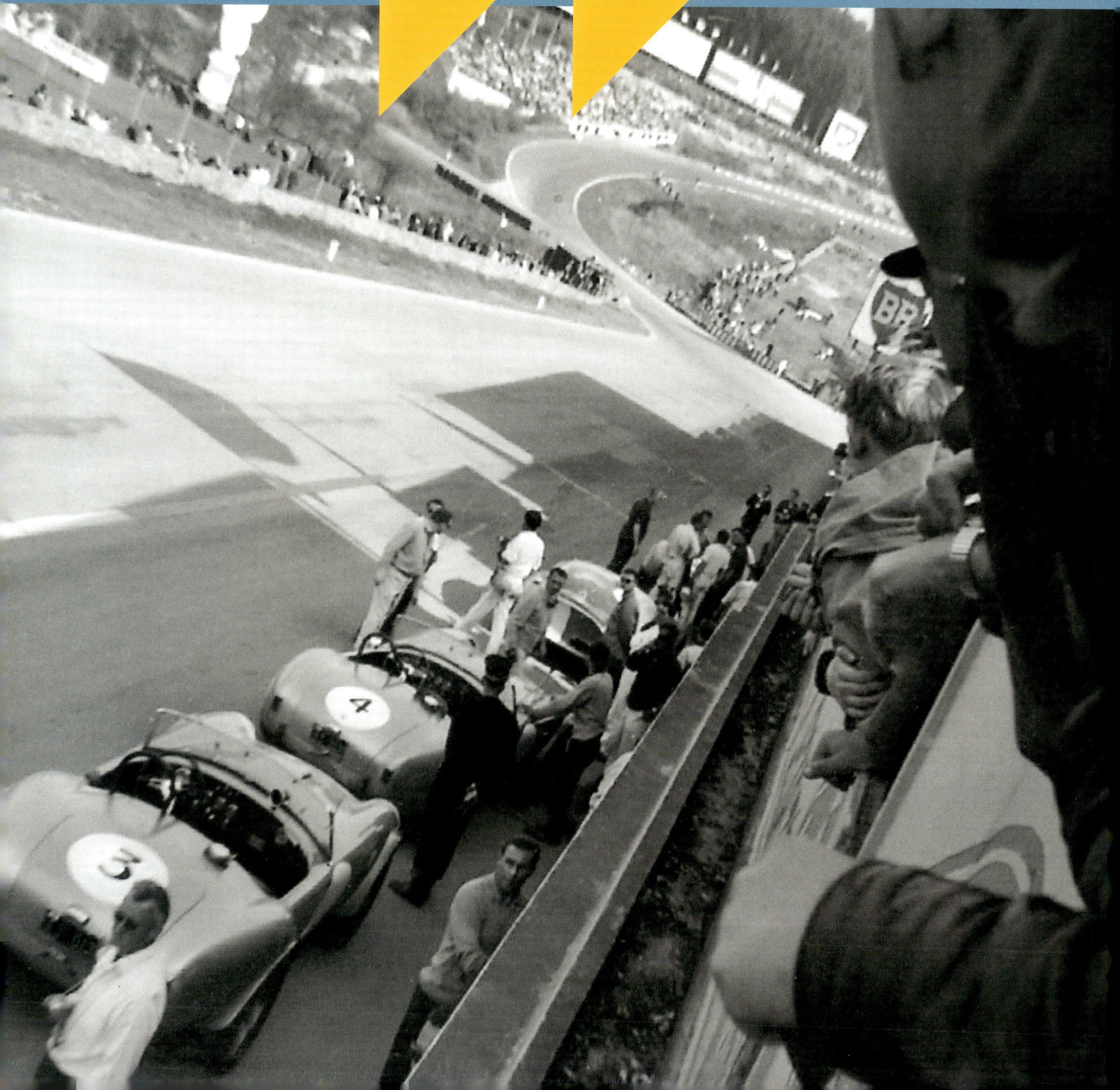

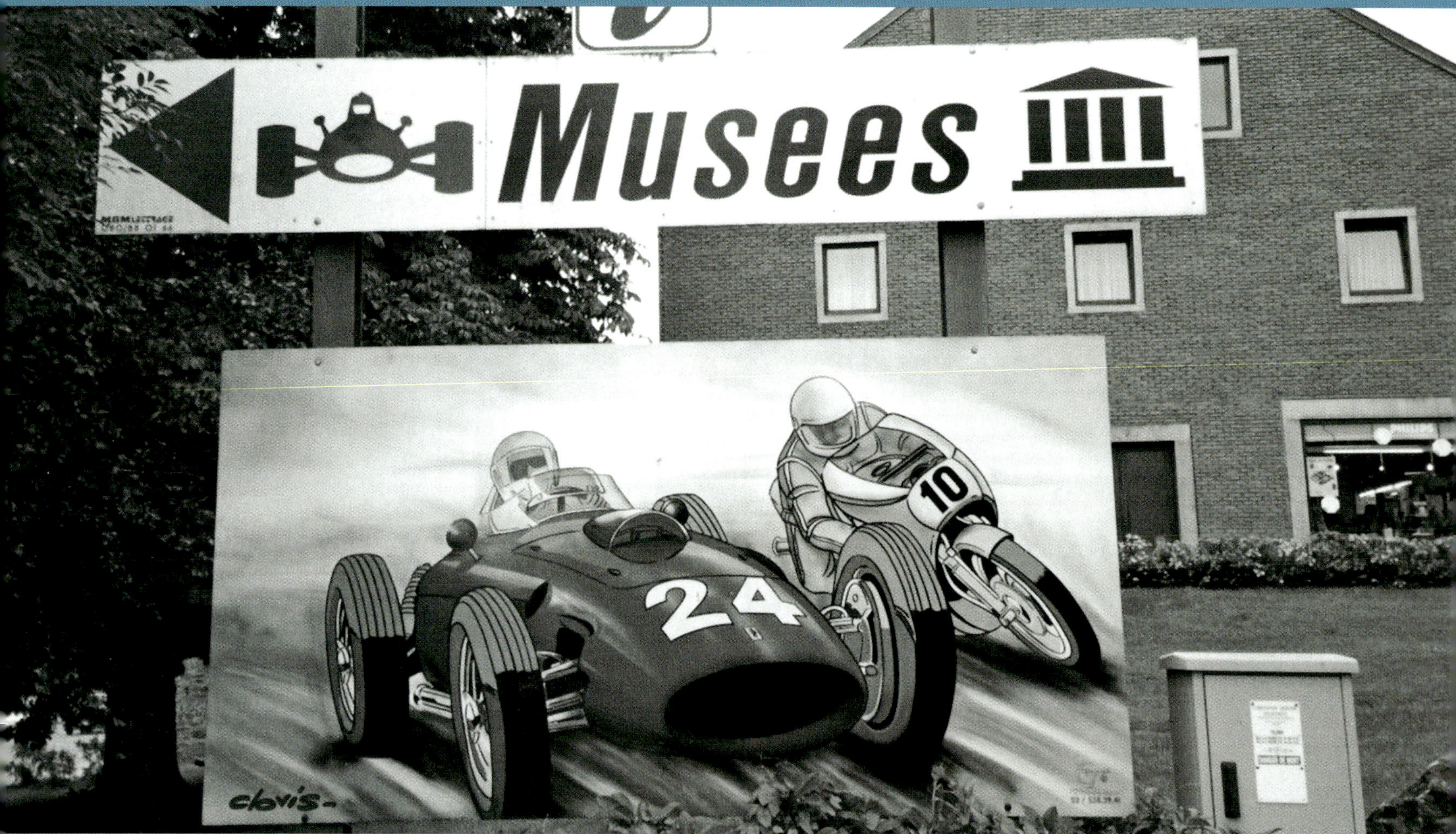

Plus des deux tiers du vieux circuit étaient situés sur la commune de Stavelot, très coquette petite ville dont le musée du circuit est une splendeur "incontournable", niché sous les voûtes séculaires de son ancienne abbaye. (Photo Patrick Sinibaldi)

De ce premier contact charnel me reste l'écrasante majesté de la vallée sous le soleil, depuis le virage de la Source où nous avions accédé au circuit, ornée, tout en bas, par le site le plus fameux du monde des courses automobiles : Eau rouge ! Je me souviens aussi de la splendeur de la forêt ardennaise, dressant ses hauts pins et sapins autour de la piste qui faisait une trouée entre le Club-House et l'Hôtel de la Source. Ces images ne m'ont plus quitté.

Ce printemps 1964 voyait, vingt ans après, un nouveau débarquement des Américains. Apparaissaient en effet les Cobra de Carroll Shelby, dans leur magnifique livrée "Viking Blue". Je revois encore et j'entends la Cobra 7 litres de Jo Schlesser, vibrante, se cabrant, indocile, à l'approche du virage de la Source, dans une suite de grondements féroces dont l'écho se répercutait au loin, sur les hautes cimes des sapins, vers Blanchimont.

J'ai attendu les années 2000 pour revoir ma chère vieille piste, par trois fois. La portion qui en a été conservée pour dessiner le nouveau tracé, de Blanchimont aux Combes a été, bien sûr, profondément remaniée par la main de l'homme. De nouveaux boxes de ravitaillement, aux normes "ecclestoniennes", ont été érigés dans l'espace triangulaire que délimite la piste entre le Club-House et la Source, dont le virage a gardé le même dessin, donnant sur la grande descente qui passe devant les tribunes et les anciens stands.

La tour Englebert est toujours là, presque semblable à ce qu'elle fut. Tout en bas de la descente, les voitures, écrasées sur leurs suspensions par leur poids et la vitesse atteinte, donnaient l'impression de se tapir avant de bondir, félines, dans le virage de l'Eau rouge et son fameux raidillon.

Eau rouge ! Appellation mythique, qui claque comme un nom de parfum ou de chef indien, marque déposée de la gloire des courses dans les années romantiques du sport automobile. À cet endroit, la piste, très lisse, me paraît terriblement étroite. Qu'est-ce que cela devait être à grande vitesse ? Le manque d'espace disponible pour leurs grosses 917 n'a pas empêché Jo et Pedro de se tirer une bourre phénoménale, portière contre portière, au début des 1 000 Kilomètres 1970, pour leur propre plaisir et celui du public transporté de bonheur par le spectacle, puisqu'il restait encore 997,300 kilomètres à courir sur les 1 000 prévus !

D'autres images remontent à la surface dans ce virage, sans doute le virage le plus photographié de l'histoire des courses : l'Argentin Roberto Mieres prenant feu au premier passage de sa Maserati dans le raidillon, lors du Grand Prix 1954, heureusement vite secouru ; la Maserati de Moss, alors en tête, perdant ici une roue pendant le Grand Prix de Belgique 1956, et Stirling courant vers les boxes pour reprendre celle de son coéquipier Perdisa.

La montée des Combes a été, comme le reste du circuit, bien déboisée. Au sommet de la colline, Olivier Gendebien se fit peur trois fois. C'était lors du Grand Prix de Spa pour voitures de sport 1957. Son pneu arrière gauche ne résista pas au gros V12 de 4,1 litres de sa Ferrari et éclata trois fois, peu avant Burnenville !

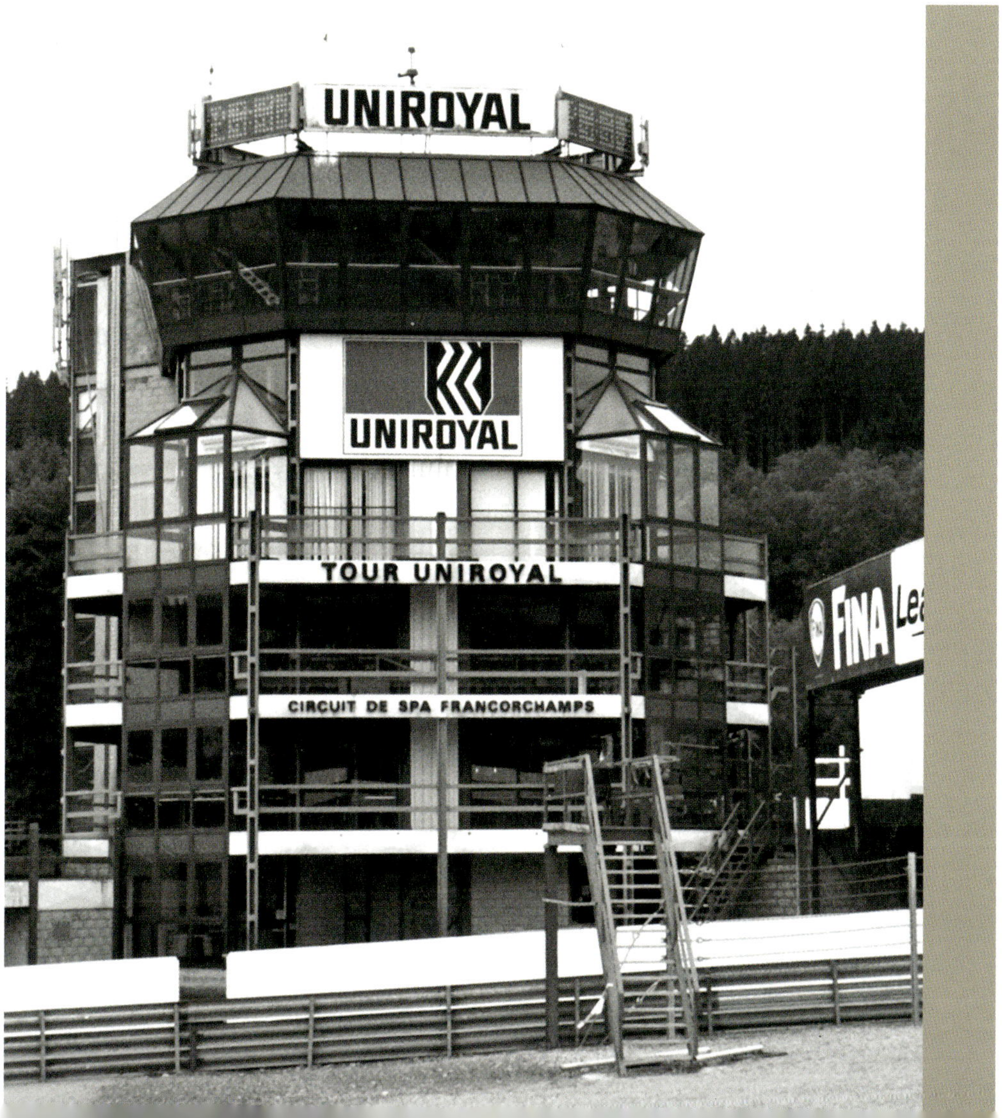

L'ancienne tour Englebert a été débaptisée. (Photo Patrick Sinibaldi)

Brian Redman, qui adorait Spa, a pourtant connu dans les Combes la plus grosse frayeur de sa carrière lorsque la suspension avant droite de sa Cooper s'est effondrée, dans les premiers tours du Grand Prix de Belgique 1968. Sa monoplace quitta la piste et atterrit sur une voiture de tourisme garée en contrebas ! Survivant miraculeusement à ce *Big One*, Brian reviendra souvent à Spa-Francorchamps pour imposer sa classe en catégorie sport.

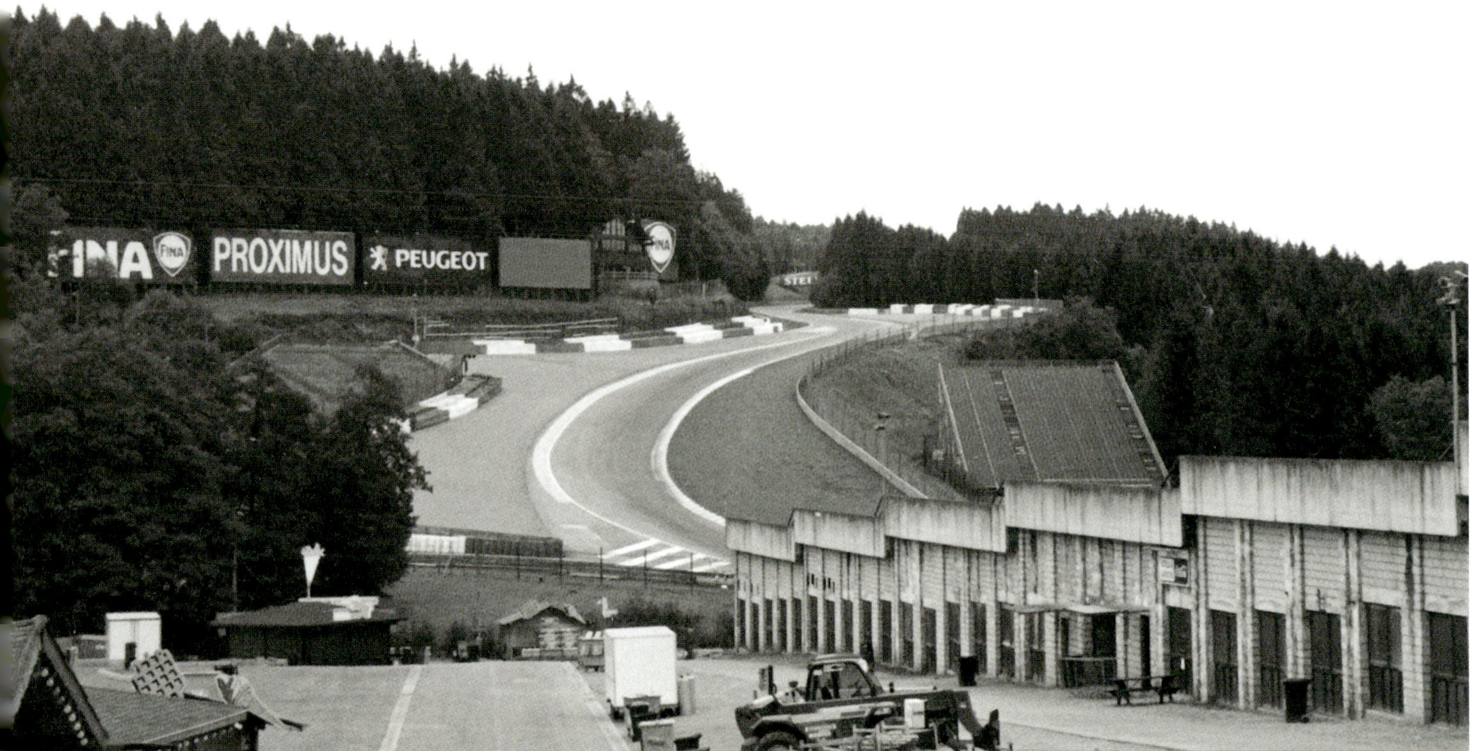

L'Eau rouge et son enchaînement vers les Combes. (Photo Patrick Sinibaldi)

En passant par là, des décennies plus tard, ces anecdotes reviennent à ma mémoire et je me demande, plein d'admiration, de quel métal étaient faits ces garçons pour résister à de telles péripéties.

Nous arrivons à l'ancienne partie du circuit, avec le gauche très difficile qui précède Burnenville. Burnenville, le terrifiant. C'est une interminable courbe à droite qui invite à la vitesse, mais attention… Louis Chiron fit à Burnenville un double tonneau pendant le Grand Prix de Belgique 1934, sortant sans bobo de sa Bugatti cabossée. En 1952, Piero Taruffi, le Renard argenté, avait à ses basques un jeune loup, Jean Behra. La Ferrari du premier et la Gordini du second s'accrochèrent et s'éliminèrent brutalement.

Et puis vint le sombre Grand Prix de Belgique 1960. Lors des essais, Stirling Moss et Michael Taylor sortirent très violemment de ce demi-cercle à grand rayon, comme une bille de roulette sortirait de sa goulotte, leurs fragiles Lotus n'ayant pas résisté aux terribles contraintes de la force centrifuge, rompant un moyeu de roue arrière pour Moss et la colonne de direction pour Taylor. Ce dernier ne retentera plus jamais sa chance en Formule 1. C'était le "virage le plus effrayant du monde", dira Chuck Daigh, pilote de l'équipe Scarab en cette année 1960. C'est à Francorchamps que l'équipe américaine Scarab avait enfin goûté à la compétition à l'européenne, après une qualification manquée à Monaco et le retrait des voitures à Zandvoort. Drôle d'endroit pour un baptême ! Les très belles monoplaces de Lance Reventlow, fils unique de Barbara Hutton, héritière de Woolworth, étaient dépassées dès leur sortie des ateliers, mais suffisamment rapides pour se faire peur. Chuck Daigh racontera plus tard qu'à chacun de ses passages dans Burnenville, la roue avant droite de sa Scarab décollée du tarmac, un commissaire agitait frénétiquement son drapeau jaune, persuadé que le crash était imminent !

Pendant la même course, Willy Mairesse, sur sa rouge Dino 246, et Chris Bristow, sur la Cooper vert pâle et rouge de la Yeoman Credit, étaient engagés dans une féroce bataille de jeunes loups, tous crocs dehors. Chris n'en sortit pas vivant, quittant violemment la piste à Burnenville.

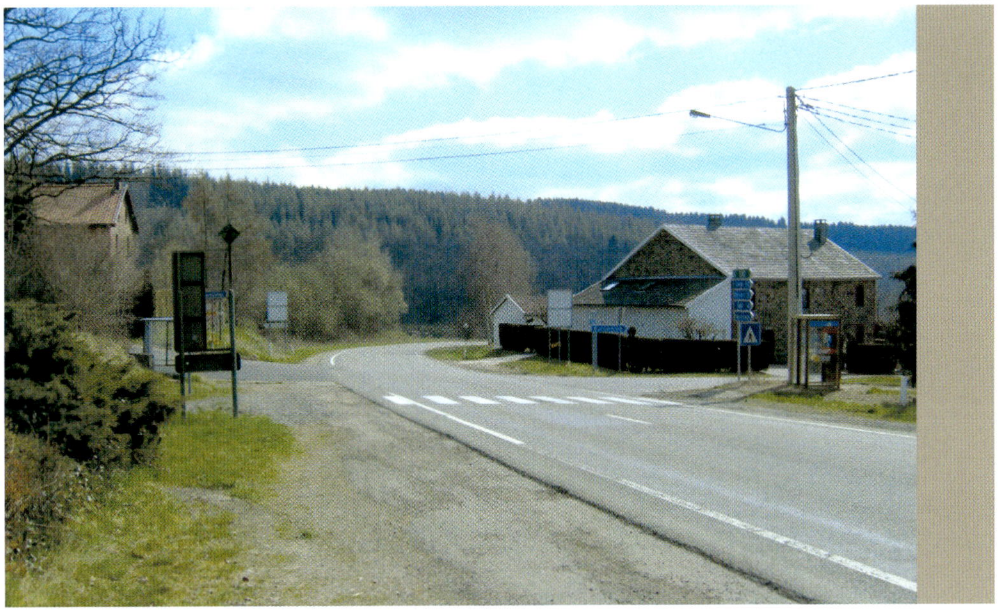

Burnenville, l'entrée de la course. Bienvenue en enfer ! (Photo Patrick Sinibaldi)

Aujourd'hui comme hier, cette courbe est interminable. En y passant à faible allure, je me dis que les pilotes, pourtant bien plus rapides, avaient quand même, en cet endroit historique, le temps de se voir vieillir ! Sur la droite, à l'intérieur du virage, une villa, une petite route et un panneau indicateur : Burnenville !

Pendant cette très longue période d'apnée, comme un plongeur au bord de la suffocation dans sa remontée vers la surface, le pilote attendait, puis atteignait, avec soulagement, la sortie de cette courbe qui ouvrait sur la vertigineuse descente de Masta.

Masta, 4 kilomètres à fond. Avant la guerre déjà, les "Flèches d'argent" (Lang, sur sa Mercedes, en 1938) dévalaient à plus de 300 kilomètres/heure cette interminable descente, dans le hululement de leurs moteurs turbocompressés.

La route est large, bordée de champs. Poteaux indicateurs et télégraphiques font partie intégrante des abords immédiats de la route. Nous voici maintenant à l'endroit où la piste faisait

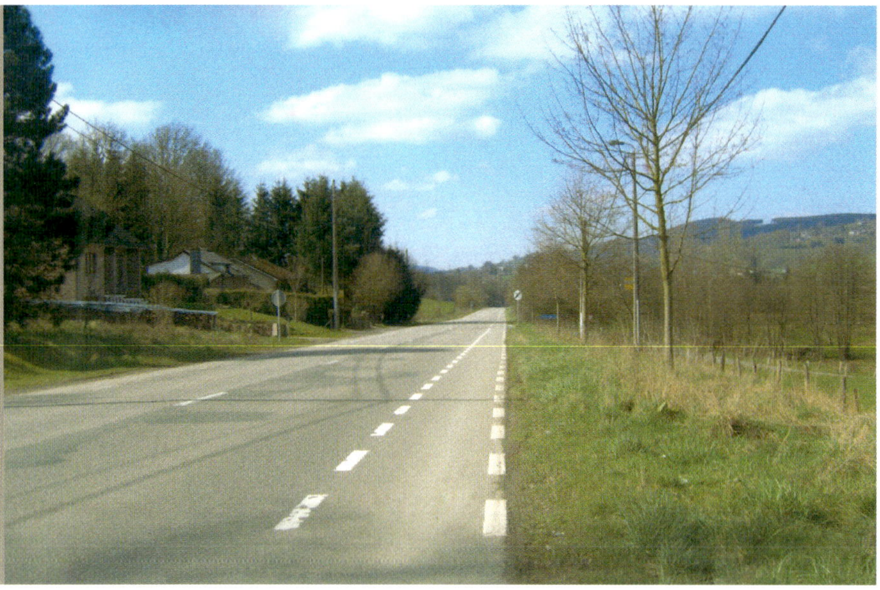

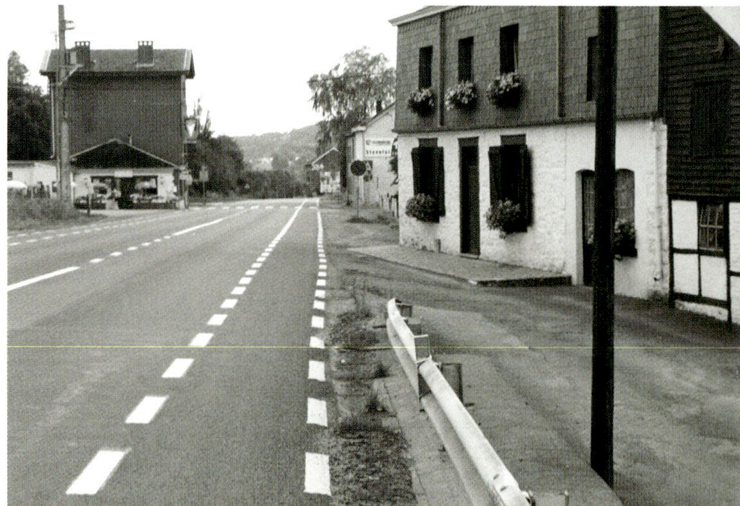

Matra, 4 kilomètres pied à la planche. (Photo Patrick Sinibaldi)

À droite
C'est dans cette ferme que la BRM de Stewart est sortie en 1966, atterrissant sur un abri à bois aujourd'hui disparu. (Photo Patrick Sinibaldi)

un "S" entre les fermes. Le Masta Kink des anglophones était une zone éminemment périlleuse qui fut le théâtre de nombreux incidents de course et accidents, dont celui de Jackie Stewart en 1966, surpris, comme sept autres de ses compagnons d'infortune, par un déluge, lors du premier tour de ce Grand Prix de Belgique commencé sur le sec. Avec le recul, comme nous l'avons vu dans un précédent chapitre, cette sortie de piste fut certainement à l'origine de la croisade sécuritaire qui allait aboutir, quelques années plus tard, au rejet définitif des vieux circuits.

La route descend, descend toujours. Lorsqu'elle s'appelait encore piste, cette route vit la petite Lotus 1,5 litres de Jim Clark débouler ici à 315 kilomètres/heure, presque aussi vite que l'énorme Alfa Romeo de Luigi Fagioli, chronométrée trente ans plus tôt à 323,272 kilomètres/heure lors du Grand Prix de Belgique 1950 !

J'ai alors une pensée pour Alan Stacey, coéquipier de Clark et Ireland chez Lotus, dont la trajectoire terrestre s'est brisée en rencontrant celle d'un oiseau le percutant en plein visage, dans Masta, lors du sombre Grand Prix 1960 déjà évoqué.

Nous arrivons à Holowell, en bas de Masta, légère déviation de la piste vers la droite qui prépare au magnifique virage de Stavelot : "et déjà Stavelot perçait sous Holowell" aurait sans doute écrit Hugo, tant les courses et ce site baignaient alors dans un souffle épique, méritant bien plus que de vulgaires compte-rendus d'épreuves. Je me prends à rêver d'un Antoine Blondin aussi amoureux de la voiture que du vélo !

Mais, revenons à nos moutons, veaux, vaches, cochons, couvées... Car on est vraiment à la campagne par ici alors que se dessine Stavelot, superbe virage à droite, moyennement fermé, légèrement relevé, rapide, se terminant en montée. Si certains virages sont dits en épingle à cheveux, Stavelot fait plutôt partie de ceux capables de les hérisser ! Fangio y perdit deux dents et ses chaussures dans un tonneau en 1953.

Carroll Shelby, venu à Francorchamps en 1958, lors du Grand Prix de Spa pour voitures de sport, course qui nous sert de fil rouge, comme l'ont noté nos lecteurs attentifs, se souvint s'être

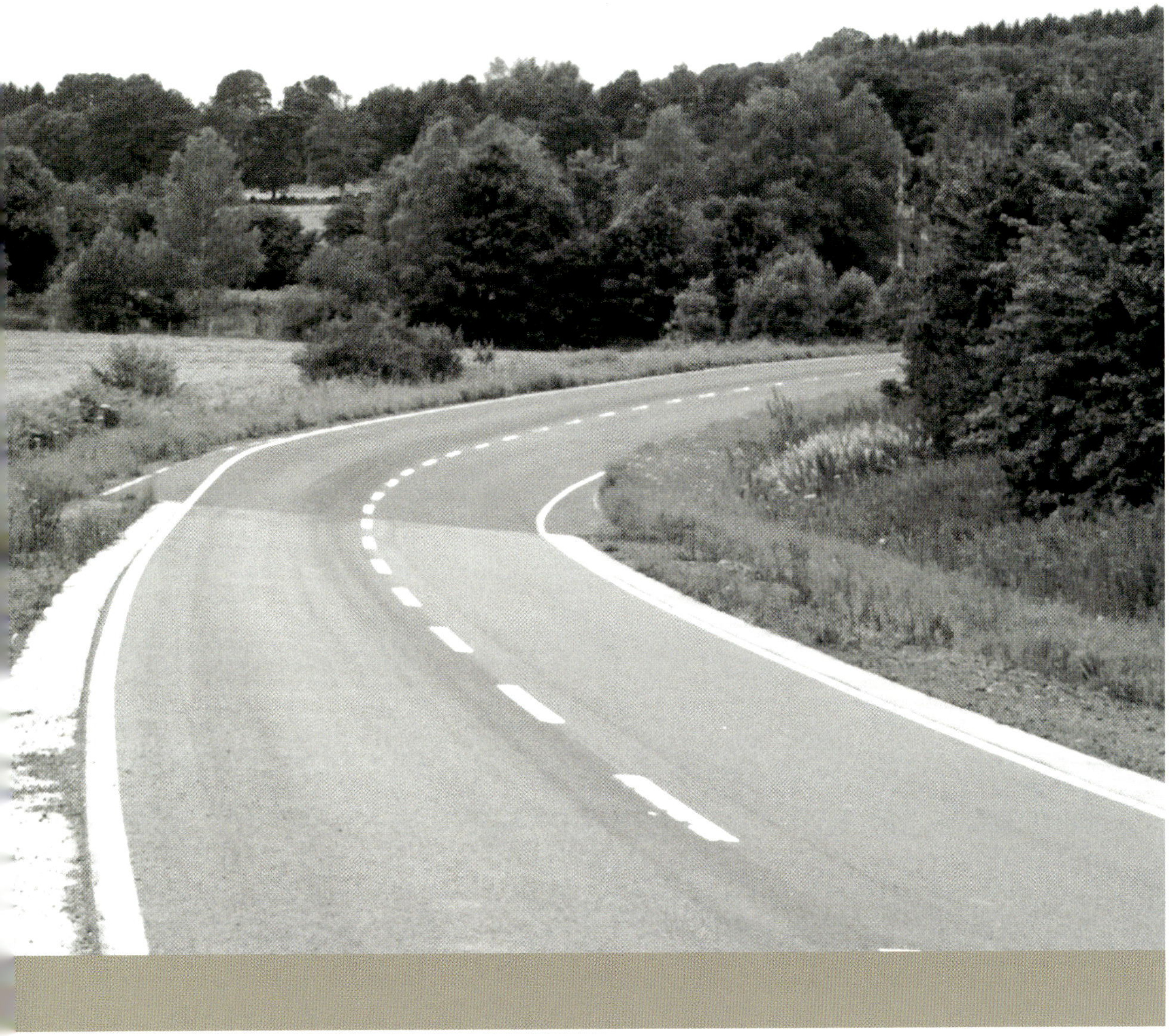

L'entrée de Stavelot, légèrement relevée. Le virage était à l'époque bordée de hauts panneaux publicitaires. (Photo Patrick Sinibaldi)

régalé dans ce virage, à bord de son Aston-Martin DB 2 : "J'aime beaucoup le circuit de Spa-Francorchamps. Il exige une habileté à conduire à grande vitesse alliée à une grande maîtrise dans les virages. Il faut quelques tours avant de s'habituer à Francorchamps, mais c'est un merveilleux endroit, dans les collines des Ardennes, et probablement le circuit le plus rapide d'Europe. Je crois que nous nous sommes tous amusés comme des petits fous dans ces terribles virages. Dans celui de Stavelot, qui se trouve au bout d'une longue ligne droite, on se retrouverait facilement les roues en l'air." C'est justement l'aventure vécue par Luigi Musso, deux semaines plus tard, pendant le Grand Prix de Belgique. Entre Holowell et Stavelot, Luigi émietta littéralement sa Ferrari, finissant debout, comme un zombie, au milieu des fragments de sa défunte monoplace éparpillés sur la route. Quinze jours plus tard, à Reims, les cieux allaient être moins cléments avec le beau Romain, abandonné par son ange gardien.

Presque dix ans plus tôt, un autre Luigi, Luigi Chinetti, avait gagné ici les 24 heures. Luigi aimait Spa, plus que tout autre piste sur le vieux continent, comme il le confiera plus tard, son regard s'allumant à l'évocation de certains de ses passages dans Stavelot.

À la sortie du virage de Stavelot commençait, et commence toujours, la section forestière de Spa-Francorchamps. Parfums de résine et d'humus, impression d'éloignement, sentiment de solitude même, le pilote qui remontait ce long serpentin à travers la forêt ardennaise, pied à la planche, n'avait guère le temps ni le loisir de goûter à ces quelques instants de recueillement avant le retour à la civilisation, à la foule, massée de part et d'autre de la piste entre le Club-House et les Combes.

Après Stavelot, la piste remontait pour s'enfoncer dans les profondeurs de la forêt ardennaise : silence, sentiment de solitude. (Photo Patrick Sinibaldi)

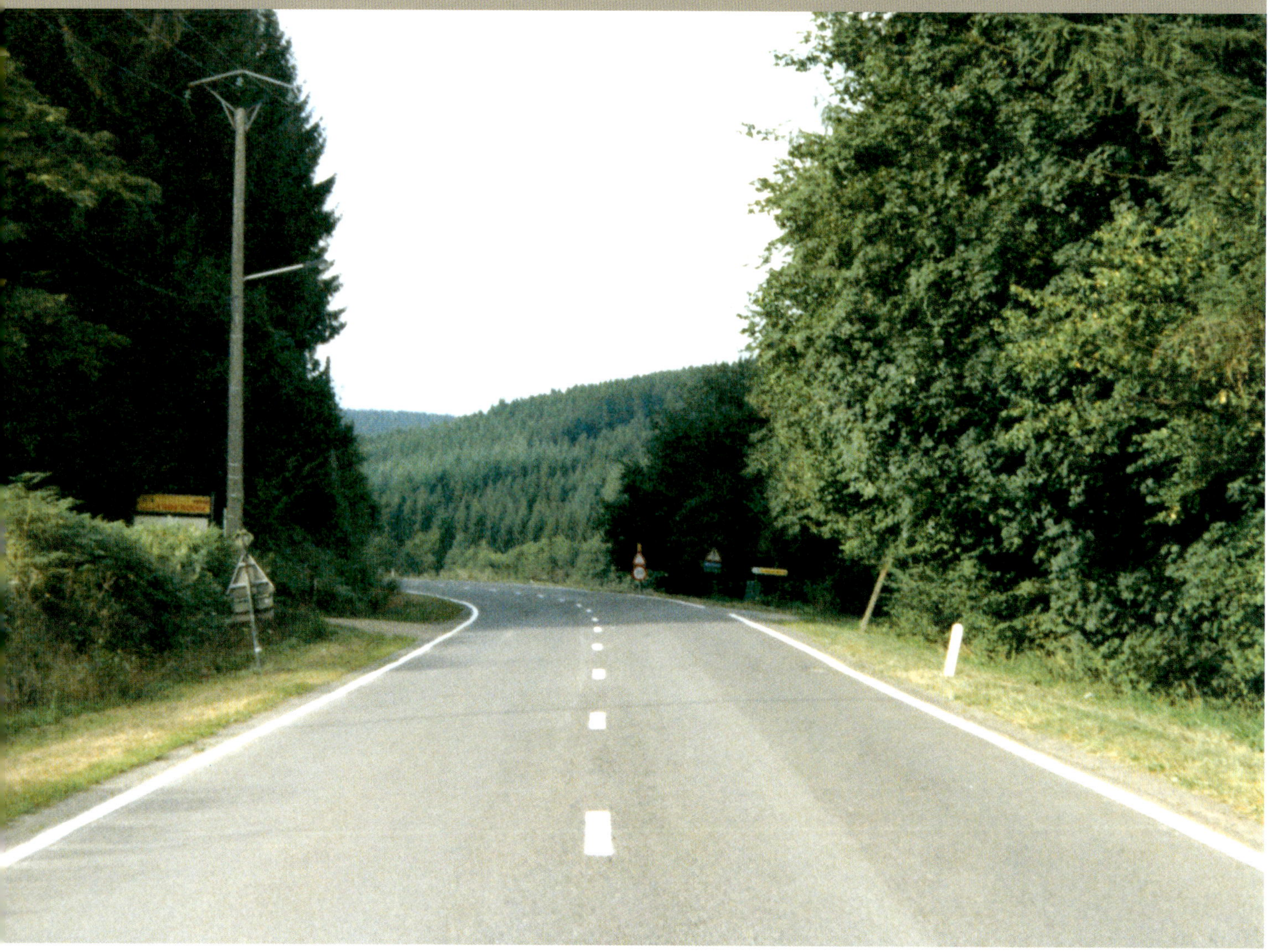

Après une section droite en montée, la route s'incurve sur la gauche. Nouvelle section droite jusqu'à une maison à colombages, courbe à droite, vite suivie d'une autre, dite de la Carrière. Les très hautes vitesses atteintes dans cette zone, et la proximité immédiate des bois profonds, ne laissaient place à aucune marge d'improvisation ou d'erreur. Ici, par deux fois, Mairesse sortit meurtri d'accidents très spectaculaires. En 1962, au plus fort de son duel avec Trevor Taylor, sa Ferrari et la Lotus de Trevor se touchent et sortent comme des obus de la piste. La Lotus déracine un poteau télégraphique et s'immobilise dans un fossé. La Ferrari P 156 Sharknose du Belge rebondit sur le talus en bordure de piste, se retourne et prend feu. Willy est grièvement brûlé, Trevor bien secoué, mais sur ses deux jambes, rentre aux stands pour se montrer et rassurer son numéro 1, Jim Clark.

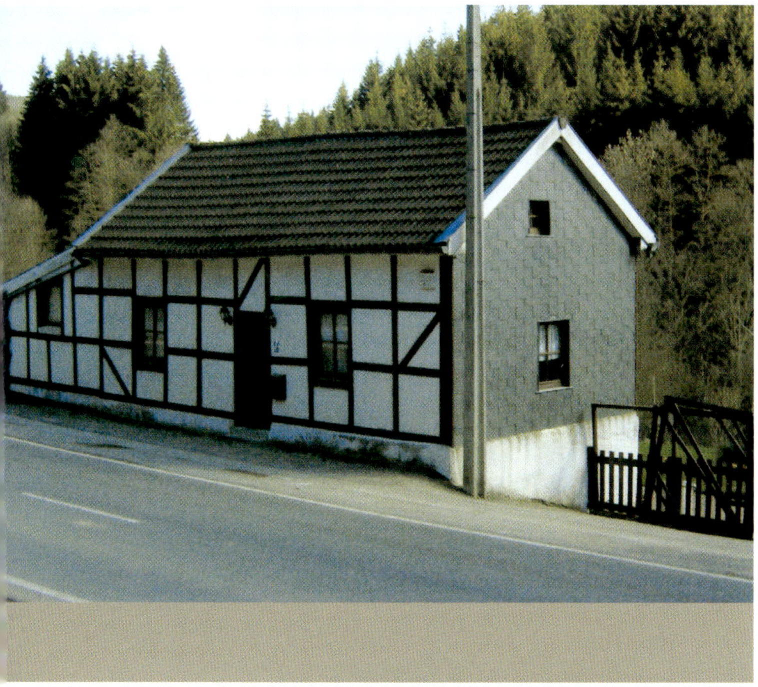

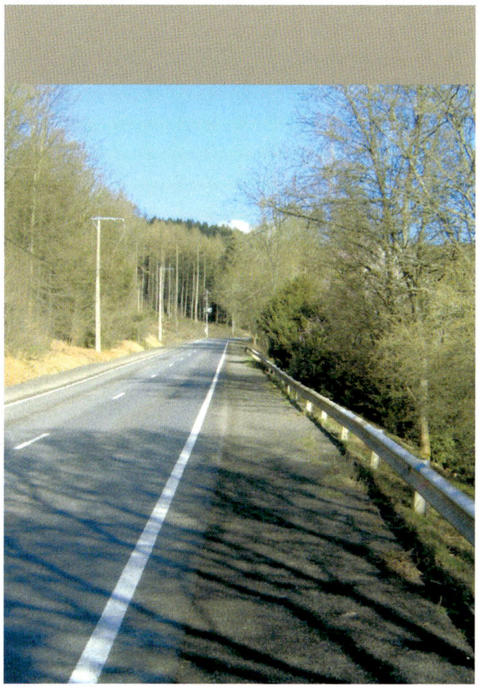

À gauche
La maison à colombages est toujours là. (Photo Patrick Sinibaldi)

Première portion droite, au fond la piste tourne vers la droite et contourne la maison. (Photo Patrick Sinibaldi)

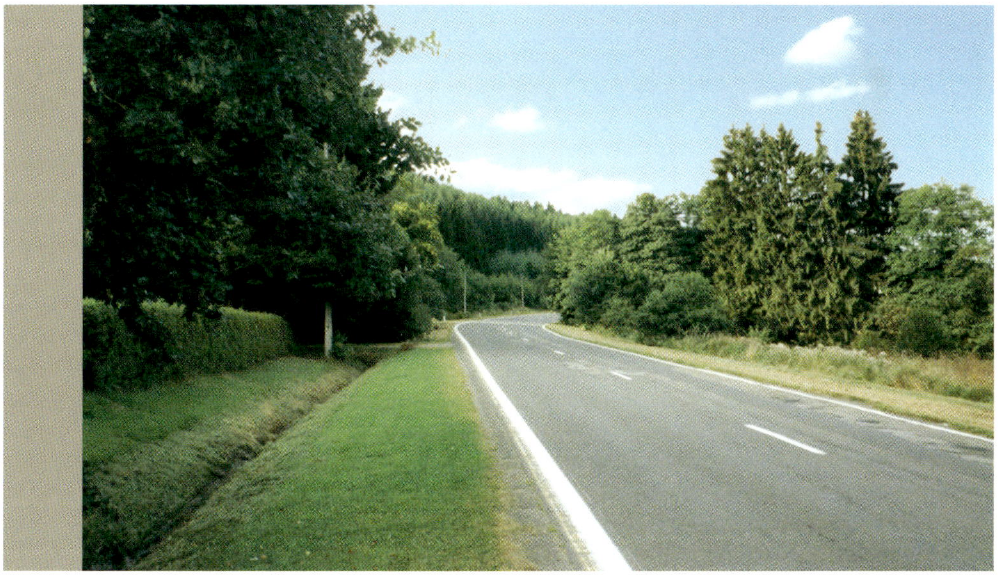

L'entrée dans le virage de la Carrière. À cet endroit, les voitures roulaient à fond, aussi près que possible de l'autre pour profiter de l'aspiration. Pas de rails de sécurité, mais des fossés, des bornes, des poteaux télégraphiques et des arbres. (Photo Patrick Sinibaldi)

En 1967, pendant les 1 000 Kilomètres de Spa-Francorchamps, Willy Mairesse se bat pour revenir, au volant de la sublime Ferrari 412 P jaune que Jacques Swaters lui a confiée. Dans les éclairs et le tonnerre, trouant le linceul de brume qui enveloppe le massif forestier, Willy se déchaîne, essaye d'imposer avec sa bravoure habituelle sa petite stature aux éléments et à l'adversité. Le danger ? Quel danger ? Il sort indemne de l'épave de sa belle, sortie de la route au virage de la Carrière.
Les spectateurs, relativement peu nombreux dans ce coin éloigné et encaissé du circuit, prenaient place entre les arbres, en surplomb de la piste sur son côté gauche. Les voitures étaient précédées par le cri déchirant de leur moteur. Certains se souviennent encore, trente ans après leur dernière apparition ici, de la plainte suraiguë du V12 des Matra de Jarier et Pescarolo, annonçant longtemps à l'avance le surgissement d'une note de bleu sur fond de vert sombre.

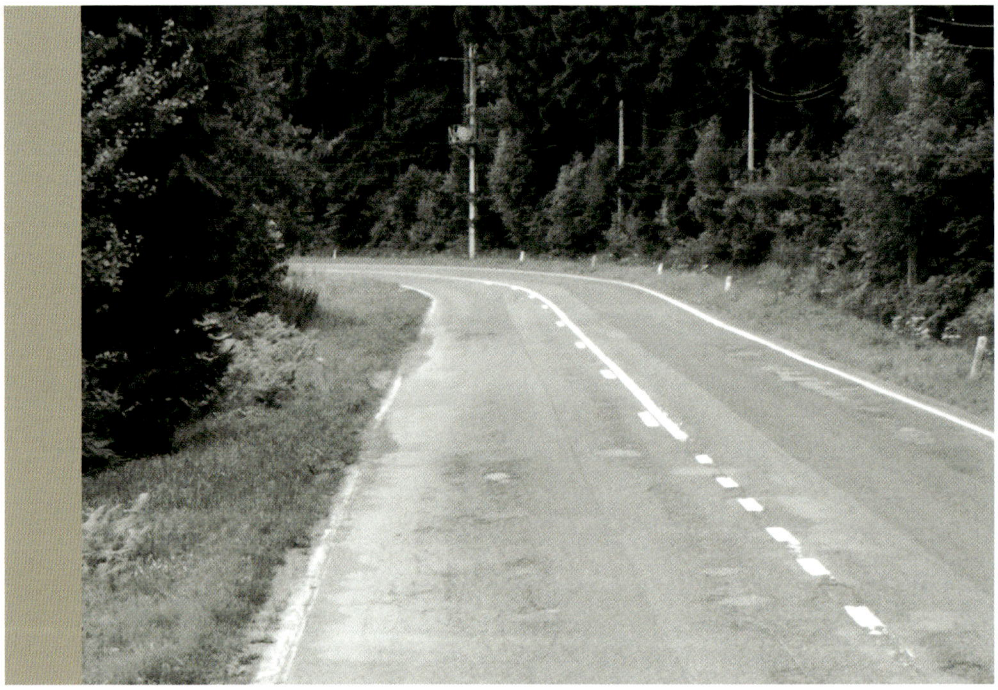

Sortie du virage de la Carrière (photo prise en 2000. Depuis, la route a été refaite). (Photo Patrick Sinibaldi)

Après une nouvelle portion droite survient la superbe courbe à gauche de Blanchimont. À cet endroit, nouvelle piste et ancienne piste se rejoignent. À l'époque héroïque, Blanchimont était abordé à très haute vitesse, complété par une nouvelle et légère courbe à gauche dite du Club-House. L'arrêt de bus n'existait pas. À Blanchimont, deux pilotes britanniques virent leur carrière s'éteindre, sinon leur vie. Dès ses débuts, sur la Lotus XII, Cliff Allison avait impressionné par le brio de son pilotage. Après une sixième place inaugurale à Monaco, en cette année 1958 de baptême au plus haut niveau pour la petite écurie de Colin Chapman, Allison était sorti quatrième du Grand Prix de Belgique 1958 à l'épilogue chaotique. Pour lui, Spa représentait tout ce qu'il aimait dans la conduite de voitures de course, un endroit aux grandes courbes terriblement excitantes. Interviewé en ce début de XXIe siècle par le mensuel anglais *Motorsport*, il se souvenait que sa Lotus, pourtant sous-motorisée mais tellement légère, sortait de la Source comme un missile et avait été chronométrée à 290 kilomètres/heure dans Masta. Hélas, trois ans plus tard, pendant les essais du Grand Prix 1961, il allait être éjecté de sa Lotus XVIII de l'UDT-Laystall dans le virage de Blanchimont qu'il avait abordé trop vite, comme il le recon-

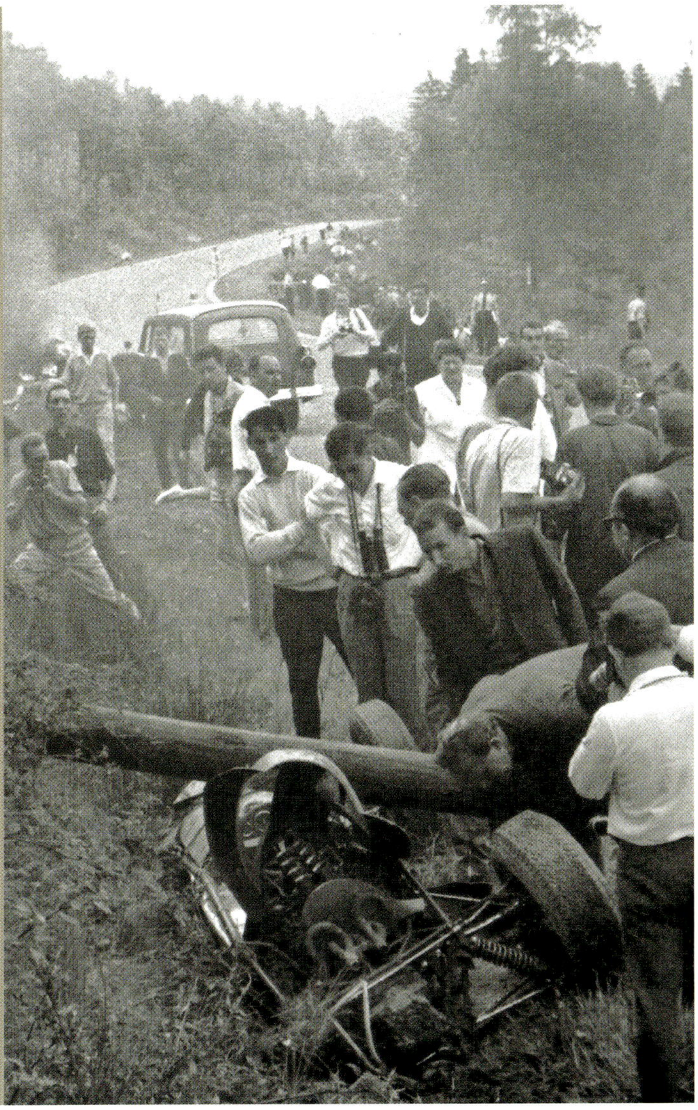

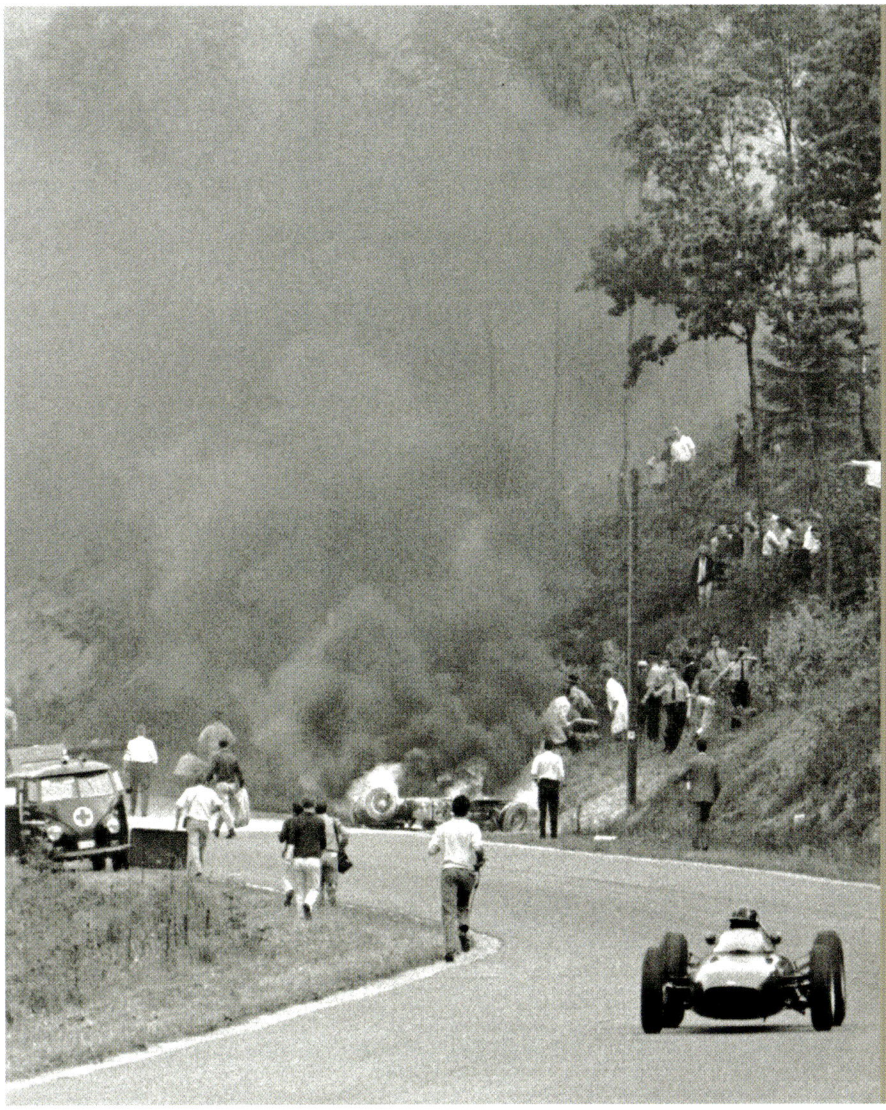

naît lui-même. Les deux jambes, restées un instant prisonnières du tableau de bord, furent brisées, avec de graves complications neurologiques périphériques qui allaient empêcher Cliff de remonter dans une voiture de course. Au même endroit, pendant le premier tour tumultueux du Grand Prix 1967, Mike Parkes perdait le contrôle de sa Ferrari qui partait en tonneaux. Le pilote était éjecté et restait étendu au milieu de la piste, évité de peu par les autres voitures. Atteint de graves blessures aux jambes, l'ingénieur pilote ne reviendra jamais en Formule 1. Au Club-House, deux autres pilotes britanniques ont été accidentés. De manière beaucoup plus tragique encore, comme nous le savons. Ce fut d'abord Richard Seaman, pendant le vingt-deuxième tour du Grand Prix de Belgique 1939. Dans des conditions de course épouvantables, il dominait la pluie et son coéquipier Lang lorsqu'il partit en tête-à-queue. Sa Mercedes s'encastra dans un arbre et prit feu. Richard, évanoui, resta un long moment coincé dans l'habitacle. Presque vingt ans plus tard, Archie Scott Brown est engagé dans un terrifiant bras de fer avec Masten Gregory. Sa Lister-Jaguar sort trop large au Club-House, percute un petit poteau indicateur, perd une roue, se retourne et prend feu.

Ci-dessus
Le virage de la Carrière, en 1962. La BRM de Graham Hill passe devant la carcasse en flammes de la Ferrari P 156 du Belge Willy Mairesse. Graham observe la scène dans son rétroviseur. (Photo Robert Daley, Klemantaski collection)

À gauche
Dans le virage de la Carrière, les suites immédiates de l'accrochage entre la Ferrari de Mairesse, qui continue à brûler (en haut à gauche) et la Lotus de Trevor Taylor, au premier plan. (Photo Robert Daley, Klemantaski collection)

La vallée au printemps 2007 : apparemment, les anciens stands, dans la descente, ne suffisaient plus... Et les nouveaux non plus ! (Photo Patrick Sinibaldi)

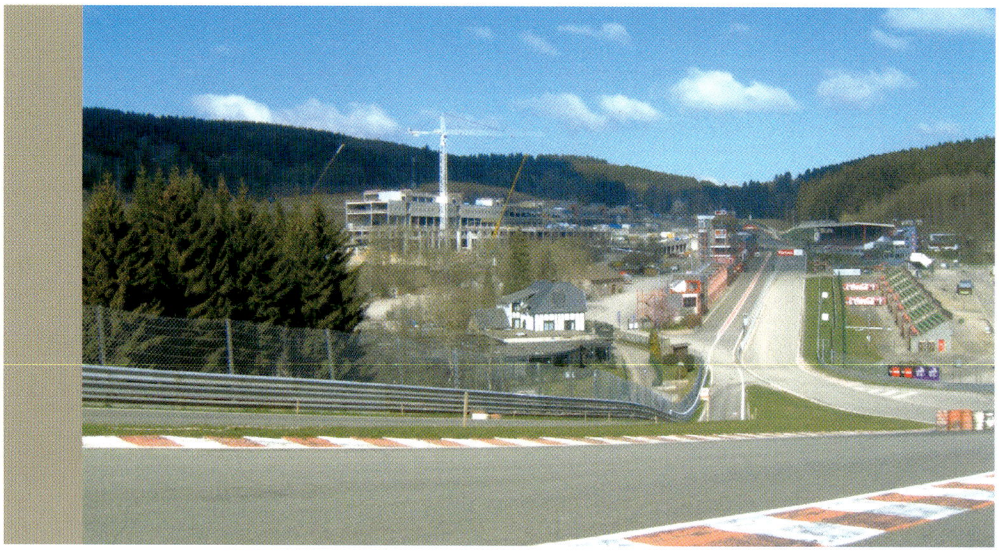

Le site de Blanchimont au printemps 2007 en pleins travaux : les voitures arrivaient de l'endroit où l'on peut apercevoir un camion rouge et abordaient la courbe de Blanchimont, non visible sur le cliché, à laquelle nous tournons le dos. À gauche, l'endroit où la nouvelle piste se raccorde à l'ancienne. (Photo Patrick Sinibaldi)

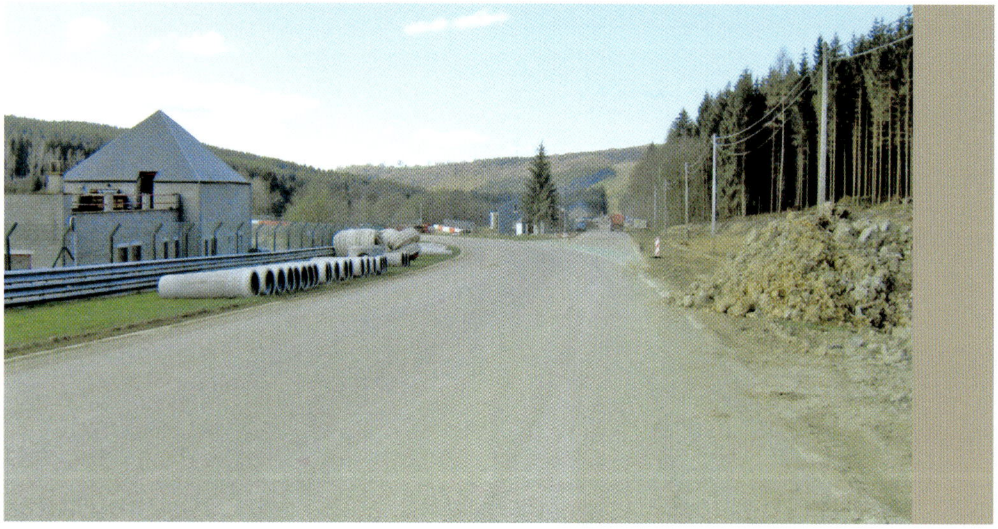

Notre tour de piste se termine par un autre nom célèbre de l'histoire de la course automobile : la Source. Ce vocable désigne une très belle épingle à 120 degrés, avec un joli dénivellement entre l'entrée et la sortie du virage. Seul passage lent des 14 kilomètres, il était l'endroit privilégié des photographes, postés souvent à moins d'un mètre des voitures. Les clichés y sont innombrables, contrairement aux faits de course qui, eux, y sont plus rares qu'ailleurs. En 1939, lors du sombre dimanche qui vit Seaman mourir à quelques mètres de là, Rudolph Caracciola, le grand "Caratsch", prince du mouillé, fit à la Source une des rares erreurs de sa carrière, éliminant sa Mercedes de la course. Tony Brooks inscrivait toujours superbement sa voiture, quelle qu'elle soit, dans ce virage, et notamment la Vanwall, lors de son Grand Prix victorieux de 1958. Il fut l'un des plus grands pilotes de sa génération, et un grand adorateur de Spa-Francorchamps. Son opinion sur le vieux circuit de Spa-Francorchamps en particulier, et plus généralement sur les conditions de course dans les années où existait ce circuit, résume parfaitement le monde, que dis-je, la galaxie, qui existe entre la course, telle qu'elle existait à son époque et telle qu'elle était vécue par ses acteurs, et celle, tout sécuritaire, d'aujourd'hui : "J'aimais particulièrement Spa qui me semblait être l'essence même d'un vrai circuit de Grand Prix, très rapide, demandant une grande précision, sans aucune marge d'erreur. Personne ne me persuadera que le défi pour un pilote n'est pas plus grand quand il sait qu'il peut se blesser s'il sort de la piste. Les murs de briques, les arbres, les fossés imposent une certaine discipline, croyez-moi ! Je peux me souvenir de pilotes qui étaient rapides sur des pistes d'aérodromes, mais qui ne représentaient aucune menace sur de vrais circuits routiers." Phil Hill ajoutera, parlant de Spa : "C'était le genre d'endroit où il était déconseillé de faire l'imbécile !" Le grand Stirling Moss a une autre façon d'imager une opinion très voisine de celle de son rival, le "Dentiste volant" : "Techniquement, marcher sur une corde tendue à un mètre du sol ou au-dessus du Grand Canyon est exactement la même chose, et pourtant…" Les pilotes vivaient le risque comme partie intégrante de leur activité. Moss ajoute : "Courir était dangereux et vous le saviez en entrant dans la carrière. Cela n'avait jamais été une activité sûre, et il ne vous traversait pas l'esprit que cela pût le devenir. Donc, il n'y avait qu'une alternative : tu y vas, ou tu n'y vas pas !" Il avouera aussi aimer véritablement le risque, ingrédient important à son plaisir de courir, piment indispensable à ses yeux. Oui, la notion de danger était partout présente, mais il fallait malgré tout aller vite. C'est toute la différence entre jouer au poker avec des boutons de culotte ou risquer réellement sa fortune sur une partie de cartes. Qu'on le veuille ou non, la maîtrise de ses nerfs, de sa peur, et l'affrontement du risque sont des piliers, ou plutôt, étaient des piliers fondamentaux de la course automobile. La conscience aiguë du danger qu'avaient les pilotes à cette époque s'est lentement dissoute à mesure que se sont élargis les bacs à sable dans lesquels de jeunes garçons casqués vont de nos jours, de temps à autre, faire la toupie. Peut-on expliquer autrement certains accidents, volontairement provoqués ces dernières années, par des pilotes tentant d'éliminer de manière délibérée leur adversaire direct en se servant de leur monoplace comme d'une arme par destination ?

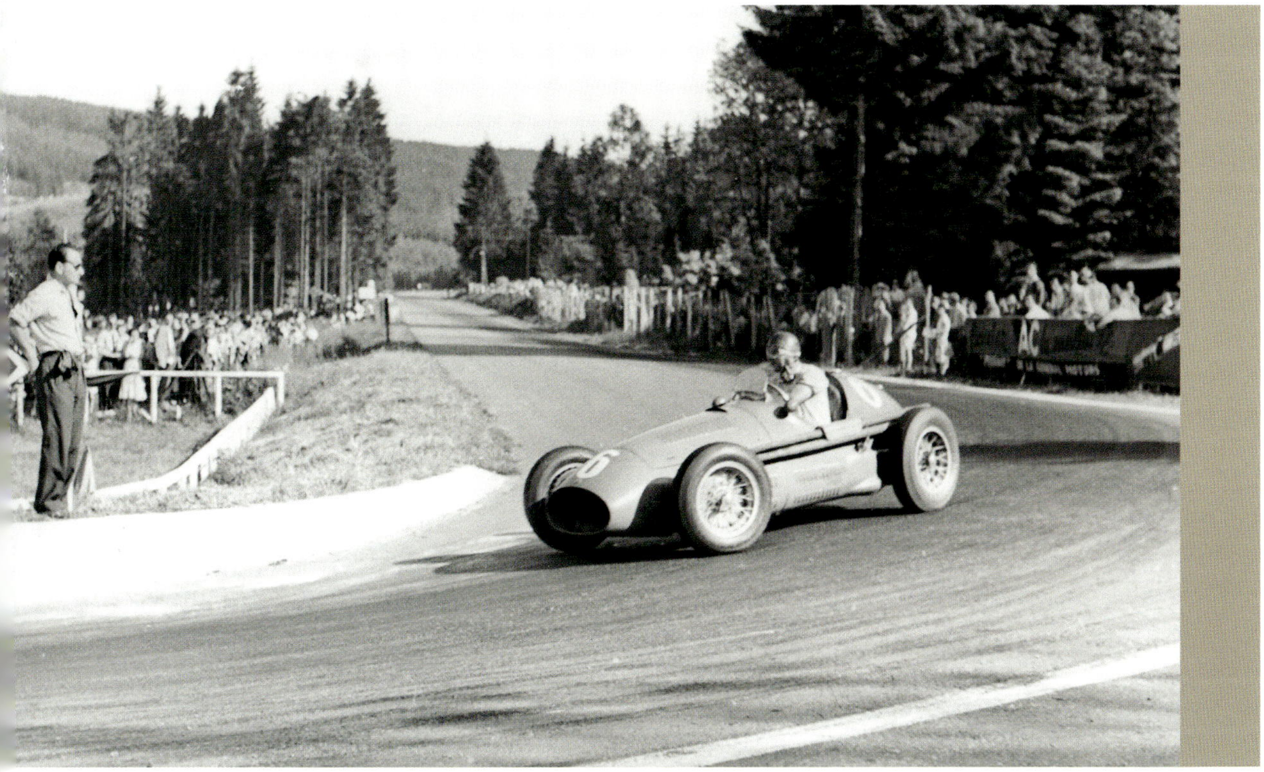

Fangio, sur la 250 F, à la Source en 1954 : beauté du site. (Photo Bernard Cahier)

Dans son remarquable *Chasing the Title*, Nigel Roebuck a recueilli de nombreuses impressions de pilotes des années 1950, 1960 et 1970 sur la notion de sécurité. Phil Hill lui confia que le comportement en course de certains pilotes d'aujourd'hui le laissait effaré, ajoutant: "La seule explication est qu'ils pensent pouvoir s'en sortir sans dommage. Cela semble ridicule, mais à mon époque, un gars se conduisant comme ça ne pouvait pas s'en sortir. Toucher une autre voiture était tout simplement impensable."

Même analyse chez Dan Gurney. "Dan the Man" dit du circuit de Spa-Francorchamps, longtemps après ses performances mémorables dans les Ardennes, qu'il séparait les hommes des petits garçons. À propos d'éventuelles agressions ou de simples manœuvres d'intimidation entre pilotes, il considère que les risques encourus par ces derniers étaient tels, à son époque, que ce genre de comportement, ou même de pensée, n'entrait tout simplement pas dans leur esprit.

Sans attendre, loin de là, notre pinte de sang lors de chaque Grand Prix, on peut se demander si, à terme, la course, qui ne devrait juger, à croire certains grands prêtres de la sécurité (voir le chapitre "Spa, Stewart et sécurité"), que de l'habileté d'un pilote, ne pourrait se faire devant un écran vidéo, chacun des "pilotes" manipulant un joystick à la place d'une formule 1 devenue inutile, le tout devant des milliards de téléspectateurs fascinés par autant d'adresse. Le rêve de quelques-uns enfin accompli: pas de risques, beaucoup d'argent.

Lors de mes deux premiers passages sur le vieux circuit de Spa-Francorchamps et ses 14 kilomètres pour préparer ce livre, en 2000 et 2001, la route dans la forêt était en mauvais état, le revêtement desquamant par endroits. Depuis, le macadam a été refait entre Stavelot et Blanchimont, comme je l'ai constaté en 2007.

À partir de Blanchimont, on entre dans un autre monde, une autre époque. Cette portion du circuit est de loin la moins reconnaissable. Bernie 1er a ordonné des travaux pharaoniques: colline éventrée, déboisement massif finissent de défigurer à jamais ce site. Je m'efforce de gommer mentalement les nouveaux stands et la trace des grands travaux de ce printemps 2007, mais la symphonie des pelleteuses, des camions et des marteaux-piqueurs m'en empêche. Une symphonie qui résonne plutôt comme un requiem. Le requiem pour un site défunt, symbole de tous les symboles de course automobile, le requiem de mes illusions perdues, de mes images d'enfance, piétinées.

Je ferme les yeux sur quelques-unes d'entre elles, celles que je veux garder, intactes, de mon Spa-Francorchamps: je revois la trouée lumineuse que faisait la piste, du Club-House à la Source, un jour de grand soleil sur les Ardennes, et je crois entendre l'écho explosif des changements de régime moteur, montant au-dessus de la canopée, à mesure que les voitures approchaient. Je retrouve la vue plongeante sur la vallée, depuis la Source jusqu'à l'Eau rouge, magnifique cirque naturel qui donne une impression grandiose d'arène.

Impression d'arènes, certes, mais les gladiateurs ne sont plus là. Seule émerge encore de ma mémoire leur image. Je revois de chacun le visage, l'expression grave ou espiègle de quelques-uns, qui ont osé, à mains nues, affronter la bête. Je ressens alors une bouffée d'admiration, et de la gratitude, pour tous ces garçons.

Non, je n'ai rien oublié, presque un demi-siècle après leurs actes de bravoure: ni leur merveilleux talent de pilote, ni leur courage au volant des si fragiles machines d'alors, ni l'émotion profonde que procurait leur apparition, dans la beauté sublime d'une fin d'après-midi ensoleillée, sur cette vieille piste de légende, Spa-Francorchamps.

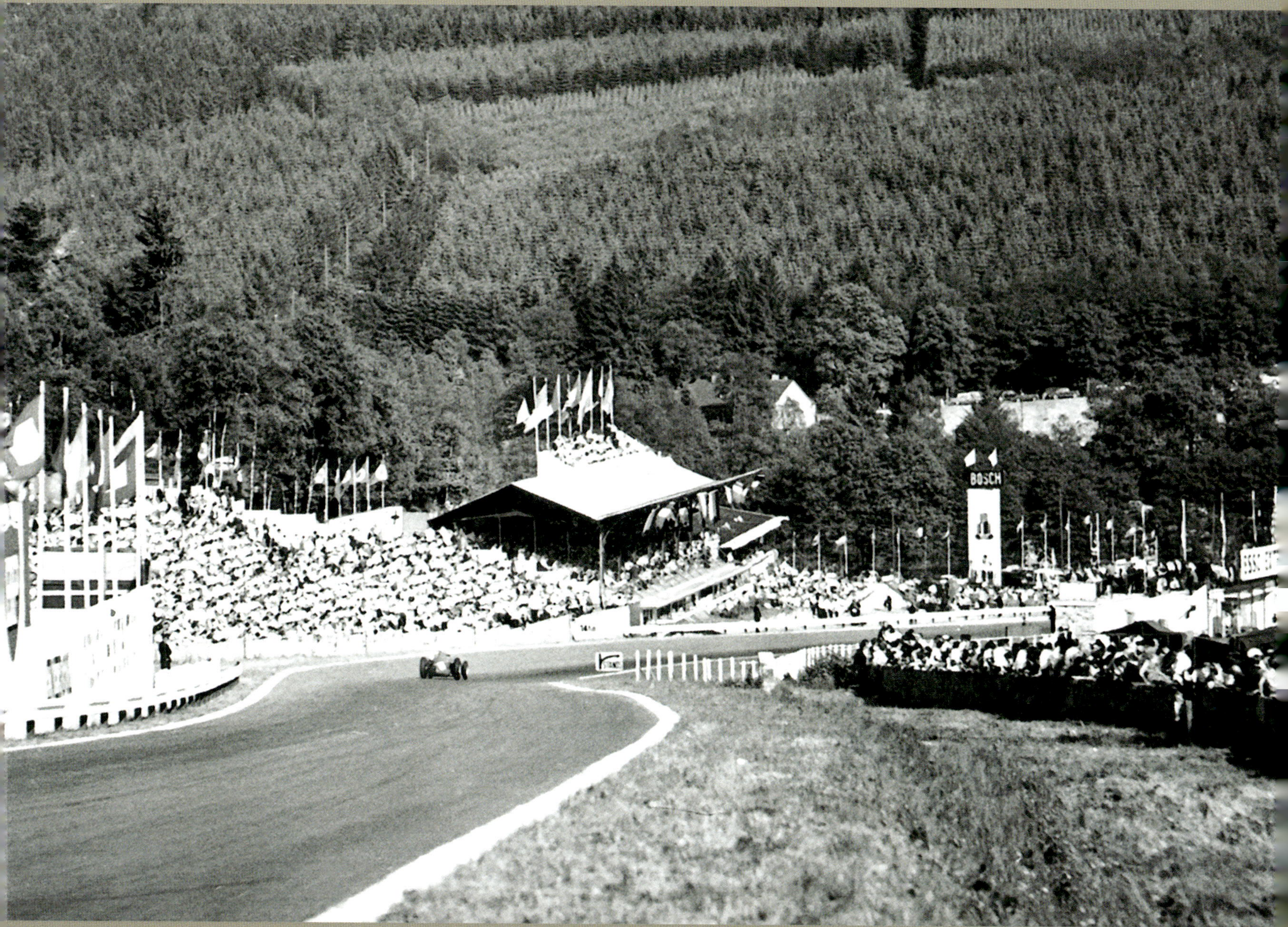

Maria-Teresa De Filippis, dans la descente vers les boxes, lors du Grand Prix de Belgique 1958 : impression grandiose d'arènes. (Archives Rickartz-Völker)

Bibliographie

Grand Prix de Belgique, Jean-Paul Delsaux, Delsaux
The Cruel Sport, Robert Daley, Motorbooks International
Archie and the Listers, Robert Edwards, PSL
La Course continue, Paul Frère, La Table Ronde
Jim Clark at the Wheel, Jim Clark, Arthur Baker
Des Cobra aux Ford du Mans, Carroll Shelby, Marabout
Motorsport Magazine, différents numéros
Chasing the Title, Nigel Roebuck, Haynes
Forza Amon, Eoin Young, Haynes
L'Année automobile 1955-1956, Edita S. A
Grand Prix Data Book, Duke

Crédits photographiques

Archives Rickartz-Völker, Photos Bernard Cahier, Collection de Rham, Photos Robert Daley, Klemantaski collection, Archives Jean-Paul Delsaux, Photos Van Bever, Collection Bernhard Völker, Collection ou photos Patrick Sinibaldi. Tout a été fait pour retrouver les détenteurs des copyrights. Nous nous excusons par avance des erreurs ou omissions involontaires, nous serons heureux de pouvoir les corriger lors d'une prochaine réédition. Notre espoir est que cette édition nous révèle le nom des quelques ayants droit auxquels, d'ores et déjà, nous réservons les droits usuels. Conformément à la Loi Évin n° 91-32 du 10 janvier 1991, relative à la lutte contre le tabagisme et l'alcoolisme, toutes les mentions de marques de tabac et d'alcool figurant sur les photographies de cet ouvrage ont été effacées.

Remerciements

À ma fille Eva, qui m'accompagna lors de mon retour sur le vieux circuit, en 2000, et qui me regarde – d'un œil un peu moqueur – me consumer comme un adolescent attardé pour ma passion de l'histoire de la course.
À mon épouse Ylva, qui subit avec indulgence le temps que je consacre à la rédaction de mes "œuvres" et le grignotage progressif de son espace vital par l'accumulation de documents consacrés à la course.
À M. Casimir de Rham, qui m'a fourni de nombreux documents photographiques des premières courses à Spa-Francorchamps et des magazines d'une époque où son grand-père était une des éminences grises de l'usine belge F.N., dont les voitures obtinrent de brillants résultats sur la piste ardennaise dans les années 1920.
À M. Paul Frère, qui a autorisé l'emprunt de larges extraits de son superbe bouquin *La Course continue*, dont la lecture par le jeune garçon que j'étais a contribué à la naissance d'une passion jamais éteinte.
À M. Henri Pescarolo, détenteur à jamais du record du tour sur cette vieille piste mythique à 262 km/h ! "Pesca" est un des "survivants magnifiques" de cette piste. Je suis touché qu'il ait accepté de rédiger la préface de cet ouvrage.
À mon copain Jean-Pierre Jarier, qui m'encourage depuis mes premiers pas dans l'histoire de la course automobile et qui m'a décrit avec des trémolos dans la voix sa seule visite de la vieille piste de Spa-Francorchamps, lui qui savait, et qui sait encore, ce que conduire très vite veut dire.
À Johnny Rives, pour toujours le "pape de la Formule 1", sans qui ma carrière d'"historien de la course" n'aurait sans doute jamais commencé.
À mon patient et ami Bernard Cahier, qui, après *Circuit de Reims*, m'a encore fourni une bonne part des documents photographiques de cet ouvrage.
À M. André Van Bever, autre talentueux photographe, pour la qualité de son accueil et son aide précieuse dans le choix de diverses photos illustrant le livre.
À M. Bernhard Völker, francophile et francophone, professeur de français de Francfort, qui consacre sa retraite à son autre passion, l'histoire de la course automobile, et heureux possesseur d'une magnifique collection de photos dont il m'a ouvert si gentiment les portes.
À Bertrand Osio, vieux copain de classe retrouvé après plus de quarante ans par la magie d'une passion commune : la course. Il m'a fourni quelques-unes des magnifiques affiches de Grands Prix qui illustrent ce livre.
À M. Robert Daley, brillant auteur de livres sur la course automobile, dont le splendide *The Cruel Sport*, puis auteur et scénariste d'ouvrages au succès mondial, comme, entre autres, *L'Année du dragon*, pour la chaleur de son contact et de ses encouragements dans la poursuite de mon travail d'historien.
À M. René Bovy et à M. Yvan Bastin, homme plein de ressources et d'anecdotes sur son circuit bien-aimé et les courses auxquelles il a assisté depuis sa prime enfance, tous deux membres du magnifique musée de Stavelot et qui organisèrent mon accès à la piste.
À M. Jean-Pierre Delrez, commissaire principal de Stavelot qui m'ouvrit personnellement la piste, et notamment certaines zones interdites à la circulation à cause des travaux du printemps 2007, et grâce à qui j'ai pu, à loisir, prendre toutes les photos récentes du circuit, dans sa nouvelle portion comme dans l'ancienne.
À Sidney et toute l'équipe d'IPL, atelier de reprographie à Nice, pour la qualité de leur travail et de leur accueil.
À Marie-Jeanne Martin des Éditions E-T-A-I, toujours gentille et efficace.